职业教育项目式教学系列规划教材

汽车类专业系列

汽车性能检测

赵英君 主 编

科学出版社

北 京

内 容 简 介

本书以项目方式编写,每个项目分工作任务和知识探究两个部分。项目以实际任务操作为主线,描述了我国常见汽车车型性能检测的实际操作方法;知识探究则对该任务所涉及的知识进行阐述。

本书详细介绍了现代汽车维修行业常用的汽车性能检测技术,包括四轮定位检测、车轮动平衡检测、灯光检测、发动机综合性能检测、发动机尾气检测、汽车检测线、汽车电控系统检测以及检测工具的使用等内容。

本书既可作为职业院校汽车运用与维修专业的教材,又可作为汽车维修人员的参考书。

图书在版编目(CIP)数据

汽车性能检测/赵英君主编.—北京:科学出版社,2009

(职业教育项目式教学系列规划教材·汽车类专业系列)

ISBN 978-7-03-025270-8

Ⅰ. 汽… Ⅱ. 赵… Ⅲ. 汽车-性能-检测 Ⅳ. U472.9

中国版本图书馆 CIP 数据核字(2009)第 144105 号

责任编辑:何舒民 张振华/责任校对:赵 燕
责任印制:吕春珉/封面设计:耕者设计工作室

科 学 出 版 社 出版

北京东黄城根北街 16 号
邮政编码:100717
http://www.sciencep.com

三河市骏杰印刷有限公司 印刷

科学出版社发行 各地新华书店经销

*

2009 年 9 月第 一 版 开本:787×1092 1/16
2017 年 8 月第五次印刷 印张:19
字数:430 000
定价:38.00 元
(如有印装质量问题,我社负责调换〈骏杰〉)
销售部电话:010-62134988 编辑部电话 010-62137154(ST03)

职业教育项目式教学系列规划教材
编写委员会

汽车类专业分委员会

主　任　老孝国　凌学群

委　员　（以姓氏笔画为序）

于宝强　王学艳　王丽雯　王勇静　朱　列

朱自清　刘兴江　许耀东　郑生明　周佰和

赵英君　逢淑山　夏文恒　黄立新　黄忠叶

本书编写人员

主　　编　赵英君

副主编　马　智　郝春林　郭玉山　姜彦龙

编写人员　（以姓氏笔画为序）

王　勇　毛洪锋　李　飞　刘　亮　肖国奇

郭淑敏　郁善良　徐铁山　鲁风华　董大伟

董智超　翟　习

出　版　说　明

为了深入贯彻落实国务院《关于大力发展职业教育的决定》和教育部十六号文件精神，整体推进职业教育教学改革，我们精心组织出版了职业教育电气运行与控制专业、机电技术应用专业、汽车类专业和数控技术应用专业项目式教学系列规划教材。

本套教材是在教育部新调整专业目录和教学指导方案的基础上，以上海职业教育深化课程教材改革行动计划开发的职业学校专业教学标准为基础，结合全国其他省、直辖市、自治区职业教育教学改革与实践的实际情况，进行组织开发的。在组织编写的过程中，我们始终坚持科学的发展观，努力体现"以就业为导向，以能力为本位，以岗位需要和职业标准为依据，以促进学生的职业生涯发展为目标"，并体现现代职业教育的发展趋势。

本套教材为"以就业为导向，能力为本位"的"任务引领"型教材，由全国重点职业院校和高级技师学院的一线教师编写。在编写过程中，得到了教育部职业教育专家和劳动部教学督导的悉心指导，并且广泛征求了全国各地职业院校一线教师的意见和建议，力求在教材体系、内容取材、图文表现等能符合职业教育的规律和特点，努力为中国职业教育教学改革与教学实践提供高质量的教材。

本套教材在内容与形式上有以下特色：

1. 任务引领。以工作任务引领知识、技能和态度，让学生在完成工作任务的过程中学习相关知识，发展学生的综合职业能力。

2. 结果驱动。关注的焦点放在通过完成工作任务所获得的成果，以激发学生的成就动机；通过完成典型产品或服务，来获得工作任务所需要的综合职业能力。

3. 突出能力。课程定位与目标、课程内容与要求、教学过程与评价等都要突出职业能力的培养，体现职业教育课程的本质特征。

4. 内容实用。紧紧围绕工作任务完成的需要来选择课程内容，不强调知识的系统性，而注重内容的实用性和针对性。

5. 做学一体。打破长期以来的理论与实践二元分离的局面，以工作任务为中心，实现理论与实践的一体化教学。

6. 学生为本。教材的体例设计与内容的表现形式，充分考虑到学生的身心发展规律。一方面，以工作任务为主线设计教学内容，体例新颖；另一方面，版式活泼，图文并茂，能够增加学生的学习兴趣。

当然，任何事物的发展都有一个过程，职业教育的改革与发展也有一个过程。我们今天完成的这套教材也必将在职业教育教学改革与发展的过程中不断修改完善。因此，我们恳切地希望广大的一线教学的老师们在使用这些教材的教学实践过程中提出宝贵的意见和建议，并积极参与到我们今后对这套教材的修订、改版和重编或新编的工作中来，让我们一起为中国的职业教育改革与教材建设做出我们应有的贡献。

科学出版社职教技术出版中心

前 言

现代汽车是高新技术的结晶与体现，涵盖了力学、机械、材料、声、光、电、计算机、自动控制、信息技术等基础学科和新型学科群。当今，在大幅度提高汽车综合性能的同时，也使得汽车的故障诊断与维修的问题日益突出。

汽车性能检测技术是汽车运用与维修专业的一门实践性很强的必修课。

本书以汽车不解体检测诊断技术应用能力的培养为主线，介绍了在汽车维修行业常见的汽车主要性能检测的相关知识，同时以国内常见的大众、本田、丰田等车系为主，介绍了发动机综合性能检测、灯光检测与检测设备、汽车排放检测与检测设备、汽车计算机控制系统的检测与检测设备等内容，阐述了上述检测项目所用检测设备的结构、工作原理、检测方法、设备日常维护以及相关的检测标准和检测结果分析，使读者在学完本书后能够初步具备对汽车整车性能的检测能力。

本书既有较强的实践性，又有较强的综合性，并在基础理论与基本知识、检测原理与检测方法、检测设备的应用等内容上加强了针对性和实用性，突出了新设备、新技术和应用技术，力求把传授知识和培养能力有机地结合起来；特别注重对学生动手能力的培养。

参与本书编写的人员具有多年在汽车修理厂第一线从事维修工作的实践能力，他们从实践中积累了丰富的经验，加上现在从事汽车维修的教学，因而切身感受到了国内汽车维修行业对高水平的汽车维修教材的迫切需要。

本书在多年实践、教学的基础上编写而成，力求实用、易学，竭力避免了大篇空洞理论的描述。书中的图片多来自于各大汽车制造厂家发行的原厂维修标准手册，维修操作紧扣实践，语言简练且叙述明了。

希望本书的出版，能对汽车维修行业从业人员水平的提高起到推动作用。

由于编者水平所限，书中难免存在错漏之处，恳请读者批评指正。

目　录

项目 1

汽车四轮定位检测

通过本项目的学习，学生可以掌握汽车四轮定位的相关知识和四轮定位仪的使用方法，并学会检测汽车车架、悬架构件、车轮三者之间及四个车轮之间，在 xyz 轴方向的角度位置关系，并完成必要的调整、维修工作。

技能要求

1. 掌握汽车构造和相关的底盘知识，会使用常见的汽车维修工具。
2. 具备一定的观察、故障判断和逻辑思维能力。
3. 能熟练操作、维护计算机，完成必要的文字录入和资料查询工作。

相关知识与技能点

前束、外倾角、主销后倾角、主销内倾角、退缩角、包容角、转向盘回正力、推进角。

工作任务

汽车四轮定位检测

任务目标

　　保证汽车直线行驶的稳定性和操纵的轻便性，减少汽车轮胎和其他零件的磨损。

安全规范

1. 举升机操作注意事项

　　1）确保车辆驶上举升机平台时电源、油路处于正常状态。

　　2）确保举升机举升平稳，防止举升时车辆在举升机上倾斜而造成人员伤害或损坏车辆的情况发生。

　　3）无论举升到任何时高度时，举升机必须落在安全锁上，并且确保安全锁的位置水平（对角线水平不得超过 3mm，左右水平不超过 2mm）。

　　4）车辆上举升机或地沟跑道时，车身必须放正，车两侧要与举升机跑道平行。

　　5）车辆前面的两个车轮必须压在转角盘正中心。

　　6）车辆驶上举升平台，使两前轮压在转角盘中间，取出举升平台和转角盘上的固定销，使两前轮可自由转动。

　　7）车辆在举升前一定要将驻车制动固定好，防止车辆前后滚动，造成不必要的伤害。要求举升机水平误差小于 1mm，否则将影响测量精度。

　　8）举升机下落时要注意车下人员或物品，并且将车辆下面的维修用品和其他物品清理干净，防止人员受伤和财物损失。

2. 四轮定位仪操作注意事项

　　1）在取放四轮定位仪传感器时一定要小心轻拿轻放，尽量减少传感器震动。

　　2）夹具在夹车轮时，根据轮辋的结构可调整夹具夹爪方向，一定要将夹具与车轮的接触点紧靠并且夹紧，确保没有缝隙，并且固定好保险皮套。

3）传感器与夹具固定时，应注意传感器顺序不能颠倒（传感器有前后左右之分，传感器面键上红色的按键指示车轮顺序，也可以查看传感器背面），一定要将传感器的中心轴完全插入，确保无缝隙并且适当旋紧夹具固定螺钉，保护好传感器。

4）在车辆调整的过程中尽量减少对传感器的震动，在震动幅度大的情况下，可将传感器取下，待调整好后，将传感器重新安装上再进行测量。

5）使用过程中，应避免太阳光照射、强光干扰和工作灯直接照射传感器探头。

6）在安装传感器时要注意传感器的摆放位置，确保传感器和车轮一一对应。

7）传感器在使用过程中要保持传感器的清洁，防止传感器上的测试窗被灰尘遮挡。

8）传感器的最长充电不要超过 8h。

9）在充电过程中，不可将充电线拔下立即再充电，应等待电池冷却后（30min）重新充电。

10）建议传感器充电时不要进行测量工作，应在充完电（拔掉充电线）30min 后工作。

11）使用后应放置于通风干燥的安全处。

3. 主机操作注意事项

1）注意电源的电压是否稳定，若当地电压跳变量大，建议加装电源稳压器。

2）主机要加装地线，防止主机产生的静电对计算机有损伤。

3）主机要放置在干燥通风的环境下。

4）计算机操作要按计算机提示操作，切勿违规操作。

5）操作时要正常开关机，切勿非法开关机，造成系统的损伤。

6）在工作中切勿将主机随意移动。

7）在工作完成后将主机用机器罩罩起，防止落灰。

　　四轮定位有关各角度的定义及其功能，是比较容易了解的，所有四轮定位角度都通过底盘的机械结构相连接。在调整时，如有底盘悬架上的部分部件发生损坏或松动，并且在调整前没有检查出来或更换，那么在调整结束后车辆的行驶过程中，则会由于行驶阻力迫使车辆悬架部分变形而产生四轮定位的角度变化，此变化可以导致车辆的吃胎、跑偏等故障发生。所以，在四轮定位的程序中，定位前的车辆检查工作是必要的。

一、富康轿车四轮定位

1. 车轮前束的检查和调整

（1）车轮前束的检查

1）将汽车停放在水平路面上，将转向盘辐条对中，使转向轮摆正，松开驻车制动，让汽车向前移动约 5m，以消除转向机构间隙。

2）在每个车轮的后部，在轮轴中心线高度上的轮冠中心线处（胎面上）作一标记，如图 1-1 所示。

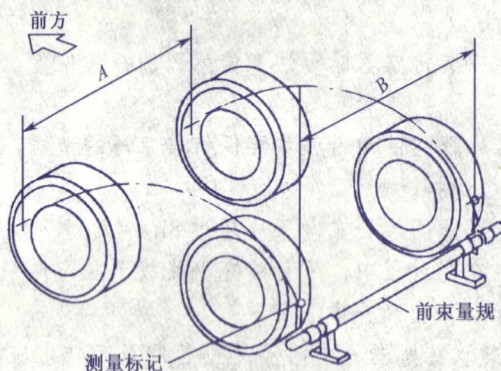

図 1-1　在轮冠中心线处作标记

3）用前束量规手工测量两标记间的距离 B，如图 1-1 所示。

4）慢慢向前推动汽车，直到测量标记转到前侧，再测量两标记的间距 A。

计算前束值，即 $B-A$，分别测出前轮前束和后轮前束值。

前轮前束规定值为：有助力转向车型 $1\sim3mm$；无助力转向车型 $-3\sim-1mm$。

后轮前束规定值为：$-2\sim2mm$。

（2）车轮前束的调整

富康轿车后轮前束不可调整，如果后轮前束超出标准值，应及时更换变形的悬架部件。

前轮前束的调整依赖左、右转向横拉杆中的调整螺母进行。调整时，左右车轮对称调整，不可单独调整某一边，否则，可能会出现跑偏、转向轮与车身干涉等现象。

在前束调节完成后，转向轮处于直行位置时，应检查转向盘是否居中。若转向盘不居中，则需对前束进行重新调整。在转向盘居中、转向轮处于直行位置时前束值必须符合标准。

2. 车轮外倾角的检查和调整

（1）车轮外倾角的检查

1）将水平式车轮定位测试仪装到被测车轮的轮毂上，如图 1-2 所示。

2）使车轮处于直线行驶位置。

3）观测测量仪中间的气泡，读出车轮的外倾角值，其前后轮外倾角值应在规定范围之内。

4）前轮外倾角标准值：$0.032°±30'$（有助力转向），$0.015°±30'$（无助力转向）。后轮外倾角标准值：$-1°±30'$。

（2）车轮外倾角的调整

如果车轮外倾角不在标准值范围内，应分别检查前、后悬架系统的有关零部件是否弯曲变形或损坏，必要时更换新件；检查车身是否变形，必要时对车身进行校正。

排除故障后，应重新测量前、后轮外倾角，直到正常为止。

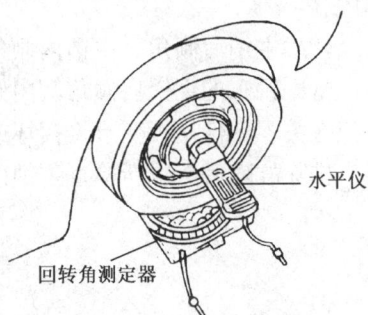

图 1-2　水平式车轮定位测试仪

3. 主销后倾角、主销内倾角的检查和调整

（1）主销后倾角、主销内倾角的检查

1）将前轮置于回转角测定器（又称转角仪）上面，使轮胎中心线和芯轴中心线的交点与测定器中心对准（图 1-3）。

2）在汽车后轮下垫放与测定器同高的台架（图 1-4），以保证各车轮都处于同一水平面。

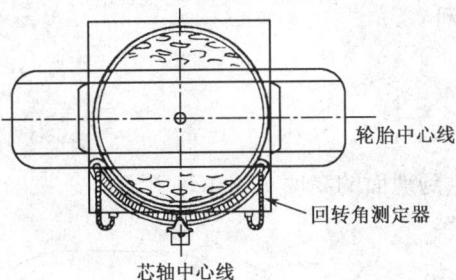

图 1-3　安装回转角测定器

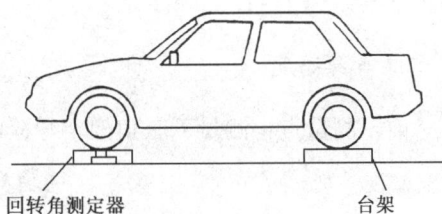

图 1-4　给后轮垫台架

3）将水平式车轮定位测试仪装在前轮轮毂上（图 1-2）。测量主销内倾角和后倾角，需将前轮向左和向右偏转一定角度（通常设定为 20°）来配合完成，其车轮偏转角度的大小由回转角测定器控制。

4）为防止车轮滚动而影响测量结果，可使用一个制动踏板推杆来压紧脚制动踏板（图 1-5），但不允许操作人员坐在车上踩制动踏板。

5）测出的主销后倾角应在规定的 $2.96°±30'$ 范围内；测出的主销内倾角应在规定的 $10.627°±30'$ 范

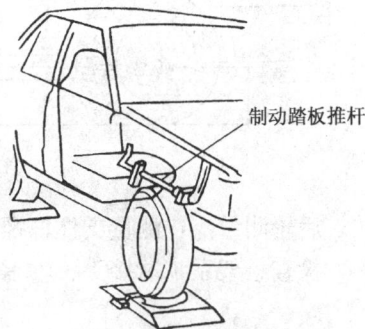

图 1-5　用推杆压制动踏板

围内。

（2）主销后倾角、主销内倾角的调整

富康轿车的主销后倾角和内倾角均不可调整，因此，当其检测不合格时，应查明前悬架有关零部件是否变形、损坏或连接松旷，必要时重新按标准力矩紧固或更换新件。

排除故障后，重新检查主销内倾角和主销后倾角，直到正常为止。

二、丰田佳美轿车四轮定位

1. 准备工作

1）检查轮胎是否磨损及胎压是否正常，轮胎冷时的标准压力：220kPa。

2）检查车轮轴承是否松动。

3）检查车轮是否偏摆（图 1-6）。

4）检查车辆悬架系统是否松动。

5）检查转向连杆是否松动。

6）用标准的跳振测试，检查减振器是否正常。

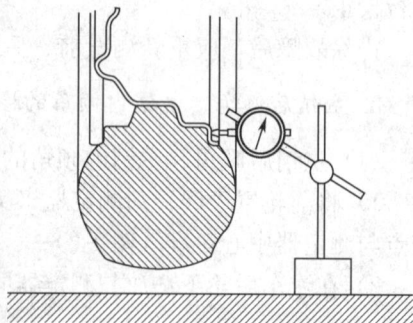

图 1-6　检查车轮是否偏摆

2. 最大转向角度

假如车轮角度与厂家规范不符，则检查左和右的转向横拉杆长度是否相等，左右转向横拉杆的正常误差为 1～1.5mm。

3. 车身高度

前轮测量点：测量下三角架、螺栓的中心点到地面的高度（图 1-7）。

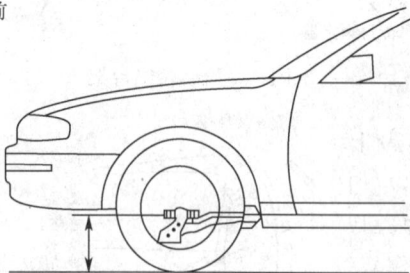
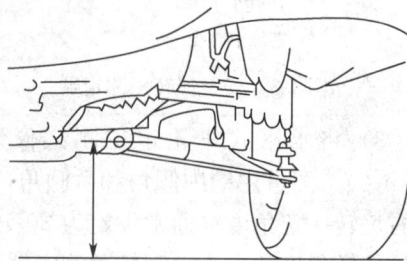

图 1-7　车身前部高度的检查

后轮测量点：测量支柱杆螺栓的中心与地面的高度（图 1-8）。

检查悬架系统球接头、轴承（用手握住车轮并且上下左右施力，检查是否摇晃）。

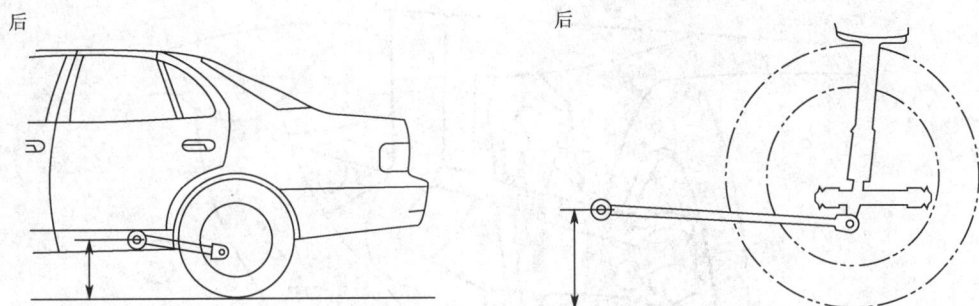

图 1-8　车身后部高度的检查

4. 前轮定位

1）使用四轮定位仪对四轮进行检测，如图 1-9 所示，前轮标准的前束值为

$$A+B=0°\pm0.2°$$

$$C-D=0\pm2mm$$

如果测量的前轮前束值不在厂家规范内，需要调整转向横拉杆。

2）拆开防尘大套夹。

3）放松转向横拉杆末端的防松螺母。

4）转动转向横拉杆调整前束时，左右横拉杆调整长度应一样（图 1-10）。

提示： 测量左右转向横拉杆的长度的值是一样的，左右转向横拉杆的误差为 1mm 以下。

5）用 74N·m 的扭矩旋紧转向横拉杆的防松螺母。

6）将防尘套恢复定位，并以固定夹固定。

7）确认防尘套无扭转迹象。

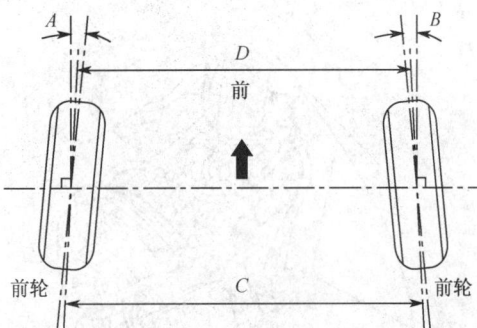

图 1-9　前轮前束

前轮的外倾角、后倾角及内倾角无法调整，假如测量值不在厂家规范内，检查悬架系统零件是否损坏或磨损，如果需要，则更换新件。外倾角可以用偏心螺栓替换来调整（图 1-11）。

5. 后轮定位

1）使用四轮定位仪对四轮进行检测，如图 1-12 所示，后轮标准的前束值为

$$A+B=0.4°\pm0.2°$$

$$C-D=4\pm2mm$$

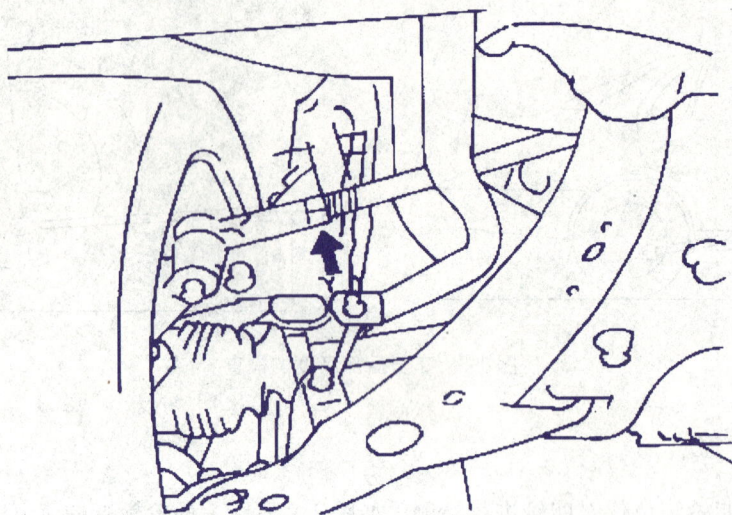

图 1-10　调整转向横拉杆

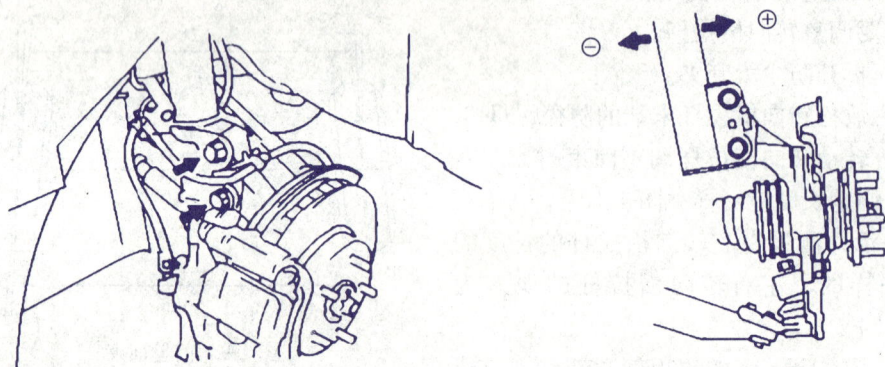

图 1-11　外倾角的调整

2）调节前束，方法如下：

① 测量左、右 2 号下悬架臂长度（图 1-13）。左-右差不超过 1mm。若左、右差大于规定值，调节长度。

② 松开锁紧螺母。

③ 将左、右调节管等量旋转（图 1-14），调节后轮前束。一侧的调节管转动一圈，可调节前束约 0.6°（6.7mm）。

④ 用 56N·m 扭矩旋紧锁紧螺母。

3）检查外倾角。标准的外倾角：−0°15′±2°，横向外倾角不能超过 45′。外倾角不能调节，若测量值不符合规定，检查并在必要时更换悬架横梁。

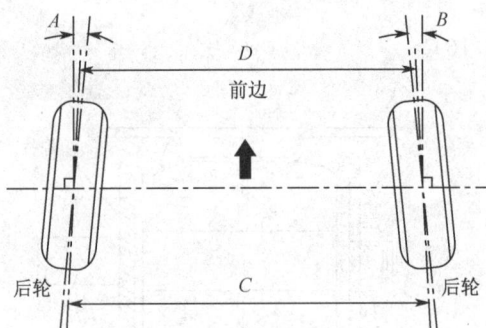

图 1-12 后轮前束

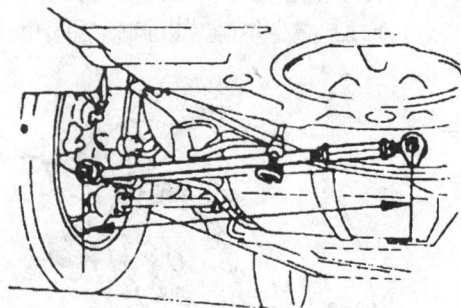

图 1-13 测量左、右 2 号下悬架臂度

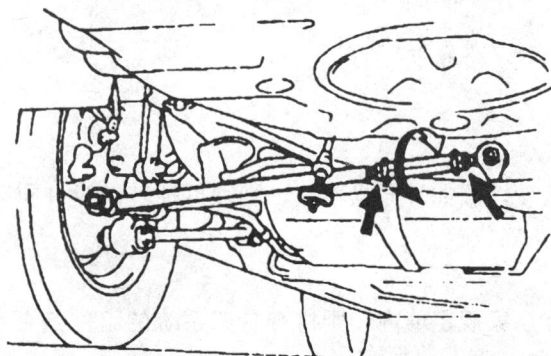

图 1-14 旋转左、右调节管

三、本田雅阁轿车四轮定位

为使四轮定位的检查及调整更正确，在定位前应先检查及调整下列事项：

1）确定悬架系统未被更改。

2）检查轮胎尺寸及胎压。

3）检查轮圈及轮胎是否偏摆（图 1-15）。

4）检查悬架系统球接头（以手握住车轮并且上下左右施力，检查是否摇晃）。

1. 后倾角的定位及调整

1）检查胎压。

2）用四轮定位仪检查后倾角。

3）如果需要调整，记录后倾角读数，然后进行下一步。

4）顶起车头。

5）拆下半径杆末端的自锁螺母。

6）拆下下悬臂的半径杆的螺栓和半径杆。

7）增加/减少填隙片以调整后倾角（图 1-16）。

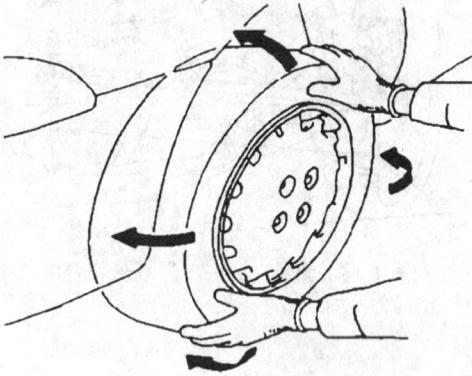

图 1-15　检查轮圈及轮胎

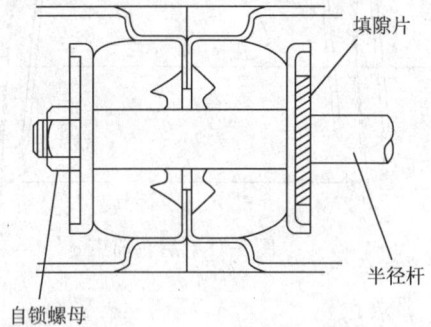

图 1-16　调整后倾角

2. 外倾角

1）检查转向盘角度，假如转向盘不正，则须拆掉转向盘并重新装回正确的齿槽位置，转动转向盘直到正确位置。

2）检查外倾角。

3）如果角度不在厂家规定值内，则检查悬架系统的组件是否弯曲或损坏，必要时更换。

3. 前轮前束

1）转向盘在正中央位置。

2）车轮朝向正前时，检查前束，如果需要调整，进行下一步。

3）放松拉杆（图 1-17）直到前轮朝向正前方的位置。

4）两边拉杆等量调整到数据正确为止。

5）调整后，将拉杆螺母锁紧。

4. 后轮前束

1）释放驻车制动。

注意：车轮朝正前时，测量前束测量值的差值。假如驻车制动未释放，可能得到错误的数值。

2）固定后下悬臂的调整螺栓，并且放松自锁螺母（图 1-18）。

3）转动调整螺栓到厂家规定的后轮前束值，即可得到正确的前束。

4）固定调整螺栓，装上自锁螺母并锁紧。

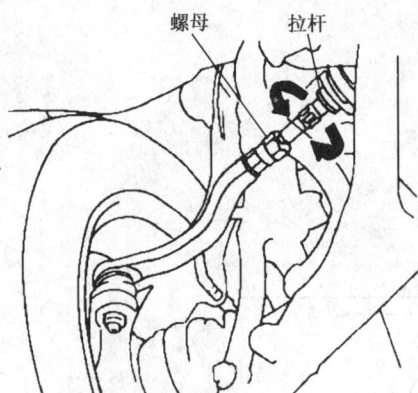

图 1-17　放松调整拉杆

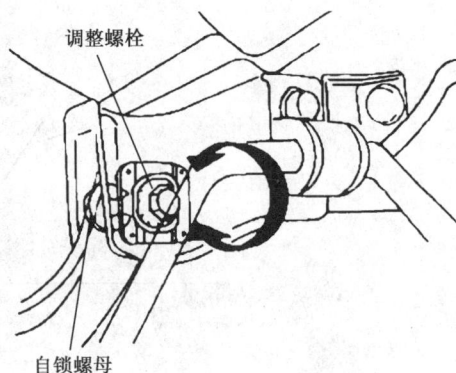

图 1-18　放松自锁螺母

5. 前轮端间隙的检查

1) 用举升机顶起车辆。

2) 检查悬架系统球接头、轴承（用手握住车轮并且上下左右施力，检查是否摇晃）。

3) 假如轴承端间隙测量值大于标准值，则更换车轮轴承。

6. 车轮偏摆的检查

1) 用举升机顶起车辆。

2) 检查轮圈是否弯曲或变形。

3) 检查悬架系统球接头、轴承（用手握住车轮并且上下左右施力，检查是否摇晃）。

巩固训练

大众帕萨特 B5 轿车四轮定位

1. 车轮定位参数

（1）前束曲线

大众帕萨特 B5 轿车的前束曲线如图 1-19 所示。

前束曲线是由两个因素确定的：

1) 在初始位置 B_1 上测量得到的前束值 C_1。

2) 相对于初始位置 B_1 而言，在车辆上升 60mm 后的位置上测量得到前束值 C_2。C_2 和 C_1 之间的前束差被称为前束恒定值 "S"。

如果前束曲线/前束恒定值 "S" 不在标准范围内，表明汽车发生过事故，前桥零件或车身损坏，可能产生以下后果：

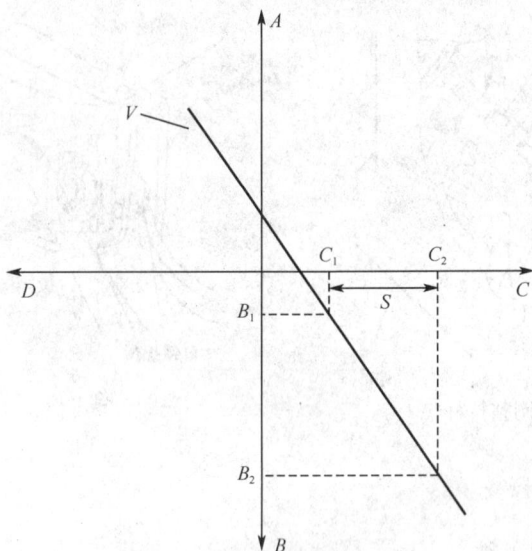

图 1-19 前束曲线

A—弹簧压销；B—前悬架弹簧伸长；B_1—初始位置（具有运动底盘的汽车在此状态
上再伸长 30mm）；B_2—汽车相对于状态 B_1，车辆悬架弹簧伸长 60mm；C—前束值；
C_1—在状态 B_1 测得的前束值；C_2—在状态 B_2 测得的前束值；D—负前束值；V—前
束曲线；S—前束恒定值

1）汽车驶过不平路面时，行驶方向不稳定（跑偏）。

2）汽车制动时改变行驶方向（在制动系统正常的情况）。

（2）检查前悬架弹簧伸长

1）检查具有标准底盘的汽车前悬架弹簧的伸长。

① 插入测量定位架 V. A. G1925，连同定高接头 V. A. G1925/4，并使二者的螺纹量拧到底。

② 如图 1-20 所示，使其在副车架的前螺栓（箭头处）就位。这时汽车仍未升高，汽车处于空载状态下的 B_1 初始位置。

2）测量运动型底盘汽车的前悬架弹簧的伸长。

① 安放气动举升机并将汽车前部抬起。

② 将接长杆 V. A. G1925/6 放到测量定位的定高接头 V. A. G1925/4 上，如图 1-21 所示。

③ 将汽车放下，此时汽车处于运动型底盘空载状态下的 B_1 初始位置。

④ 在前桥下部旋转气动举升机将车辆前部升起，使车辆悬架弹簧伸长 60mm。

⑤ 从螺杆中拉出定高接头，如图 1-22 所示。

⑥ 汽车放到间距样板上，现在汽车处于 B_2 位置。

⑦ 通过车轮定位仪测左右轮前束恒定值（实际值）。

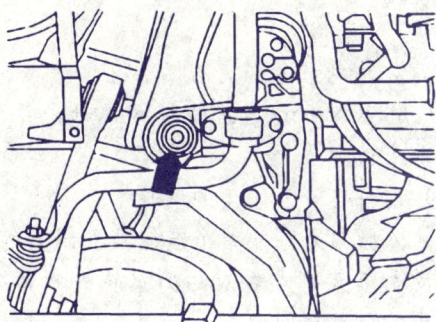

图 1-20 测量定位架工具的安装

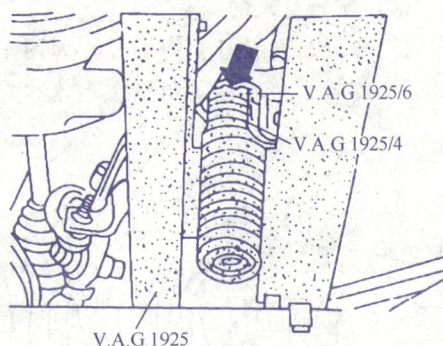

图 1-21 将 V. A. G1925/6 放到 V. A.
G1925/4 上

⑧ 若恒定值在公差范围外，则进行调整。

（3）前束恒定值"S"的调整

1）首先使汽车处于 B_2 位置。

2）松开六角螺母，如图 1-23 所示。

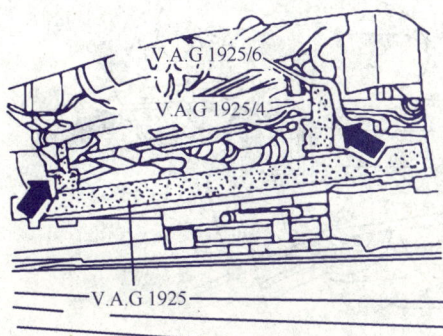

图 1-22 拉出定高接头

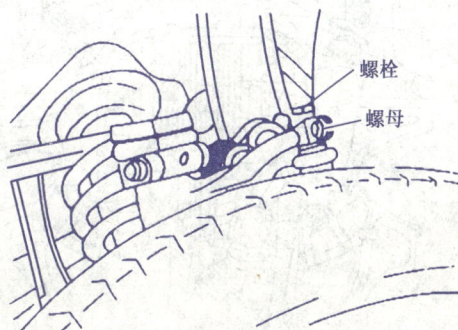

图 1-23 松开六角螺母

3）将螺栓（图 1-23）旋出约 4mm。

4）将转向横拉杆球销向下压直到止挡为止。

5）旋转调整螺栓（图 1-23），直到精确地达到前束恒定值。

6）六角螺母用 45N·m 的扭矩拧紧，并再次检查前束定值。

7）螺栓用 7N·m 的扭矩拧紧。

8）放下汽车，使汽车重新回到 B_1 位置。

9）螺杆向下旋转。

10）多次上、下压动具有标准底盘的汽车。

11）调完前束恒定值后，再次检查前束恒定值。

12）用四轮定位仪再次检查，若测量值小于调整值之外，则必须在 B_2 位置上再次调整。

（4）前轮前束的调整

1）松开转向拉杆上的螺母，如图1-24所示。

2）旋转六角螺栓，调整右车轮和左车轮的前束，达到厂家规定的标准值。

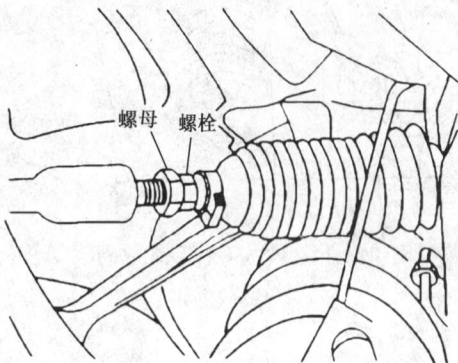

图1-24　前束的调整

3）用40N·m的扭矩拧紧螺母，并再次检查前束值。

（5）前桥车轮外倾角的调整

车轮外倾角是不能单个车轮独立调整的，只有移动副车架将左右对称的车轮外倾角确定在规定的公差范围内。

1）拆下隔音板。

2）拆掉六角螺栓3和4，如图1-25所示。

3）插入专用工具V.A.G1941，如图1-26所示。

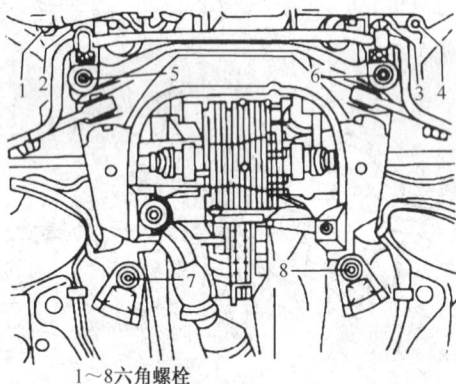

图1-25　拆掉对应的六角螺栓

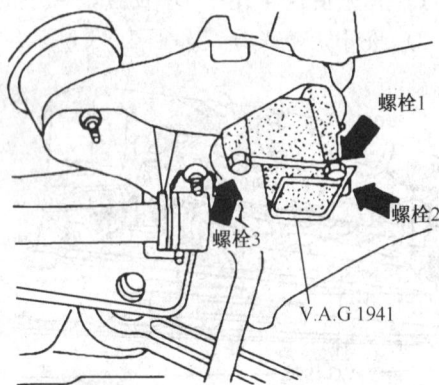

图1-26　插入专用工具V.A.G1941

4）松开六角螺栓1、2、5、6、7和8（图1-25）。

5）转动螺栓2（图1-26）直到车轮外倾角达到规定值为止。

6）松开螺栓3（图1-26），并检验车轮外倾角数值，必要时再次进行调整。

7）拆下专用工具V.A.G1941。

8）标准的螺栓拧紧扭矩如下：

六角螺栓7和8为110N·m+90°；六角螺栓5和6为110N·m+90°；六角螺栓1、2、3和4为60N·m。

（6）前轮驱动汽车后桥的外倾角

对于前轮驱动汽车，其后轮的车轮外倾角是不能调整的，只能检查。如果测量值超出允许公差，则检查后桥是否损坏，必要时更换。

（7）四轮驱动汽车后桥的外倾角

1）松开六角螺母，如图1-27所示。

2) 旋转偏心螺栓，直到达规定值。

3) 重新旋紧六角螺母。

4) 再次检验车轮外倾角。

(8) 四轮驱动的汽车后桥前束的调整

1) 松开偏心螺栓的六角螺母，如图1-28所示。

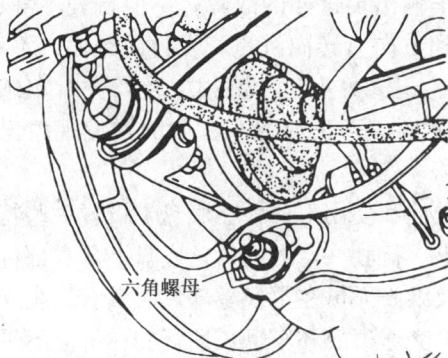

图 1-27 松开六角螺栓

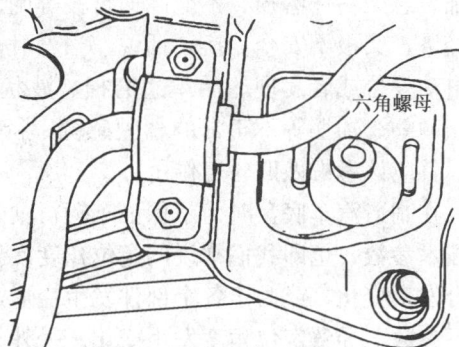

图 1-28 松开六角螺母

2) 旋转偏心螺栓，直到达厂家的规定值。

3) 重新旋紧六角螺母。

4) 再次检验前束值。

知识探究

汽车四轮定位

为了保证汽车直线行驶的稳定性和操纵的轻便性，减少汽车轮胎和其他零件的磨损，必须考虑许多因素来确定车轮与地面的角度。转向车轮、转向节和前轴三者与车架的安装应保持一定的相对位置，这种具有一定位置的安装称为转向轮定位，也称前轮定位。以前通常的车轮定位是指前轮定位，现在的车辆除前轮定位外还需要后轮定位，即四轮定位。四轮定位的作用就是使汽车保持稳定的直线行驶和转向轻便，并减少汽车在行驶中轮胎和转向机构的磨损。四轮定位包括检测汽车车架、悬架构件、车轮三者之间及四个车轮之间，在 xyz 轴方向的角度位置关系。

一、汽车四轮定位的基本理论

随着高速公路和高级轿车的快速发展，车轮对于汽车就显得尤为重要，正所谓："千里之行，始于足下"。车轮一旦出现故障，车辆将会出现跑偏、吃胎、抖动、耗油量增加、悬架零件磨损、不能高速行驶等问题。车辆出现这样的故障，不但行驶不舒适，不经济，又极不安全。换句话说，当驾驶员感到方向盘转向沉重、发抖、跑偏、不正、不自动复位或者发现轮胎单边磨损、波状磨损、偏磨等不正常磨损以及驾驶时车感飘浮、颠颤、摇摆等不正常的驾驶感觉，行驶中方向盘不正或行车方向的跑偏现象出现时，就应该考虑做四轮定位了。

在制造汽车底盘时为了保证车辆行驶的安全性和使用寿命，在底盘上设置一些特定的技术参数，也即我们常说的定位角度。新车出厂行驶一定时间后，底盘上各零部件间配合发生变化，或由于各个部件发生变形，以及维修人员在更换零部件时没有完全恢复出厂参数，导致定位角度发生变化。另外，由于交通事故和车辆长期行驶在坑洼不平的道路上，使车辆出厂参数遭到破坏，也会使定位角度发生变化。因此出现方向盘转向沉重、发抖、跑偏、吃胎等现象发生。

用专用的仪器对车辆进行精确的测量，根据测量结果及原厂设计标准对照，对车辆进行综合诊断，然后进行调整、维修等作业，这些意在使汽车恢复原厂标准，达到最佳的操纵和行驶状态的操作，统称为汽车完全四轮定位。

四轮定位在调整和测量的过程中，要用到底盘的各个角度知识，并且要掌握各个角度所产生的故障现象，分析车辆产生故障的最终根源，通过定位仪的标准数据找出车辆角度的最佳的角度状态，根据测出的数据来调整，将车辆调整到最佳的状态。在调整四轮定位的过程中会遇到各种各样的车型和各种各样的问题，用来解决这些问题的调整方法也各不相同。但归根结底要用到四轮定位理论的角度知识和汽车底盘维修的知识，因此读者应要熟练地掌握这些知识。

(一) 四轮定位的基本参数

1. 外倾角

（1）外倾角的定义

轮胎的顶端相对于底端向外或向内倾斜的角度，称做外倾角。

如图 1-29 所示，从前后方看车轮，穿过车轮中心平面与地面的铅垂线的夹角，就是外倾角。前轮在转向装置位于中心位置时测量，后轮在正前打直位置测量（四轮转向）。

轮胎的上缘偏向内侧（靠近发动机）时为负外倾。轮胎的上缘偏向外侧（远离发动机）时为正外倾。

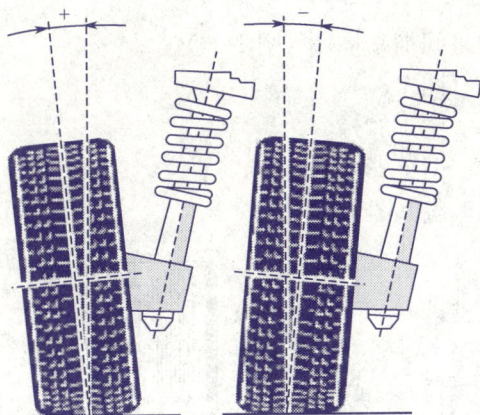

图 1-29　外倾角

（2）外倾角的作用

1）保证轮胎与地面的良好接触，增加轮胎的附着力，改善汽车的动力。

2）防止车轮的不均匀磨损。

3）减低作用于转向节上的负载，防止转向节产生弯曲。

4）防止车轮滑脱。

5）防止由于负荷而产生的不需要的外倾角。

6）减小转向操纵力。

7）使轮胎内外侧磨损均匀，提高车身的横向稳定性。

如果正外倾角太大，将会造成以下影响：

1）轮胎外侧单边磨损。

2）悬架系统零件磨损加速。

3）车辆会朝着正外倾角较大的一侧跑偏（注：后轮外倾角与跑偏无关）。

如果负外倾角太大，将会造成以下影响：

1）轮胎内侧单边磨损。

2）悬架系统零件磨损加速。

3）车辆会朝着负外倾角较小的一侧跑偏。

总之，当车轮的外倾角不正常时，必须及时调整。

（3）外倾角的测量和调整

1）外倾角的测量。测量外倾角前，必须认真检查车况、车身高度（悬架高度）、轮胎气压、支臂球头、支臂胶套等。然后把车停在水平定位平台，方可进行测量。

2）外倾角的调整。外倾角的调整根据车型不同而各有不同，可以分为可调式、不可调式。

对于可调式的车轮外倾角，主要的调整方法有调整垫片、大梁槽孔、偏心凸轮、偏心球头、减振器上支柱的调整、上控制臂的调整、下控制臂的调整等。

对于不可调式的车轮外倾角，一般采用换件的方法解决，或者采用外力校正的方法。

（4）调整举例

1）在车架与控制臂之间加减垫片（图1-30）。

2）大梁槽孔的调整（图1-31）。

3）偏心凸轮的调整（图1-32）。

4）偏心球头的调整（图1-33）。

5）减振器上支柱的调整（图1-34）。

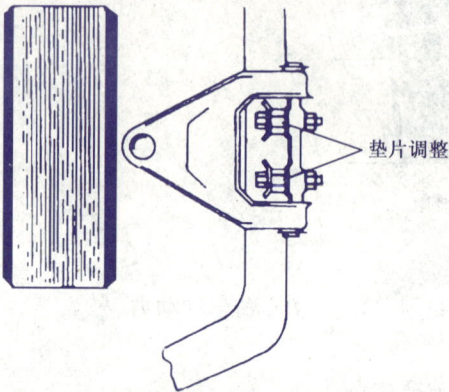

图1-30 垫片调整法

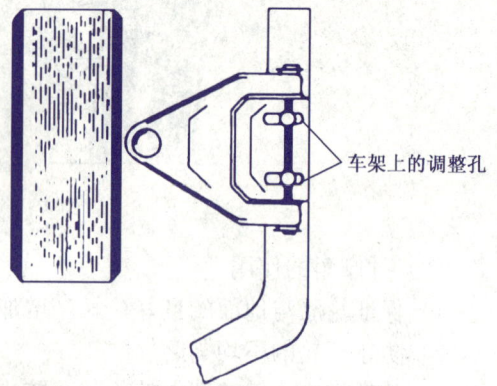

图1-31 大梁槽孔调整法

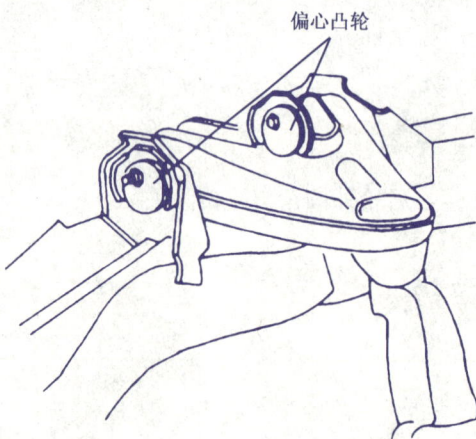

图1-32 偏心凸轮调整法

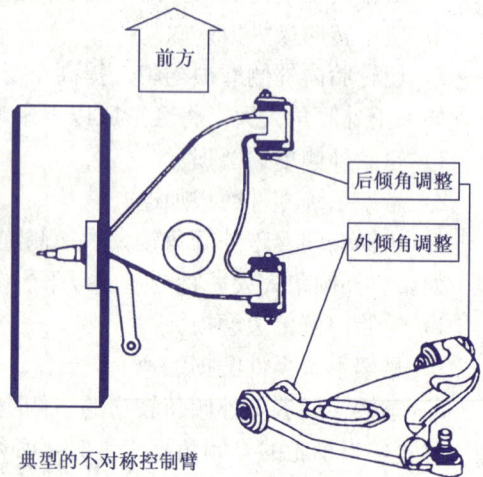

图1-33 偏心球头调整法

（二）前束

1. 前束的定义

如图1-35所示，从车辆后方看，左右轮胎垂直中心线与车轴等高水平中心线相交的两点距离与转到前方180°同一两点间距离的差值称为前束值。

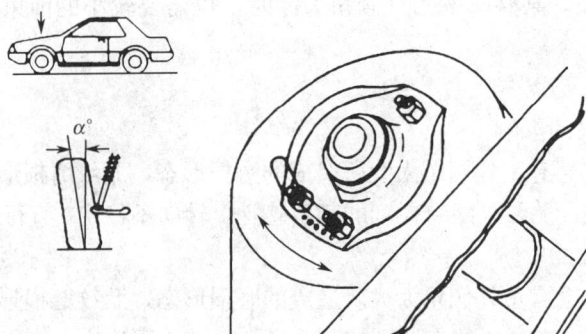

图 1-34　减振器上支柱调整法

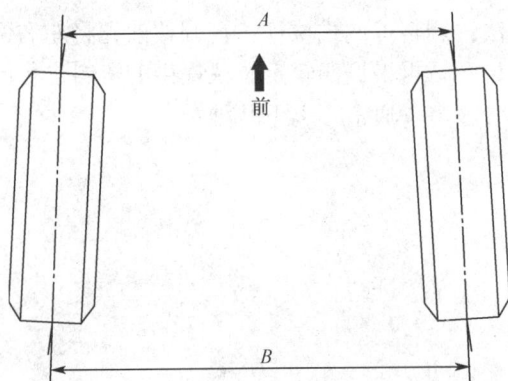

图 1-35　前束

总前束是由左右两个车轮的分前束角之和来计算的，是以车轮几何中心线为基准的；单独前束是指车辆中心线与单个车轮旋转平面间的夹角。

零前束：左右轮的中心线，其前端与后端的距离相等，即在图 1-35 中，$A=B$。

正前束：左右轮的中心线，其前端小于后端的距离，即在图 1-35 中，$A<B$。

负前束：左右轮的中心线，其前端大于后端的距离，即在图 1-35 中，$A>B$，负前束也称后束。

2. 前束的作用

车轮保持正常的前束，可以降低轮胎磨损与滚动摩擦，消除由于外倾角所产生的轮胎侧滑。

（1）外倾与前束角的关系

因为斜线轮胎的胎面和胎肩容易产生较大的变形，从而产生加大的外倾推进，因此斜线轮胎采用的车轮前束值大于子午线轮胎所采用的车轮前束值。

（2）刚性悬架与前束角的关系

因为车辆在行驶过程中，来自不同方向的作用力均施加在悬架上，使车轮向于后束。为防止这一现象，某些车辆当外倾角为零时，也需要较小的前束值。

3. 症状判断

（1）正前束太大的影响

轮胎外侧磨损，会有正外倾角太大所造成的磨损形态，胎纹磨损形式为羽毛状。当用手从内侧向外侧抚摸，胎纹外缘有锐利的刺手感觉。转向不稳定，直行性差，车轮发抖。

（2）负前束太大的影响

轮胎内侧磨损，会有负外倾角太大所造成的磨损形态，胎纹磨损形式为羽毛状。当用手从外侧向内侧抚摸，胎纹外缘有锐利的刺手感觉。转向不稳定，直行性差，车轮发抖。

4. 前束的调整

前轮前束的调整方法：调整可调式拉杆，在调整前先将左右两边的球头锁止螺栓松开，夹紧转向盘正中心位置，再根据四轮定位仪提供的资料进行同时调整。

后轮前束的调整方法较多，通常有以下几种：

1）原厂调整器。

2）垫片。

3）偏心螺栓或衬套。

4）长孔。

5）偏心凸轮。

（三）主销后倾角

1. 主销后倾角的定义

上球头或支柱顶端与下球头的连线（这条线称为主销轴线，即转向时车轮围绕其进行转向运动的转向轴线），从侧面观察，向前或向后倾斜的角度，称为主销后倾角。

向后倾斜称为正主销后倾角，如图 1-36 所示；向前倾斜称为负主销后倾角，如图 1-37 所示；与铅垂线重合称为零后倾角，如图 1-38 所示。

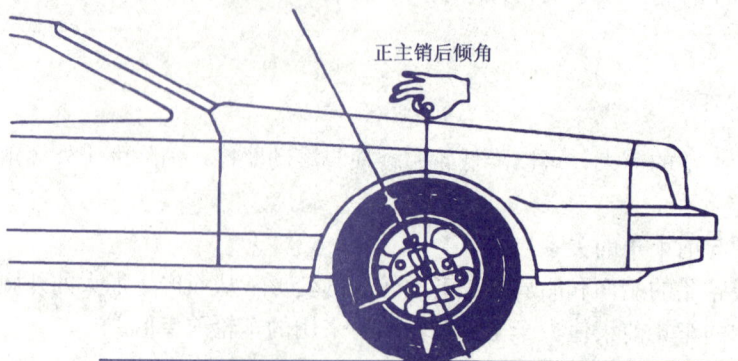

图 1-36　正主销后倾角

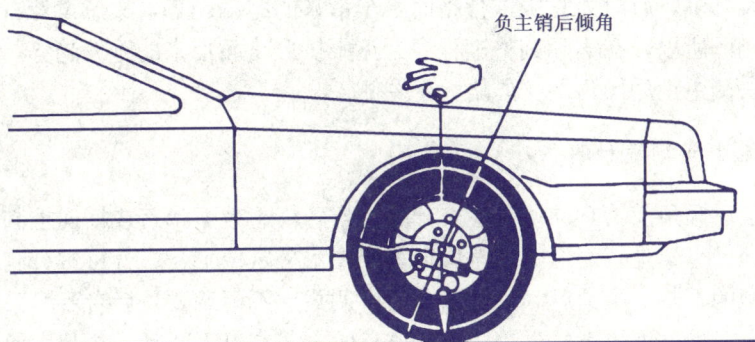

图 1-37 负主销后倾角

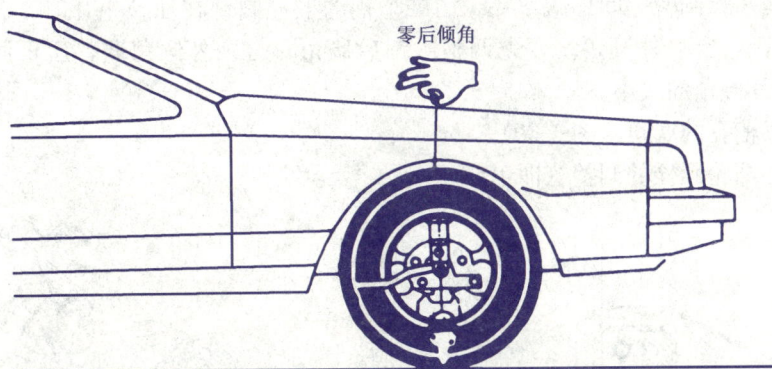

图 1-38 零后倾角

2. 主销后倾角的作用和影响

主销后倾角的作用是产生车轮回正力矩，使车轮转向后自动回位以及提高直行行驶的稳定性。

回正力矩使车辆行驶方向自动回正，转向角度越大回正力矩越大。如果主销后倾角左右数据不相等，车辆会产生跑偏趋势，向数据较小的一侧跑偏。

3. 故障症状判断

（1）主销后倾角太小

转向后转向盘缺乏自动回正能力，车速高时发飘。车辆在高速公路上行驶时，应对此项予以充分重视。

（2）主销后倾角太大

转向盘沉重，转向时操纵费力。

（3）主销后倾角不对称

直行时跑偏。左、右两轮的主销后倾角不相等且超过 $30'$（$0.5°$）时车辆出现跑偏，跑偏方向朝向主销后倾角较小的一侧。

在车辆设计中，有时为克服拱行路面给车带来的跑偏趋势，故意设计右侧主销后倾角略大于左侧。所以，在实际调整过程中为克服拱形路面带来的跑偏趋势，有时候也故意将车辆的右侧主销后倾角调整的略大于左侧。

4. 主销后倾角测量和调整

测量主销后倾角前，必须认真检查车况，扭转杆、减振弹簧或横向控制臂有无松动或弯曲，胶套、车架是否变形等。然后把车停在水平定位平台，方可进行测量。

根据车型的不同，主销后倾角可以分为可调式、不可调式。后者一般采用换件的方法解决，还有一种外力校正的方法。前者调整的方法有以下几种：垫片、偏心凸轮、长孔、支柱杆、支柱旋转、偏心球头、大梁槽孔、不对称臂、平衡杆等。

1）车架与控制臂之间加减垫片。如果车辆的上控制臂在加减垫片时，若垫片的加减数量相同则会影响外倾角。要先调整主销后倾角，否则外倾角调整后再调整后倾角时，将改变外倾角的大小。

2）大梁槽孔的调整（图 1-39）。

3）偏心凸轮螺栓的调整（图 1-40）。

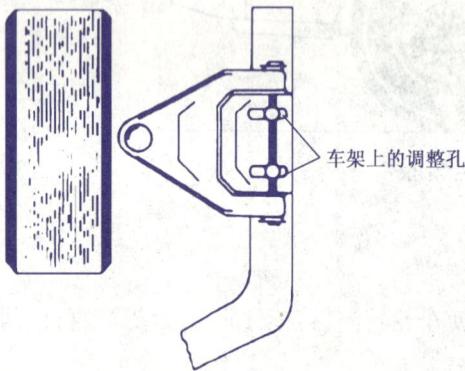

图 1-39　大梁槽孔的调整

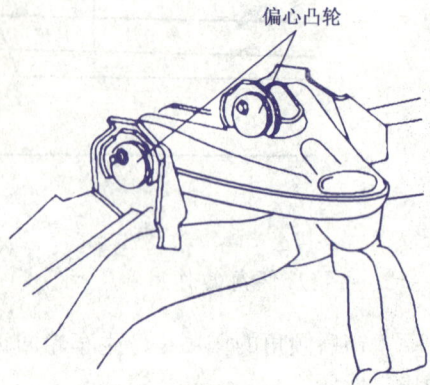

图 1-40　偏心凸轮螺栓的调整

4）支杆的调整（图 1-41）。

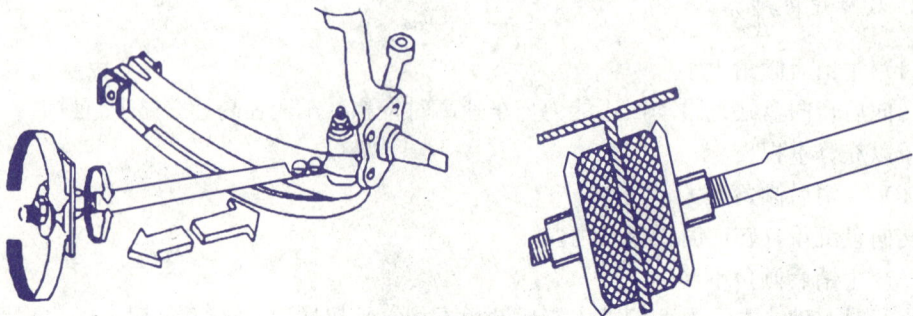

图 1-41　支杆的调整

5）不对称臂的调整（图 1-42）。

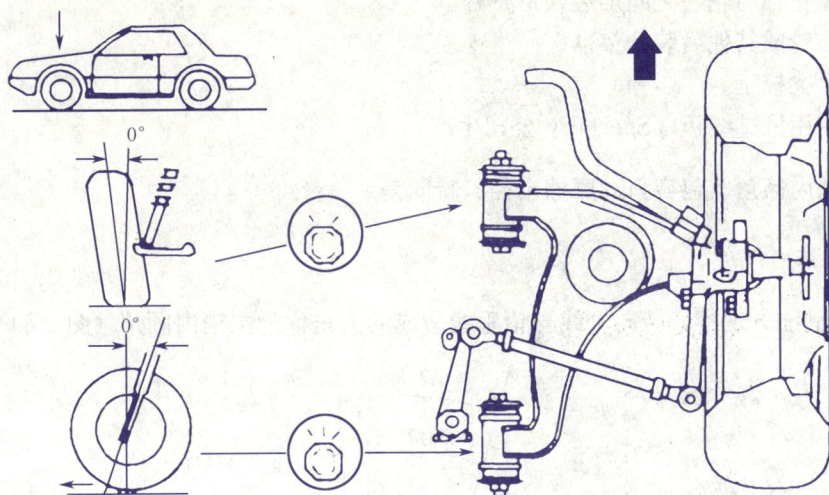

图 1-42　不对称臂的调整

（四）退缩角

退缩角的定义：一边轮胎比另一边较为退后形成退缩角，如图 1-43 所示。

右轮相对于左轮向前时称为正退缩角；右轮相对于左轮退后时称为负退缩角。

退缩角由汽车制造厂家特别的设计，主要是抵消路拱的影响，或由于撞击而形成。退缩角事实上反映了车辆轴距的变化。退缩角达到某种程度，车辆将出现跑偏，跑偏方向朝向轴距较小一侧。

退缩角一般由于撞击造成，有时主销后倾角可以调整到标准范围内，但退缩角是无法调整过来的，要想彻底解决问题，只有发动机支架和承载式车身校正到标准值，这一项工作通常是由车身钣金工来完成的。

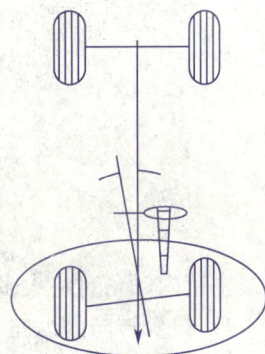

图 1-43　退缩角

（五）推进角

后轮中前束的平分线称为推力线，车身的几何中心线与推力线形成的夹角称为推进角（又称推力角）。

推进角伴随退缩角的生成而生成，或者由于后轮前束角不对称而生成。

推进角的存在，使汽车的后轴运动轨迹与汽车的几何中心线不重合，导致汽车转向异常和轮胎的非正常磨损。推进角可以通过下述方法来修正：

1）调整车辆的后轮前束。

2）利用原车厂的调整器。

3）在轮轴与轮毂之间加装楔形垫片。

4）凸轮或其他后装调整器。

5）大梁校正。

6）使用推进线板（Specialty 公司生产）。

（六）主销内倾角、包容角、摩擦半径、转向角

1. 主销内倾角

由车辆前方观察，转向轴线与铅垂线所成的夹角称为主销内倾角（图 1-44）。

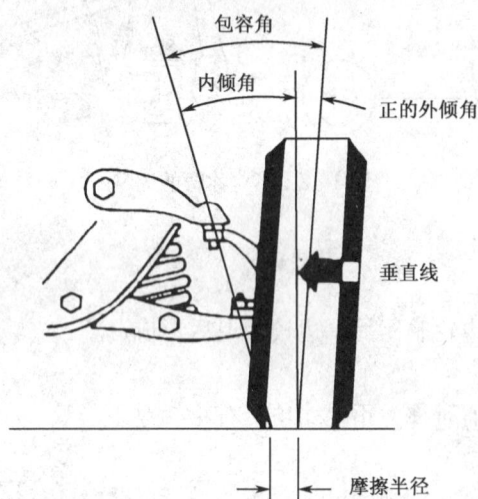

图 1-44　内倾角

主销内倾角对绝大多数的车辆来说都是不可调整的角度，其作用有

1）减少转向的纵向力。

2）减少回跳和跑偏的现象。

3）改善车辆直线行驶的稳定性。

一般来说主销内倾角和摩擦半径是不可调整的角度，但是在调整外倾角或更换悬架件时可以改变内倾角和摩擦半径。

2. 包容角

主销内倾角与外倾角之和称为包容角。

3. 摩擦半径

在地平面上观察，主销内倾角延长线以及轮胎中心线都会与地面有交汇点，两交汇点的距离就称为摩擦半径（图 1-45）。

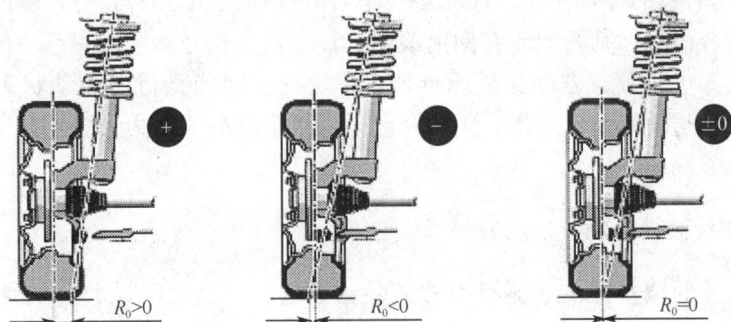

图 1-45　摩擦半径

摩擦半径可以增加操控稳定性，转向后自动回正。

当主销内倾角延长线与地面交汇点在轮胎中心线内侧，称为正摩擦半径，反之称为负摩擦半径。摩擦半径（主销偏置距）受外倾角、内倾角和轮辋宽度的影响。

4. 转向角

转向角是车辆在转弯时两前轮的相对位置，转向角也称为：转向前展、转弯半径。

转向角的功能：可以避免侧滑，避免轮胎过度磨损，避免转弯时轮胎啸叫。

如果转向前展角度超差 1.5°，车辆在转弯时轮胎会发出尖锐噪声。其可能原因是转向前臂变形弯曲。一般来说，转向差角是不可调整的，只能通过更换零件改正缺陷。

主销内倾角、包容角、外倾角三者结合在一起，可以用来诊断车辆悬架系统中某些区域或特定零件的损坏。

（七）前轮定位的动态检测

前轮定位动态检测的参数是前轮的测滑量，动态检测的目的是为了确认前轮前束与前轮外倾角配合是否恰当。

1. 前轮侧滑机理

前轮定位参数不正确，会引起车轮承受侧向力而侧滑。其中，尤以车轮外倾和前束两参数对车轮侧滑量的影响为最大。

1）车轮外倾引起侧滑。转向前轮外倾后，在车轮向前滚动时，车轮具有向外滚开的趋势。虽然在刚性前轴的约束下，前轮并不能真正地向外分开滚动，但前轴分别给两前轮向内的侧向力和轮胎在地面上的滑磨是实际存在的。因此，在汽车行驶时，两转向轮在向前滚动的同时向内侧滑。

2）前轮前束引起侧滑。前轮具有前束后，在车轮向前滚动时，车轮具有向内滚动的趋势。虽然在刚性前轴的约束下，前轮并不能真正地向内收拢，但前轴分别给两前轮向外的侧向力及轮胎在地面上的滑磨是实际存在的。因此，在汽车行驶时，两转向轮在向前滚动的同时向外侧滑。

3）外倾与前束的综合作用。前轮定位中，外倾与前束在车上同时存在，若转向轮外倾与前束配合得当，则转向轮在向前滚动过程中，车轮外倾与前束产生的作用于车轮的侧向力因其大小相等、方向相反而抵消，车轮处于向前直行的滚动状态，无侧滑现象。若车轮外倾与前束配合不当，则两者产生的对车轮的侧向力失去平衡，车轮将会向侧向力大的一方侧滑。

2. 前轮侧滑量的检测

前轮侧滑量的检测可在双侧滑板式试验台上进行，其侧滑试验台的结构如图 1-46 所示。检测时，汽车以低于 4km/h 的速度在左右两个滑动板上驶过，由于滑板横向无约束，因而车轮在滑板上的横向侧滑量便被测量指示装置测出。

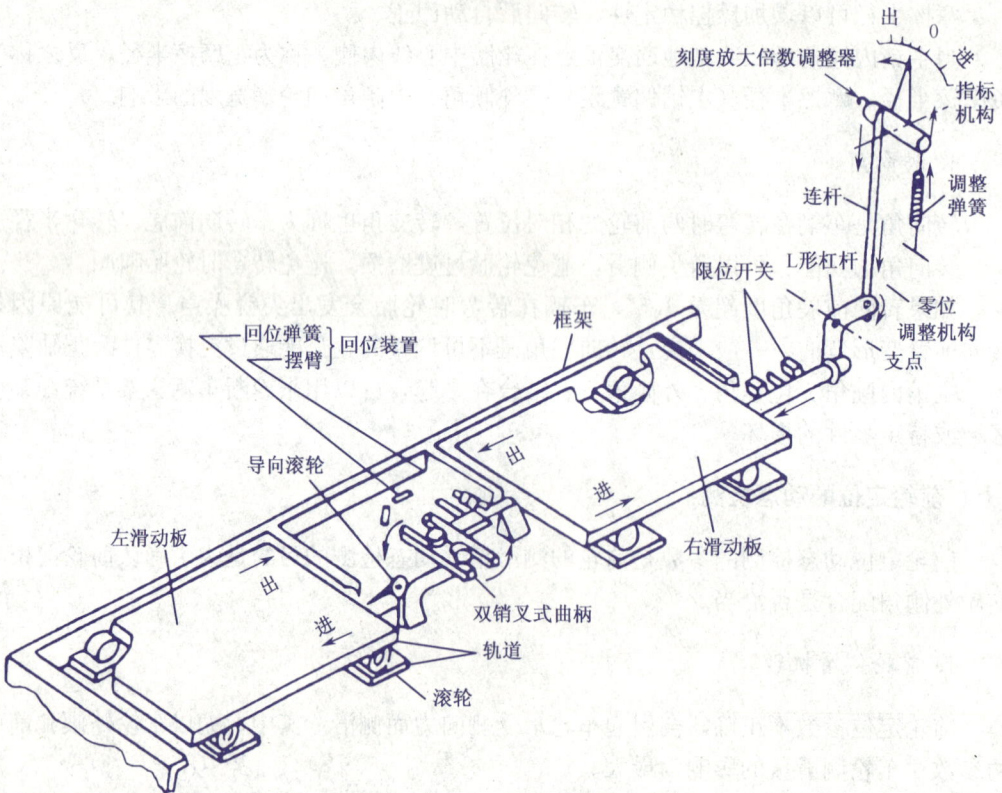

图 1-46　双侧滑板式侧滑试验台的结构

3. 侧滑量控制标准及检测结果分析

普通轿车前轮侧滑量的控制标准是每千米侧滑量小于或等于 3m。若侧滑量检测结果符合标准，即表示前束与外倾配合恰当。若检测结果大于 3m/km，则说明前束与外倾配合不恰当，此时应加以调整。

(八) 四轮定位的一般操作步骤

1. 症状询问与试车

仔细倾听并记录司机对车辆不适应症状的描述。由定位角度不当所引起的症状,有些是可以通过目视检查发现的,如吃胎;有些则不能直观的看到。倾听司机的描述是很重要的,必要时应该一起试车,以进一步确定可能存在缺陷的大致区域。在国外试车的工作一般由店堂经理完成。店堂经理应服装整洁,因为司机,特别是高档轿车的司机不会喜欢工作服肮脏的人进入自己的车辆。店堂经理应熟悉四轮定位业务,通过试车应能对车辆故障可能的原因作出大致准确的判断。

2. 转向和悬架系统的检查与维护

在询问或试车工作完成之后,下一步要进行目视车辆检查。应该建立起这样一种概念:单靠四轮定位自身,并不足以消除转向故障和磨胎问题,应该还有其他一些影响因素。在进行四轮定位工作前,应检查所有转向与悬架部件。

四轮定位技师应建立并遵循一种逐项检查的程序,通过这一程序,技师应能彻底、快速地分析和判断故障所在的信息。

3. 跑偏故障的定位前工作

如果司机所描述的症状是车辆跑偏,则在定位前应首先确定此种跑偏是否是由侧滑引起。具体方法为:

1)如果是真空胎(子午胎),将前轮左右两车轮进行互换对调,然后试车。如果车轮左右对调跑偏方向朝向对调前相反的方向,可以确定前轮侧滑是影响因素(往往是主要原因)之一。

解决办法有两个:

① 四车轮全面对调,直到找出消除跑偏的组合。

② 将前轴两车轮中任一车轮的轮胎拆下,翻面(180°)后再装上。轮胎翻面后大多数情况下可以大幅度降低侧滑引起的跑偏。如果效果不明显则建议司机更换新轮胎。

2)如果前轮左右两车轮对调后跑偏方向不变,则对后轴左右两车轮重复上述相同过程。如果后轮对调后跑偏方向仍然不变,可以确定跑偏不是由侧滑造成,必须进行四轮定位测量以进一步找出原因。

4. 四轮定位检测及结果分析

各厂家定位仪测量方法和操作步骤不尽相同,没有一个统一的模式,但操作流程是基本相同的。

1)在四轮定位仪中选择正确的车型。

2)轮圈的补偿。目前的实践中,许多四轮定位服务商为了图省事,往往省略了这一步骤。省略这一步骤时应非常小心。首先必须确认车辆轮圈的状态良好，其次必须仔细检查并确认传感器卡具完全安装到位。否则，省略轮圈补偿可能造成 0.1°～0.2°的误差，在某些场合下这是一个很大的误差。

3）测量。

4）车辆调整。车辆调整的顺序规则是：先调后轮，再调前轮；后轮先调外倾角后调前束；前轮先调主销后倾角，后调外倾角，最后调前束。

5）打印结果。工作的重点要放在对测量结果的分析上。

5. 维修调整

在综合分析、综合诊断的基础上，才能开始对车辆定位角度进行调整。技师应对定位角度调整后的效果有清晰的预测。调整的顺序如下。

先调后轴两轮：后轮外倾角→后轮前束。再调两前轮：主销后倾角（往往要先调整发动机托架）→外倾角→前束（此时转向盘水平回正）。

（九）四轮定位常见故障总结

1. 跑偏

造成跑偏的原因归纳起来有：

1）前轮主销后倾角左右不对称，偏差超过 0.5°时，车辆朝主销后倾角小的一侧跑偏。

2）前轮外倾角左右不对称，偏差超过 0.5°时，车辆朝前轮外倾角正值较大的一侧跑偏。

3）后轮外倾角左右不对称，偏差超过 0.5°时，车轮会向外倾角较小的一侧跑偏。

4）根据前后轴的退缩角可以观察到车辆轴距的变化，前后退缩角之和超过 0.2°时，就会出现可感觉到的跑偏，跑偏朝向轴距小的一侧。

另外，四轮定位无法测知的跑偏因素还有：

1）侧滑，多数是由轮胎引起。

2）胎压不平均。

3）制动不对称、打滑。

4）转向助力不平衡。

5）悬架零件磨损，失调。

注意：在实际四轮定位服务实践中，经常会遇到车辆原本不跑偏或轻微跑偏，但在调整了前轮前束后出现跑偏或跑偏加重的情况。人们很容易把这一现象归因于前束调整，其实不然。因为车辆在直行时总是处于左右两轮前束相等的位置，所以前轮前束本身并不会造成跑偏。但是如果前轮前束不对，轮胎与地面摩擦力加大，反而可以掩盖跑偏。事实上此时车辆由于其他原因已经具有跑偏倾向，不过是被掩盖而已。跑偏倾向被掩盖时，往往表现出吃胎的故障较先表现出来，所以一定要综合分析、综合治疗。

2. 吃胎

吃胎的原因归纳起来有:

1) 前轮同时吃外侧或同时吃内侧——前轮前束不对。
2) 前轮单轮吃胎,外倾角不对。
3) 后轮吃胎,外倾角、前束不对。

另外,四轮定位仪无法测知的吃胎因素还有:

1) 不良驾驶习惯。
2) 轮胎压力过高,吃轮胎胎面中心线附近。
3) 轮胎压力过低,同时吃轮胎两侧。
4) 底盘零件有问题。

3. 车辆发飘

车辆发飘的原因是主销后倾角接近于零或主销后倾角为负。

4. 转向盘发沉

转向时转向盘沉重的原因有:

1) 主销后倾角过大。
2) 外倾角不正确。
3) 剧烈颠簸后的悬架零件轻微变形、犟劲。
4) 车轮径向力(RFV)过大。

5. 转向盘回正能力差

转向盘回正能力差的可能原因有:

1) 主销后倾角过小。
2) 转向机问题。
3) 其他角度不正确造成的犟劲。
4) 轮胎有问题。
5) 转向助力机构有问题。

6. 遇到轻微颠簸或加速时车辆"掉屁股"

原因:主要由后轮前束角不正确引起。

二、典型四轮定位仪的使用

目前四轮定位仪市场上有很多品牌,图 1-47 所示为进口的路斯霸 VAS5080 四轮定位仪,被大众/奥迪 4S 店所采用;图 1-48 所示为国产的元征 X-234 四轮定位仪,也被很多国产汽车品牌的 4S 店所采用。

图 1-47　路斯霸 VAS5080 四位定位仪

图 1-48　元征 X-231 四轮定位仪

　　下面以元征 X-231 四轮定位仪为例，讲述四轮定位仪的操作技能，其他品牌四轮定位仪的操作方法与之类似。

（一）X-231 四轮定位仪的功能与组成

　　X-231 四轮定位仪，采用高分辨率进口 CCD、高精度进口倾角传感器及精密光学成像系统研制而成。该产品主要用于检测汽车车轮定位参数，了解汽车底盘状况，指导用户对车轮定位参数进行相应调整，从而达到理想的行车和驾驶效果，其功能如下。

　　1）提供前轮前束、前轮外倾角、主销后倾角、主销内倾角、后轮前束、后轮外倾角、推力角、轴距差和轮距差等测量参数。

　　2）提供主销、外倾角调整实时显示功能。

　　3）提供丰富的调车动画和帮助信息。

　　4）提供语音操作提示功能。

　　5）探杆提供 LCD 显示功能。

　　6）提供电子水平仪功能。

　　7）提供黑盒子自动诊断功能，实时把握系统运行状态。

　　由于四轮定位仪需要把检测结果与原厂标准数据进行对比，并根据对比结果指导用户进行调节，所以定位数据库齐全与否是决定四轮定位仪实用性的一个重要因素。X-231四轮定位仪含有 20 000 种以上车型的四轮定位数据。同时用户还可自己输入新车型的四轮定位标准数据，对标准定位数据库进行扩充。

　　X-231 四轮定位仪的产品性能指标如表 1-1 所示。

表 1-1　X-231 四轮定位仪的产品性能指标

参数	测量范围	参数	测量范围
前轮总前束	±16.0°	后轮总前束	±16.0°
前轮前束	±8.0°	后轮前束	±8.0°
前轮外倾角	±8.0°	后轮外倾角	±8.0°
主销后倾角	±20°	推进角	±5.0°
主销内倾角	±20°		

X-231 四轮定位仪由主机、探杆、轮夹、轮夹挂架、转角盘、转向盘固定架、制动踏板固定架等组成。

1. 主机

X-231 四轮定位仪主机是用户的一个操作控制平台，由机柜、计算机、接口电路、电源等部分构成，如图 1-49 所示。

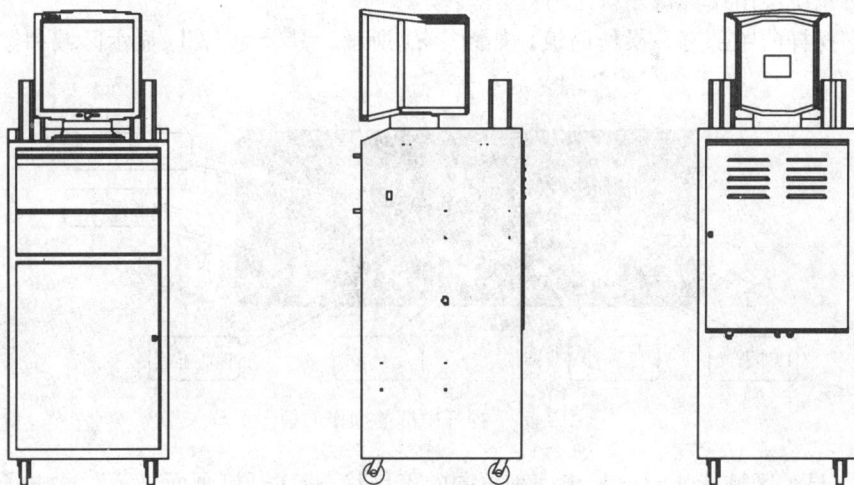

图 1-49　主机三视图

计算机部分包括工控机、显示器、键盘、鼠标、打印机等。其中显示器安装在机柜上层间隔内；鼠标、键盘放在键盘抽屉中；打印机安装在机柜的中部的抽屉中；工控机安装在机柜内部下层间隔内；接口电路部分包括无线主发射接收盒，安装在机柜中部。

电源部分包括电源引线、电源插座、电源开关、开关电源等。其中电源开关安装在机柜的右侧板上，电源引线在机柜内部下层间隔的后部，电源插座在隔板靠近侧板处，开关电源安装在机柜侧板上。

2. 探杆

X-231 四轮定位仪配有四个探杆，分别为左前探杆（LF）、左后探杆（LR）、右前探杆（RF）、右后探杆（RR），如图 1-50 所示。前后探杆可以互换，但不能更换探杆。如果需要更换任意一个探杆，则需重新标定全部四个探杆。

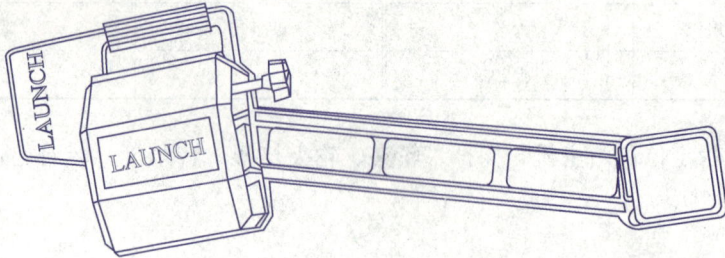

图 1-50　探杆

每个探杆的端部和中部各装一个 CCD 传感器，CCD 传感器把获取的光点坐标传输给计算机系统，由计算机系统进行处理。

每个探杆的中部有一操作面板，如图 1-51 所示，其分为 LCD 显示区域和按键操作区域。

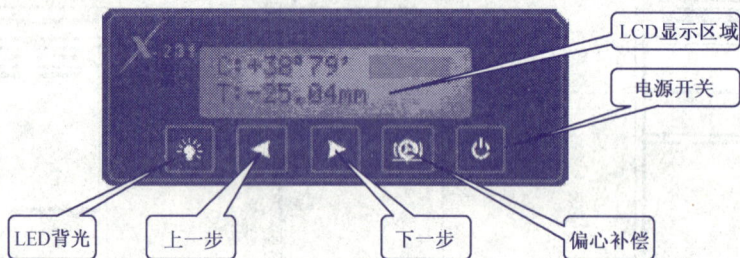

图 1-51　探杆中部的操作面板

LCD 显示区域能实时反映出六种不同的工作状态："开机画面显示"、"电子水平显示"、"探杆测量显示"、"探杆状态显示"和"空闲状态显示"。

"开机画面显示"如图 1-52 所示，"Welcome to use X-231"字符显示在 LCD 屏幕上。

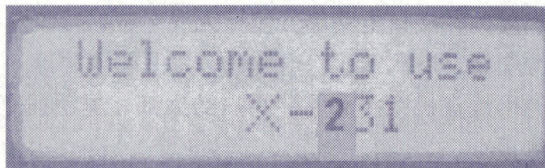

图 1-52　开机画面显示

"电子水平显示"如图 1-53 所示，LCD 上显示字符"level"，表示探杆正在进行水平位置调节，黑色浮标表示水平泡位置。

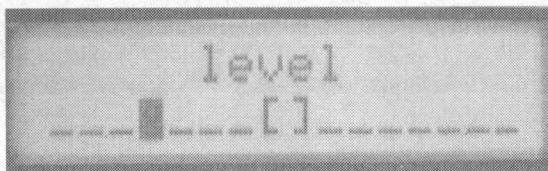

图 1-53　电子水平显示

当黑色浮标变成字符"OK"时，表示探杆位置已经水平，如图 1-54 所示。

图 1-54　显示探杆位置水平

"探杆测量显示"如图 1-55 所示，实时显示探杆测量到车轮的外倾（C）和前束（T）。

图 1-55　探杆测量显示

"探杆状态显示"如图 1-56 所示，显示探杆（Sensor Heads）的状态。

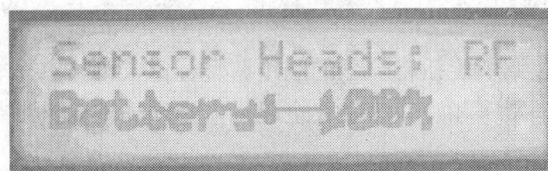

图 1-56　探杆状态显示

"空闲状态显示"如图 1-57 所示，LCD 上显示字符"Stand By…"，表示探杆处于省电的空闲模式。"背光"、"上一步"、"下一步"、"偏心补偿"四个按键，以及上位机与探杆间的无线通信，能够使探杆从空闲模式切换到正常工作模式。

按键操作区域功能说明该区域共有五个按键开关，从左至右依次为"背光"、"上一步"、"下一步"、"偏心补偿"、"电源开关"。

图 1-57　空闲状态显示

"LCD 背光"：该按键开关可以控制开/关 LCD 显示屏的背光灯。

"下一步"：能够使整个测量过程按照系统的默认顺序（车型选择→偏心补偿→主销测量→后轴测量→前轴测量→报表打印）进行操作。

"上一步"：在测量过程中，让系统返回到上一个操作步骤。

"偏心补偿"：在对轮辋进行偏心补偿操作时使用。

"电源开关"：启动/关断探杆电源。

注意：探杆为精密器件，如果发生磕碰造成测试数据不准，就必须对所有四个探杆重新标定。

3. 轮夹

X-231 四轮定位仪配有四个轮夹（图 1-58 所示为公头轮夹，图 1-59 所示为母头轮夹）。

图 1-58　公头轮夹

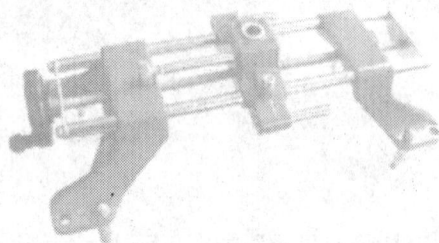

图 1-59　母头轮夹

使用时首先需通过调节旋钮将轮爪的间距调整合适，再与汽车轮辋相连。通过调节旋钮使轮夹与汽车轮辋紧密相连，为了安全起见，必须采用轮夹绑带把轮夹与轮辋连接起来。

轮夹装配正确与否同测试结果有很大关系。在装配轮夹时，应使轮爪避开轮辋上配重铅块处；同时务必使四个轮爪与轮辋充分接触。在使用过程中严防磕碰，以免造成变形，影响测试精度。

4. 轮夹挂架

X-231 四轮定位仪配有四个轮夹挂架（图 1-60），拆箱后，需要将这四个轮夹挂架安装在机柜的左右两侧面板上。

5. 转角盘

X-231 四轮定位仪配有两个机械转角盘（图 1-61）。

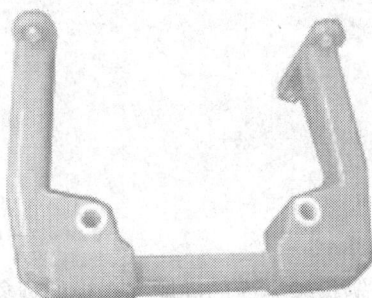

图 1-60 轮夹挂架

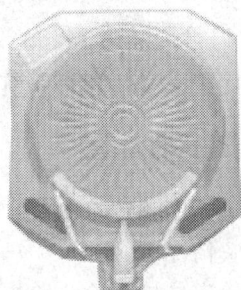

图 1-61 机械转角盘

机械转角盘放置于举升机的汽车前轮位置处，汽车驶入前，用锁紧销将转角盘锁紧，防止其转动；汽车驶入后，松开锁紧销。在测试中，应尽量使汽车前轮正对转角盘中心位置。

6. 转向盘固定架

X-231 四轮定位仪配有一个转向盘固定架（图 1-62）。

在测试中，需根据提示要求放置转向盘固定架，以保证测试过程中汽车车轮方向不会发生变化。

7. 制动踏板固定架

X-231 四轮定位仪配有一个制动踏板固定架（图 1-63），用于固定汽车制动踏板，使汽车在测试中不会发生前后移动的现象。

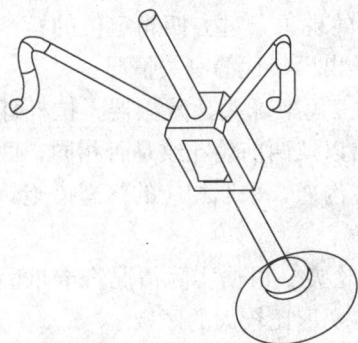

图 1-62 转向盘固定架

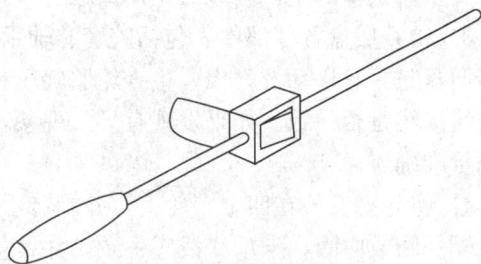

图 1-63 制动踏板固定架

8. 轮夹降位器（备选）

其主要用于低底盘车型的测试。

9. 标定架（备选）

其主要用于 X-231 探杆系统的标定。

（二）四位定位仪的操作

对汽车进行四轮定位的基本操作流程可分为四步。

（1）了解情况

进行四轮定位检测前，首先询问车主关于车辆行驶方面的问题和出现的现象，了解汽车的生产国家、生产厂家等有关信息，仔细检查底盘各零部件是否松动及磨损情况。

（2）定位检测

当初步情况确定后，便可以开始进行定位检测。

（3）调整

在定位检测后，如发现所测出的结果不符合标准数据库的要求，则应进行相应的调整。

（4）试车

四轮定位调整完毕后，应进行试车，以检查车辆的行驶异常情况是否消除。如果未达到标准应重新进行测量调整。

1. 测试前准备工作及操作注意事项

1）将汽车驶到举升机上，使前轮正好位于转角盘中心；车停稳后，驻车制动（即拉紧手刹）以确保车辆不移动和人员安全。车驶入前，用锁紧销将转角盘锁紧，防止其转动；汽车驶入后，松开锁紧销。

2）询问车主关于车辆有关行驶方面的问题和出现的现象，过去四轮定位的检测情况，并了解汽车的生产国家、生产厂家、车款、车型及出厂年代等有关情况。

3）检查底盘各零部件，包括胶套、轴承、摆臂、三角架球头、减振器、拉杆球头和转向盘是否有松动及磨损，检查轮胎气压和轮胎规格以及两前轮花纹是否相同，两后轮花纹深浅是否一致。如果发现有异常现象，应与车主沟通，采取相应的修理措施，保证测量准确。

4）将轮夹安装在四个车轮上，并旋转手柄以锁紧轮夹。根据实际情况将卡爪固定在轮辋外圈或内圈，卡爪深浅应一致，并尽量避免卡在变形比较大的区域。

5）将探杆安装在轮夹的定位销上，如图 1-64 所示（图示为右前轮的连接方法）。

6）调节探杆，使水平仪气泡处于中间位置，以保证传感器探杆处于水平状态。

7）将四轮定位仪的电源插头插入标准的三端电源插座中，并打开机柜电源，启动计算机。

图 1-64　安装探杆

8）将转向盘固定架放在驾驶座座椅上，压下手把使之顶住转向盘以锁定转向盘。

9）将制动踏板固定架下端顶在制动踏板上，上端卡在座椅上撑紧，以使车辆固定。

操作 X-231 四轮定位仪时，必须遵循的操作注意事项如下：

1）安装调试前应详细阅读安装说明书和安装调试及零部件手册。

2）操作仪器者须经过专业培训，合格后才可进行操作。

3）操作者必须有一定的计算机应用基本知识，需了解四轮定位的基本知识。

4）四轮定位仪供电电压为 AC　$220 \times (1+10\%)$V　$50Hz \pm 1Hz$。必须采用三端电源插座，地线端必须可靠接地。如果当地电源电压不稳定，请配备交流稳压器。

5）四轮定位仪采用光学原理进行测试，应避免传感器之间有物体挡住光线；不能在有阳光直接照射探杆的情况下进行测试；测量现场地面不能产生反光。

6）当对探杆充电时，机柜右侧的总电源打开；仪器超过一月未使用，需对探杆充电，直到探杆充满电为止。

7）四轮定位仪的探杆属于精密测试设备，在使用过程中应轻拿轻放，切勿乱扔乱摔。否则轻者会导致外壳变形，重者会导致内部元件出现故障，影响正常使用。

8）在对汽车进行调整时，通常需要有举升机。同时为了能对汽车轮辋的失圆进行补偿，需要有二次举升。在安装四轮定位仪之前，请先按照举升机说明书要求安装举升机。需定期检查汽车举升机是否牢固、水平，确保测试正确和人员的安全。清除汽车举升机四周的障碍物，以免影响操作。

9）四轮定位仪不能放置在振动物体上或倾斜放置，应避免日光直射或潮湿。

10）避免将液体喷溅到四轮定位仪表面，以免液体进入系统而造成永久损害。

11）四轮定位仪主机和探杆传感器内部连线紧密，拆卸后可能造成传感器元件损坏，切勿擅自拆开。

12）四轮定位仪一定要定时保养，以确保测试精度。

13）汽车维修结束后应仔细检查所有调试过的部件，将调试过的部件上紧上齐以保证车辆安全。

2. 四轮定位操作流程

（1）启动程序

打开电源，启动计算机，直接进入测量程序主界面。主界面显示有五项功能：定位检测、系统管理、报表打印、帮助系统、退出系统，如图 1-65 所示。

图 1-65　四轮定位程序主界面

在主界面下，单击"定位检测"图标或按"F2"键进入测量界面。

在做四轮定位之前，必须先选择该车型的标准数据，界面显示如图 1-66 所示。

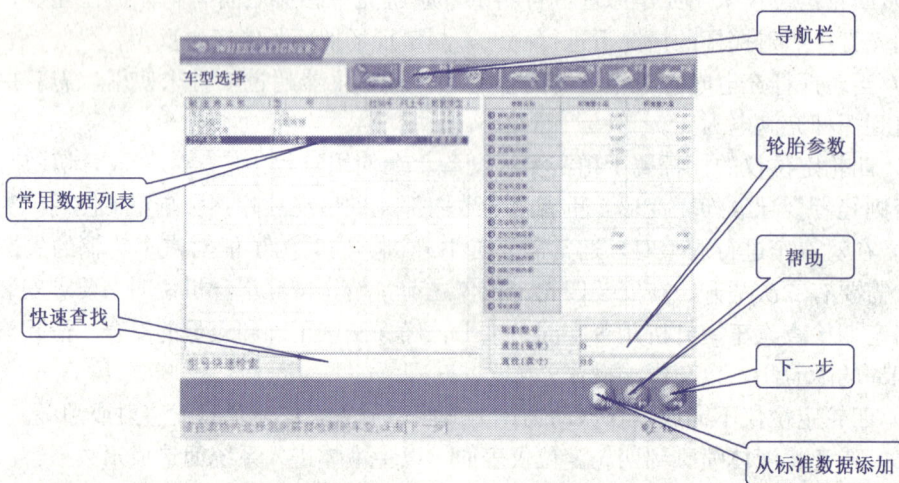

图 1-66　选择车型的标准数据

单击"下一步"按钮，能够使整个测量过程按照系统的默认顺序：车型选择→偏心补偿→主销测量→后轴测量→前轴测量→报表打印进行操作。

选择"导航栏"不同功能块，可以不按照系统的默认顺序进行操作，而直接进入要测试的项目。

"常用数据列表"区域，新用户第一次使用时此列表是空的，必须要先将车型数据从标准数据库里加到此列表中，才可以使用（参考"系统管理"、"常用数据管理"）。

选择"快速查找"区域，可以提供一种比较方便的查找常用数据的方式，只需输入车型首字母即可进行检索。

单击"从标准数据添加"按钮，可以将标准数据库里的车型添加到常用数据列表中，此功能和"系统管理"、"常用数据管理"的功能相同（参考"系统管理"、"常用数据管理"）。

"轮胎参数"区域，当前束单位用 mm（毫米）或 in（英寸）表示（在"系统管理"、"系统设置"可以设置前束单位）时，必须输入当前车辆的轮胎直径。

"帮助"按钮对当前界面的操作及注意事项说明。

（2）程序操作

在界面左边的"常用数据列表"内选择相应的车型条目，然后单击"下一步"按钮进入"偏心补偿"界面。

注意事项：在选择某车型的标准数据时，只能在"常用数据列表"中选择，如果"常用数据列表"中没有该车型，则必须先将该车型从标准数据库中添加到"常用数据列表"后才能选择，如果标准数据库也没有该车型，则须手工加入，具体操作请参考"系统管理"、"常用数据管理"。

注意： 当选择一些特殊的车型（如 BMW 3 系列）时，会弹出一个"汽车配重"界面，如图 1-67 所示。

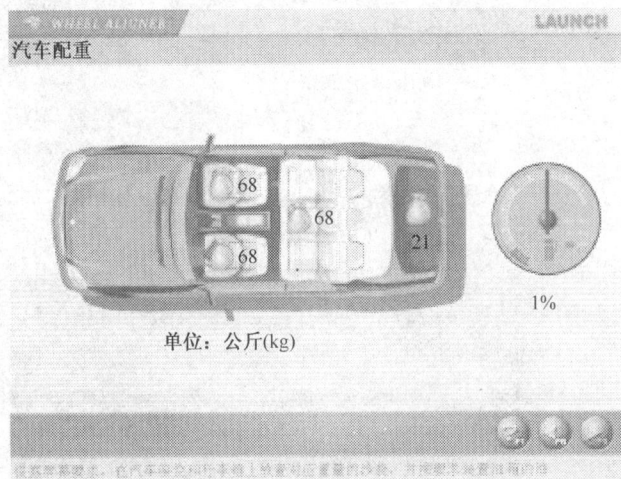

图 1-67 汽车配重选择

按照界面要求，在汽车座位和行李箱上放置对应重量的沙袋，并按要求配置油箱的油量，完成后单击"下一步"进入下一步操作，此时系统会自动判断本型车辆是否要测高。如果需要，则首先提示选择本车型的配置情况（车型有统一配置，系统将直接跳过这一步），如图 1-68 所示。

根据车辆的实际情况，选择其中一种配置，单击"F3"按钮确定，进入测高版面。如果单击"F6"按钮取消，系统将取消测高。

测高分几种方式，系统根据车型不同提供给用户不同的版面。下面介绍不同类型的测高方式。方式一如图 1-69 所示。

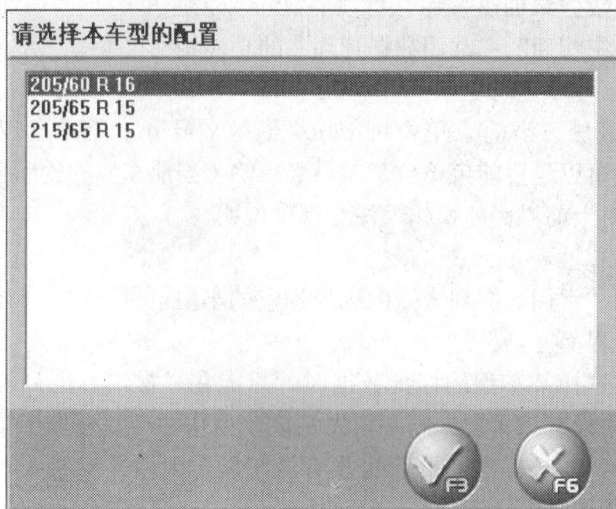

图 1-68　选择车型的配置

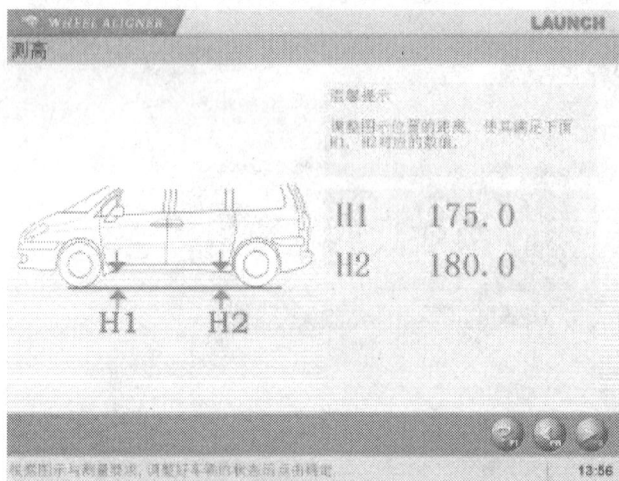

图 1-69　测高方式一

　　根据图示和提示，调整车辆。把 H1 的距离调整到 175mm，H2 的距离调整到 180mm 后，单击下一步"F9"按钮，开始四轮测量。单击上一步"F8"按钮将回到选择车辆版面，下同。

　　方式二如图 1-70 所示。

　　根据图示，用测量工具测出 X1、X2 的距离填入右下方的对应的文本框中，系统会根据这些测量值而改变测量标准。改变过的测量标准将以红颜色显示，单击下一步"F9"按钮开始正式测量。

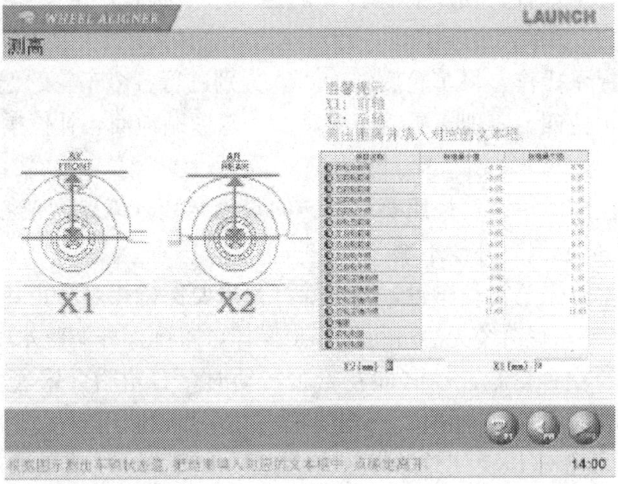

图 1-70　测高方式二

（3）偏心补偿

偏心补偿是为了减小由于钢圈、轮胎的变形和轮夹的安装而引起的误差。建议每次测量时都选择该操作步骤，以提高测量精度。偏心补偿的界面显示如图 1-71 所示。

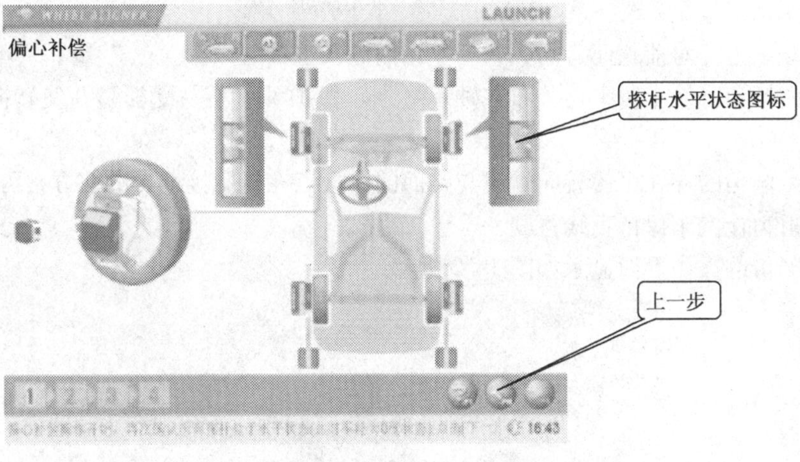

图 1-71　偏心补偿操作界面

"探杆水平状态图标"表示当前探杆的水平状态，绿色代表水平，红色代表不水平。

"上一步"按钮可用来返回上一步操作。

操作步骤如下：

1）使车轮平直，用转向盘固定架固定转向盘，取下制动踏板固定架，使车轮处于自由状态。

2）分别安装四个轮夹以及探杆（若只做前轮的偏心补偿，可只安装前轮的两个轮夹及探杆），安装稳固后，用举升机举起车身，使车轮悬空。

3）分别调整各个探杆，使所有探杆都能达到水平状态，定义此时车轮为 0°状态，这里的 0°是用作与后面车轮旋转 180°进行对比而定义的。

4）按照系统提示操作，将车轮旋转 180°，分别进行各个车轮的偏心补偿。

5）放下车身，使四轮着地。晃动车身，使车轮紧贴地面，补偿操作完毕。

注意：

1）做偏心补偿前，一定要按照要求将转向盘固定死，以免做偏心补偿时轮子发生左右摆动的情况，造成偏心补偿不准。

2）做偏心补偿时需要转动车轮，各个探杆都需要保持相对静止，且水平。（若操作过程中有探杆不水平，则系统无法进行下一步操作，直到探杆调整水平。）

3）在有些车的左右轮胎连动（即左轮胎转动时，右轮胎会跟着转动）的情况下，做偏心补偿，转动左（右）轮胎时，一定要把右（左）轮胎用双手把住，并且注意把住轮胎时双手用力要均衡（以免使轮胎发生左右摆动的现象，造成偏心补偿不准），同时要看探杆是否水平，如果不水平，则需要转动轮胎来调整探杆的水平，注意此时一定不能松动探杆来调水平。

4）若举升机上的二次举升机能同时举起前后轴，则做偏心补偿时应同时把前后轴举起进行操作；若举升机上的二次举升机每次只能举起单个轴，则在做前轮偏心补偿时单独把前轴举起，做后轮偏心补偿时再单独把后轴举起。

（4）主销测量

主销测量是针对前轮而言的，包括主销内倾及主销后倾。

主销内倾角可使车重平均分布在轴承之上，保护轴承不易受损，并使转向力平均，转向轻盈。

主销后倾角的存在可使转向轴线与路面的交会点在轮胎接地点的前方，可利用路面对轮胎的阻力让汽车保持直线行驶。

主销测量的操作界面显示如图 1-72 所示。

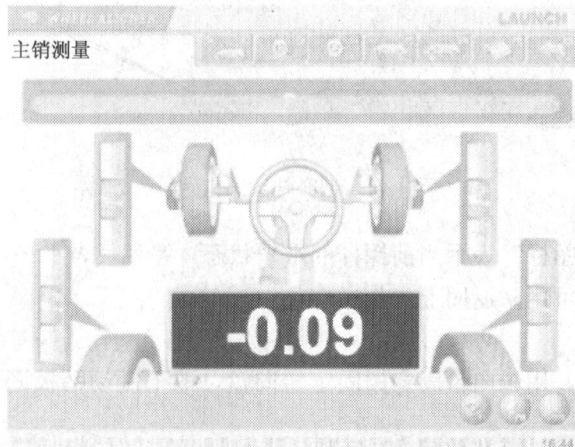

图 1-72　主销测量界面

1）转向盘调整至正前状态，即两前轮分前束相等的时候，操作界面上的圆形小球会移动到中间位置并且由红色变成绿色，此时调整所有探杆水平。

2）左偏转方向盘约 7°，到达指定位置后，小球再次由红色变成绿色。

3）回正转向盘，并向右转动转向盘，直至向右偏转约 7°，到达指定位置后小球再次由红色变成绿色。

4）测量完毕，回正转向盘，系统自动弹出测量结果，界面显示如图 1-73 所示。

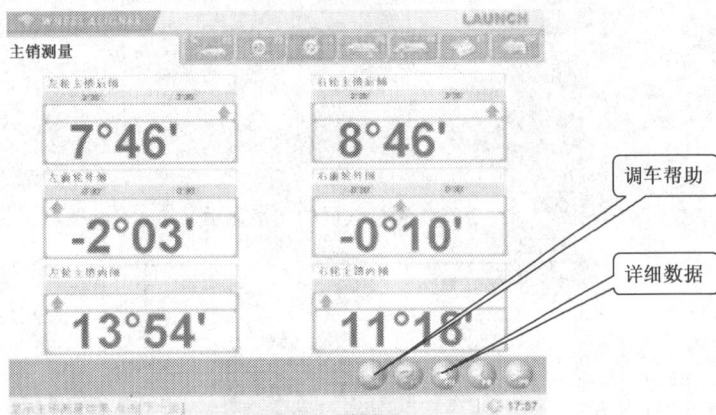

图 1-73　主销测量结果

单击"调车帮助"按钮，可以查看主销调整的演示动画，界面显示如图 1-74 所示。

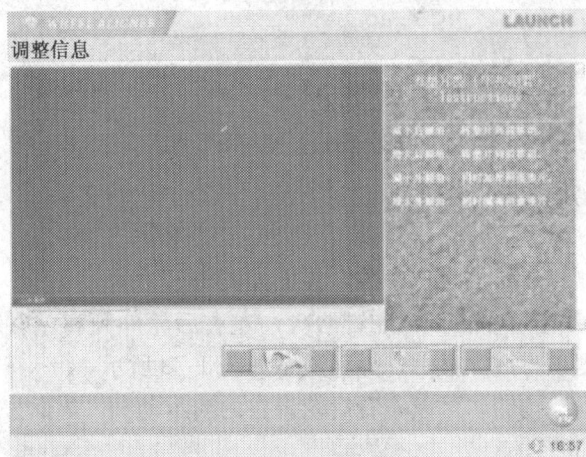

图 1-74　主销调整的演示动画

单击"详细数据"按钮，可以查看所有的测量数据，界面显示如图 1-75 所示。

单击"显示格式"按钮，"主销测量详细数据"有两种表示格式：一种是"文字格式"，如图 1-75 所示；一种是"图形格式"，如图 1-76 所示。

注意：做主销测量前，应先安装制动踏板固定架，驻车制动，以确保车轮不会发生

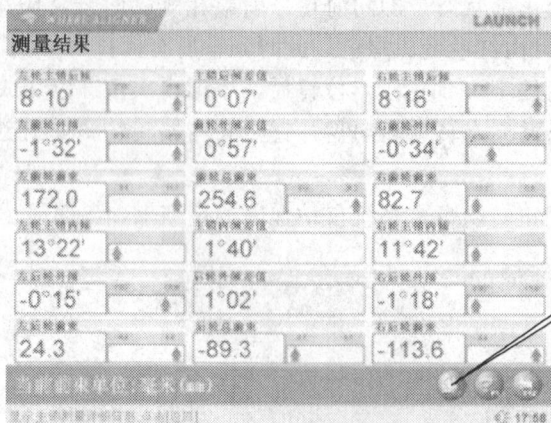

图 1-75　测量数据的文字显示

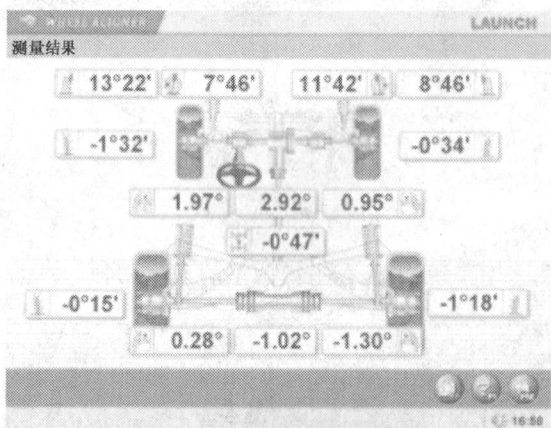

图 1-76　测量数据的图形显示

滚动，并去掉转向盘固定架。

（5）后轴测量

后轴测量可以测量后轮的定位参数，界面如图 1-77 所示。

"双击"操作：双击（单击鼠标左键两次）左右后轮外倾和左右后轮前束的数据显示表格，相应的数据项将放大显示，界面显示如图 1-78 所示。

单击"调车帮助"按钮，可以查看后轮调整的演示动画，界面显示如图 1-79 所示。

（6）前轴测量

前轴测量可以测量前轮的定位参数，界面如图 1-80 所示。

单击"调车帮助"按钮，可以查看前轮调整的演示动画。

"双击"操作：双击左右前轮外倾和左右前轮前束的数据显示表格，相应的数据项将放大显示。

单击"举起车身"按钮，可以提供举升调整功能。因为有些特殊车辆，在调整外倾或其他参数时，需要将车轮悬空才能调整，而将车身举起的过程中，势必会导致整个测

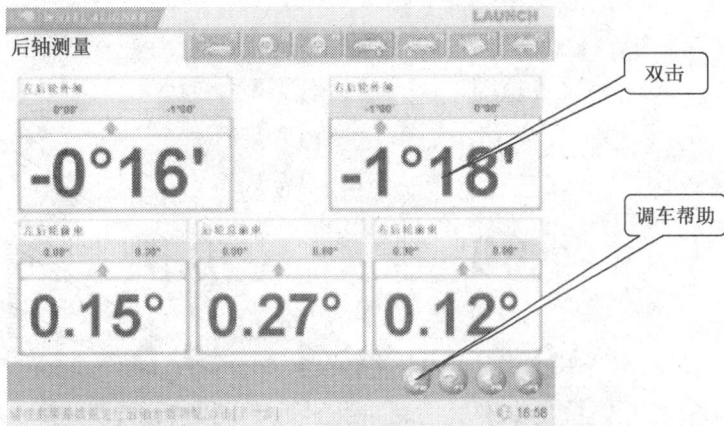

图 1-77　后轮定位参数的测量操作

图 1-78　数据显示

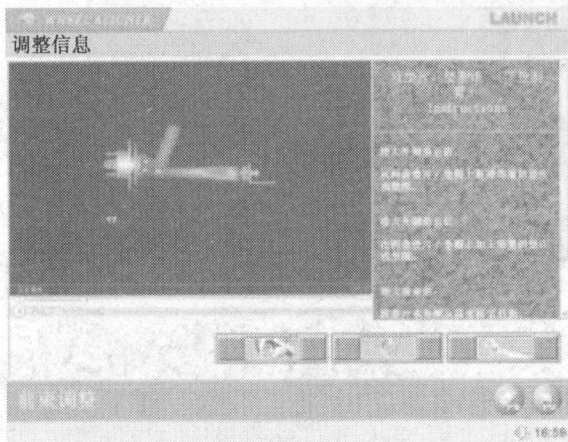

图 1-79　动画演示界面

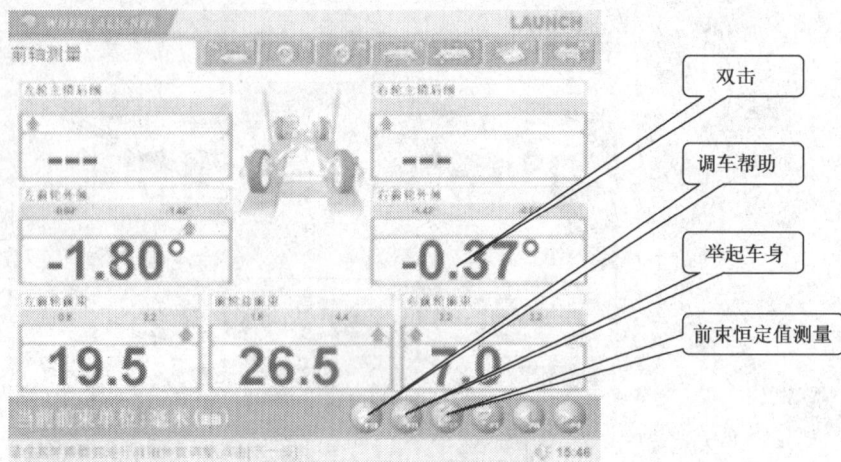

双击

调车帮助

举起车身

前束恒定值测量

图 1-80　前轴测量操作界面

量系统的混乱（界面的测量数据胡乱变化）。此功能能够很好地解决这种现象，使车身被举起时，界面的测量数据能够正常的显示，用户此时完全可以根据界面的提示来调整车轮的参数。

"前束恒定值测量"按钮，是帕萨特、奥迪等车型的一种特殊测量方法。如果选择的标准数据是帕萨特、奥迪等车型，在"前轴测量"界面下，图标可能会被激活，如图 1-81所示。

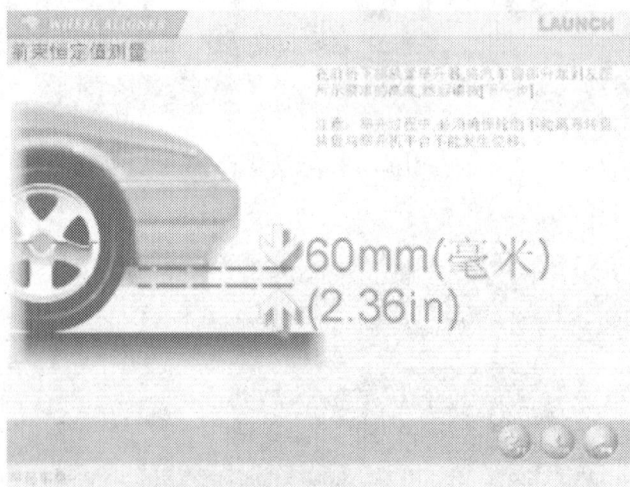

60mm(毫米)
(2.36in)

图 1-81　前束恒定值测量

按照屏幕提示用配套的特殊测量工具将车身举起，然后单击"下一步"按钮，屏幕显示如图 1-82 所示。

屏幕显示的数值是"前束恒定值"，如果某项不合格则需要调整，调整合格后单击

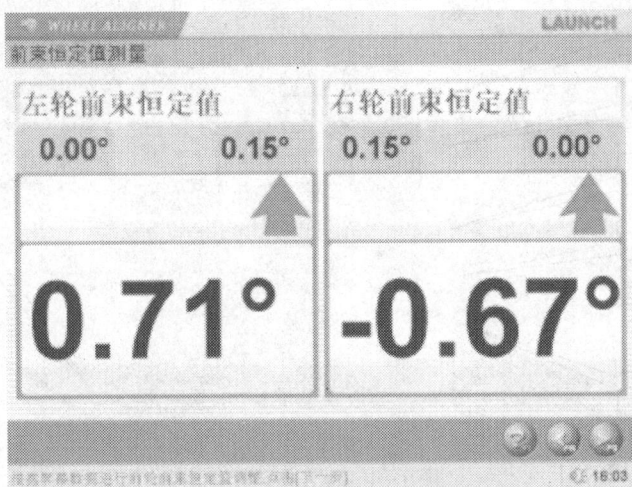

图 1-82 前束恒定值测量的操作

"下一步"按钮,屏幕显示如图 1-83 所示。

图 1-83 前束恒定值测量结果

放下车身,单击"下一步"按钮返回"前轴测量"界面。

(7) 报表打印

报表打印可以打印并储存当前车辆的定位数据,其界面如图 1-84 所示。

车牌号码:当前车辆的车牌号码。

客户信息:当前车主的相关信息,包括客户名称、联系人、联系电话、地址。客户信息在此界面是不能直接用键盘输入的,必须点击"客户名称"后面的"…"图标,进入"客户管理"界面才能选择相应的"客户信息",如果"客户管理"里没有该客户的信息,必须先添加后才能选择(参考"系统管理"、"客户管理")。

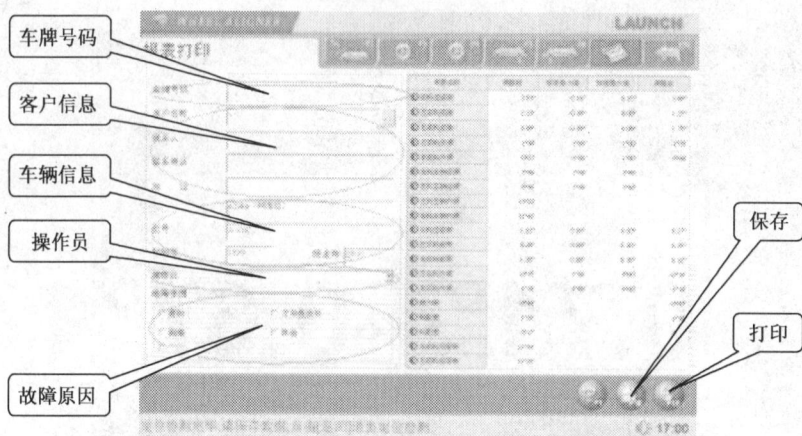

图 1-84　报表打印操作

车辆信息：当前车辆的相关信息，包括"制造厂商"、"型号"、"起始年"、"终止年"。"车辆信息"在此界面是不能直接用键盘输入的，如果在"定位检测"、"选择车型"界面中选择了汽车型号，则此界面会显示被选择的车型的相关信息，反之，不显示任何信息。

操作员：当前操作的人员名称。只有填写了"维修站信息"的"操作员"一栏，这里才能选择相应的"操作员"（参考"系统管理"、"维修站信息"）。

故障原因：当前车辆的不良症状，包括磨胎、跑偏、转向盘不正、转向盘发抖和其他五个选项。

保存：储存当前车辆的定位数据（必须输入车牌号码、客户名称及选择故障原因才能成功储存）。

打印：以表格或图形的格式打印当前车辆的定位数据（报表的格式设置请参考"系统管理"、"报表设置"）。

3. 系统管理

在主界面下，单击"系统管理"图标或单击"F3"按钮进入测量界面，其界面如图 1-85 所示。

（1）维修站信息

"维修站信息"主要用于记录本维修站的联系方式及操作员信息。该信息能导入到报表信息当中，使打印出来的报表上能显示该维修站的信息，便于客户进行数据的管理和跟踪操作，界面如图 1-86 所示。

"设置"按钮：进入该界面后信息框内文本显示为浅灰色，此状态下只提供查看功能，单击此按钮后即能进行信息编辑操作。信息输入完毕后再单击此按钮或"确定"按钮，系统自动保存信息并退回到上一级的页面。

注意事项：如果维修站有多个操作员，则在维修站信息中记录多个操作员的输入方

图 1-85 测量界面操作

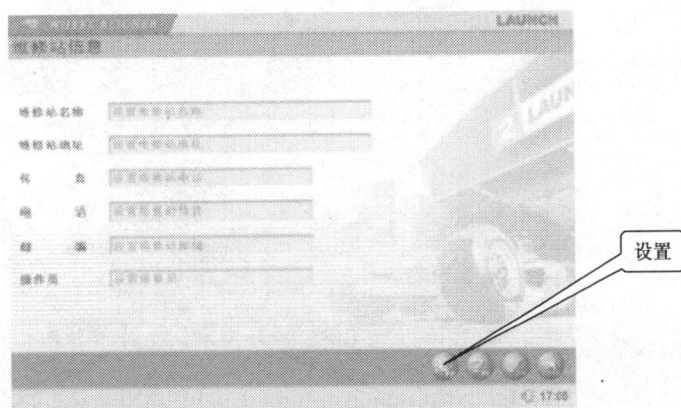

图 1-86 维修站信息报表

法是用"♯"符号把每个操作员的名字隔开，例如张三♯李四♯王五♯。

（2）标准数据查看

"标准数据查看"提供了各型号的汽车出厂设置的参数信息。数据库内囊括了国内外众多制造厂商所生产的各个系列的产品在其生产期内的信息，并且能够通过系统升级的操作来及时更新数据库中的内容，其界面如图 1-87 所示。

"型号快速检测"区域：提供了针对车型型号快速检索的功能，对于中文只需输入汉字拼音的首字母即可进行检索。直接选择制造厂商及相应型号即可查看其车型的标准数据。

（3）常用数据管理

"常用数据管理"能够把标准数据内的汽车信息单独的添加到常用数据中，提高操作员的信息检索速度，除此以外还提供了添加自定义数据的功能，能把标准数据内所没

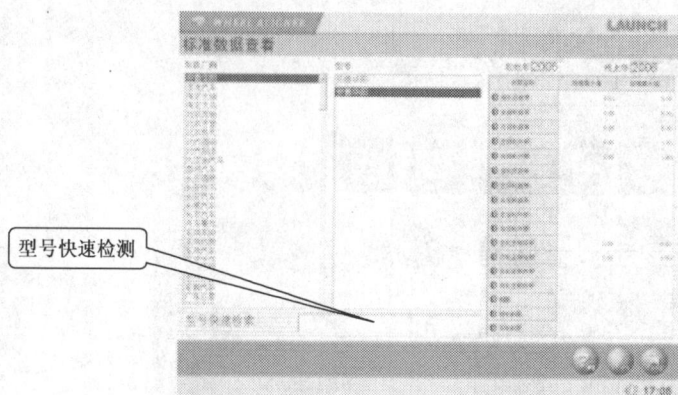

图 1-87　标准数据查看界面

有的车型信息由操作员自行添加，使系统更适合于维修站的应用，其界面如图 1-88 所示。

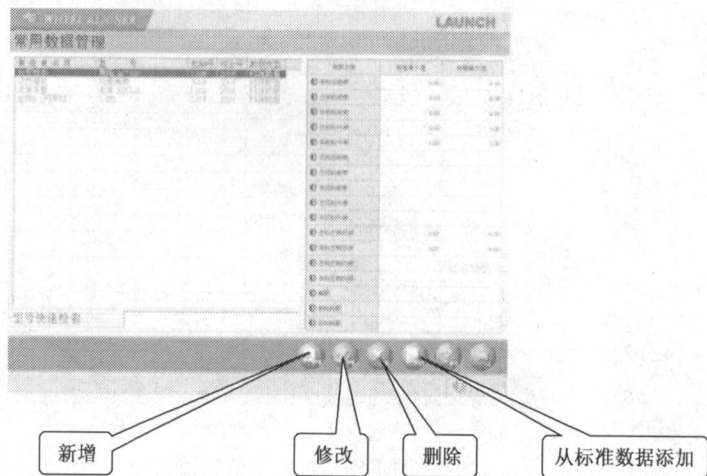

图 1-88　数据管理界面

"新增"按钮：添加标准数据库内没有的车型数据，单击该按钮，在弹出的自定义数据详细信息窗口中可以添加自定义信息。确认后便能把信息保存到常用数据表中，其界面如图 1-89 所示。

"修改"按钮：此功能只适用于修改表中的自定义信息，对于从标准数据中导入的信息无法进行修改。

"删除"按钮：删除常用数据内所选条目。

"从标准数据添加"按钮：单击该按钮，标准数据查看窗口就会被激活，从标准数据列表中选择所需车型，确定后便能把该信息从标准数据中添加到常用数据表中。

（4）报表设置

报表设置可以设置报表的格式类型。

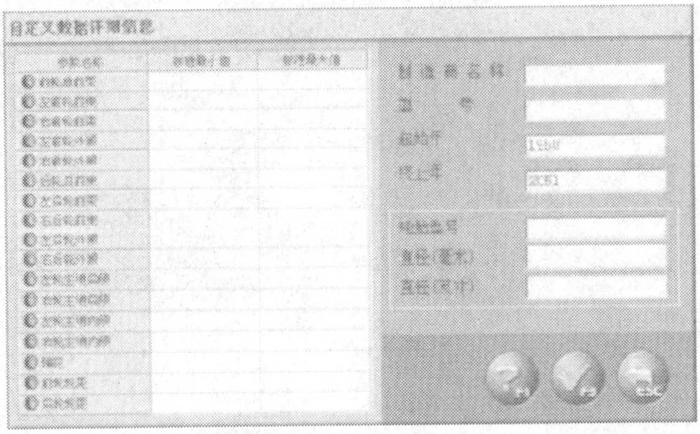

图 1-89　新增操作界面

报表格式一：包含调整前、标准最小值、标准最大值和调整后四个参数，其界面如图 1-90 所示。

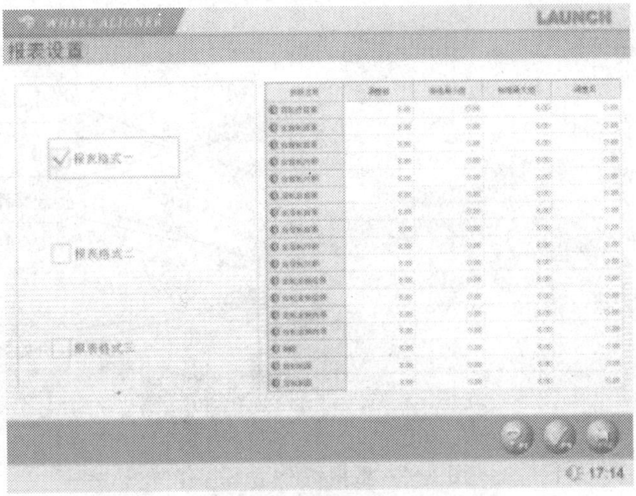

图 1-90　报表设置操作

报表格式二：简易的表格格式，包含调整前、调整后两个参数。

报表格式三：图形格式，其界面如图 1-91 所示。

(5) 数据的备份与恢复

"数据备份/恢复"提供了简单快捷的数据备份/恢复功能，该功能主要用于三个部分的内容，分别是用户及业务数据信息、系统配置文件以及探杆标定信息。这主要是为了避免如病毒等外部原因及人为的误操作引起的数据丢失，导致本程序崩溃的情况，其界面如图 1-92 所示。

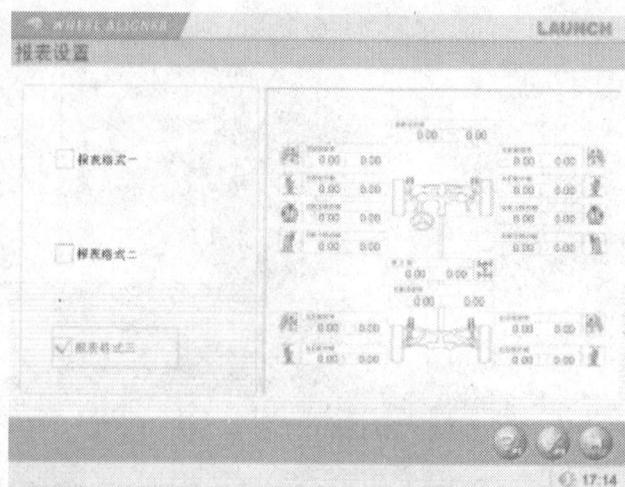

图 1-91　报表格式三

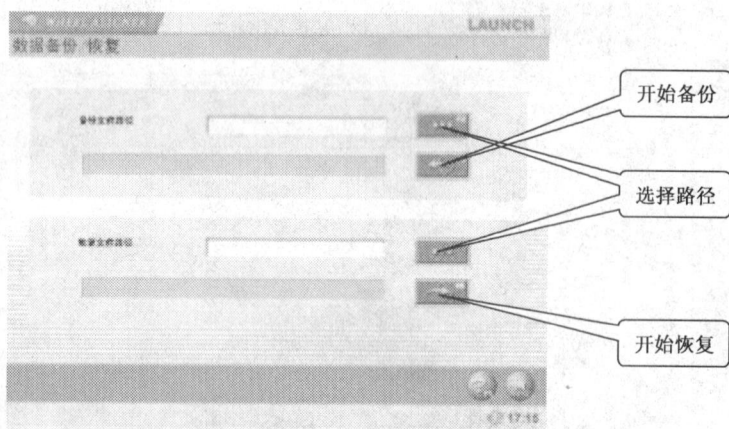

图 1-92　数据备份/恢复操作

（6）客户管理

"客户管理"能够管理和维护客户的相关信息，这样对于跟进问题的处理、提高服务的质量将会起到至关重要的作用，其界面如图 1-93 所示。

"快速检索"区域：界面底部提供了针对客户名称快速检索的输入框，对于中文只需输入汉字拼音的首字母，即可进行检索。

"新增客户"按钮：单击该按钮，在弹出的客户详细信息窗口中添加客户的信息。

"修改"按钮：选择需要修改的条目，单击该按钮，在弹出的客户详细信息窗口中修改客户信息即可。

"删除"按钮：删除客户信息，操作员应注意，此操作会把该客户的相关信息，包括客户曾经做的测试信息等都会删除掉。请确认是否需要删除，再进行操作。

图 1-93 客户管理操作

"打印"按钮：打印客户信息列表。

（7）系统升级

"系统升级"可以提供非常简单的升级操作，包括数据库升级和软件版本升级。

（8）系统设置

"系统设置"功能用于调整软件系统的功能以及显示效果，其界面如图 1-94 所示。

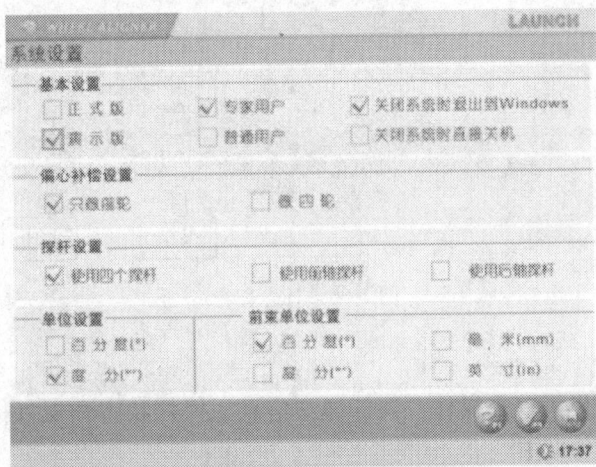

图 1-94 系统设置操作

"基本设置"区域：本系统可于正式版与演示版、专家版与普通版之间切换。

正式版是直接应用于实际检测操作中的版本；演示版可以脱离外部硬件设备，在单机状态下模拟检测过程，不具备检测能力，仅用于演示操作使用；普通版提供全面的帮助信息及操作演示动画，为新接触本系统的操作员提供了全方位的帮助；专家版对于经验丰富的操作员，太多的帮助信息反而是累赘，所以该版本只提供必要的帮助信息，使操作人员的工作效率更高。还提供了退出系统时可直接关机或退出到 Windows 的选项。

"偏心补偿设置"：针对市面上众多的车型，系统提供可以只对前轮或者四轮做偏心补偿操作的设置，提高系统的兼容性。

"探杆设置"：当前轮探杆或后轮探杆中的一对出现故障时，可以用正常的一对代替完成部分检测项目。例如，在正常情况下，使用全部四个探杆，而当前轮探杆出现故障时，选择"使用后轮探杆"，告诉系统只使用后轮探杆进行检测。

"单位设置"：用于设置系统数据显示的单位制，可选择以百分度制或度分制显示。

"前束单位设置"：针对前束的单位特殊性，系统还增加了毫米及英寸单位制。

注意事项：若使用长度单位作为前束单位，则在进行定位检测，进入车型选择的操作界面时，在界面的右下方会显示要求操作员输入轮胎的直径。

（9）日志查看

"日志查看"是监视及诊断系统的重要窗口，通过查看日志信息，能够很清楚的知道系统使用状态，其界面如图 1-95 所示。

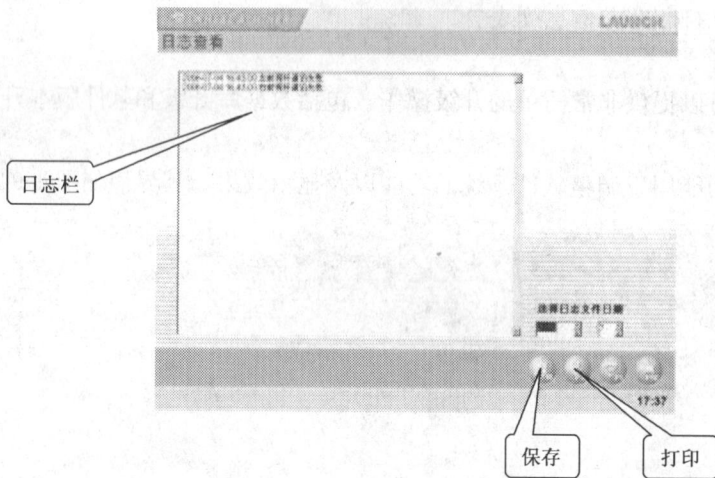

图 1-95　日志查看

（10）探杆维护

"探杆维护"提供了三个操作：探杆详细信息、探杆状态和探杆标定，其维护界面如图 1-96 所示。

在"探杆维护"界面下，单击"探杆详细信息"图标，会弹出输入密码对话框，如图 1-97 所示。

输入由四轮定位仪厂家提供的密码，单击"√"按钮。如果不知道密码，请向厂家查询。

单击"√"按钮后，显示详细的探杆信息，可以显示四个探杆内部安装的八个 CCD 传感器和八个倾角传感器的运行状态，其界面如图 1-98 所示。

图 1-96　探杆维护

图 1-97　输入密码

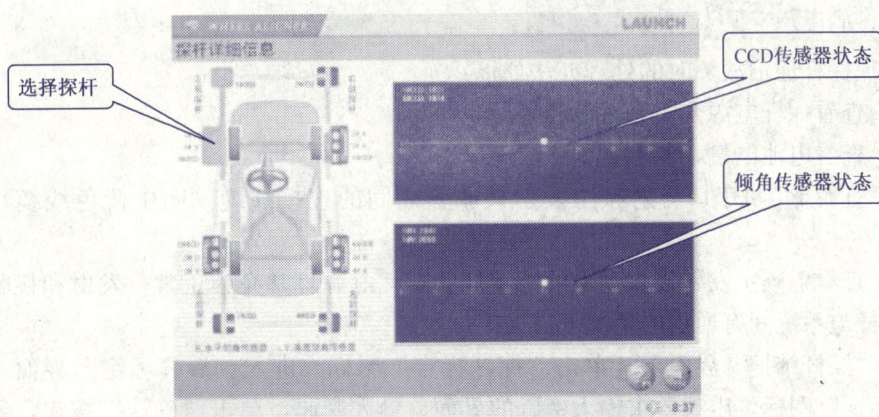

图 1-98　探杆详细信息

"选择探杆"：当单击其中一个探杆图标时，该探杆会呈现亮绿色。

"CCD 传感器状态"：显示被选取的探杆内部两个 CCD 传感器的坐标及使用状态。

"倾角传感器状态"：显示被选取的探杆内部两个倾角传感器的坐标及使用状态。

操作步骤： 在左边的模型图中直接单击需要查看的探杆，单击的探杆会以高亮显示，相应地，在右边的读数刻度图中能够显示四个传感器各自当前的读数。若出现有某传感器无法读数，则说明该探杆出现异常状态。

在"探杆维护"界面下，单击"探杆状态"图标，进入"探杆状态"界面。探杆状态用于显示探杆与系统间的通信状态，界面如图 1-99 所示。

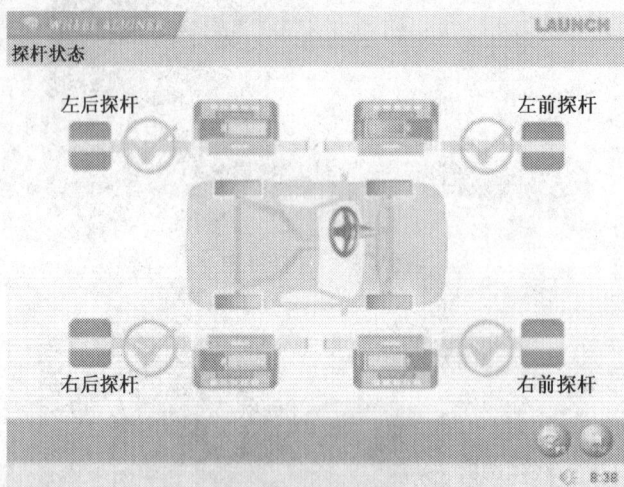

图 1-99　探杆状态显示

当探杆与系统间通信正常时，在探杆上将显示 ◯ 图标，否则显示 ◯ ，以表示通信故障。当系统与探杆能正常通信的情况下还能够显示探杆当前的电量状态，分别有以下两种：满电 ▭▭▭▭ ，低电 ▭▭ 。

出现探杆通信故障时的处理办法如下：

1）查看探杆电源开关是否已经打开。

2）查看电池电量，若电量低，请充电。

3）查看 PC 机串口与射频主发射接收盒之间的连接线缆（图中蓝色线缆）是否正常。

4）查看射频主发射接收盒上的指示灯状态，电源灯常亮为正常，发射和接收指示灯在探杆与系统间有通信的情况下应为闪烁状态。

在"探杆维护"界面下，单击"探杆标定"图标，进入"探杆标定"界面。单击"探杆标定"图标，出现要求输入密码的界面，输入密码，单击"确认"按钮，界面如图 1-100 所示。

单击"下一步"按钮，界面如图 1-101 所示。

按照界面提示，调整标定架水平，单击"下一步"按钮，界面如图1-102所示。

按照界面提示，安装探杆并调整水平，完成后单击"下一步"按钮，界面如图 1-103 所示。

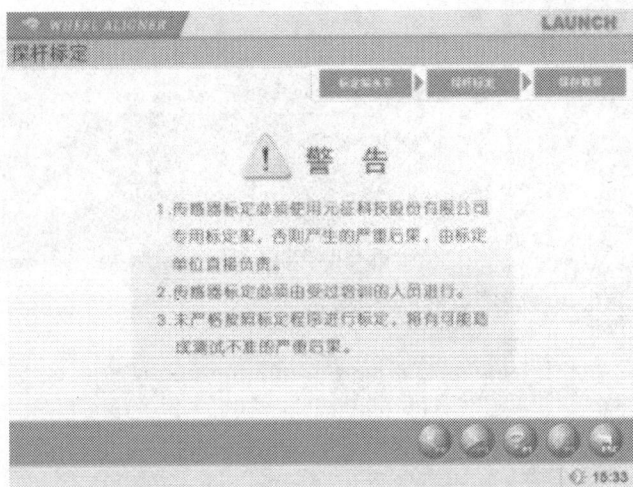

图 1-100　警告信息

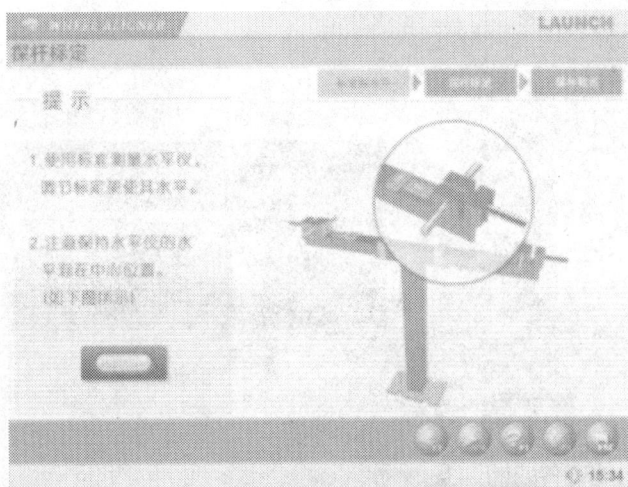

图 1-101　调整标定架水平

按照界面提示，安装好左右前探杆，调整水平，完成后单击"下一步"按钮，界面如图 1-104 所示。

按照界面提示，安装好左右后探杆，调整水平，完成后单击"下一步"按钮，显示任务完成的界面（图 1-105）。

单击"确定"按钮，完成整个标定过程。

注意事项：设备出厂前会进行设备的标定操作，使探杆内部默认参数在标准值上。一般在以下三种情况时可以使用探杆标定操作：设备使用一年或以上；设备曾发生严重碰撞，致使在检测中出现读数不准的情况；以及设备内部传感器出现故障，曾进行更换传感器操作的。在一般的检测操作中，不要进行探杆的标定操作。另外，如果所配探杆

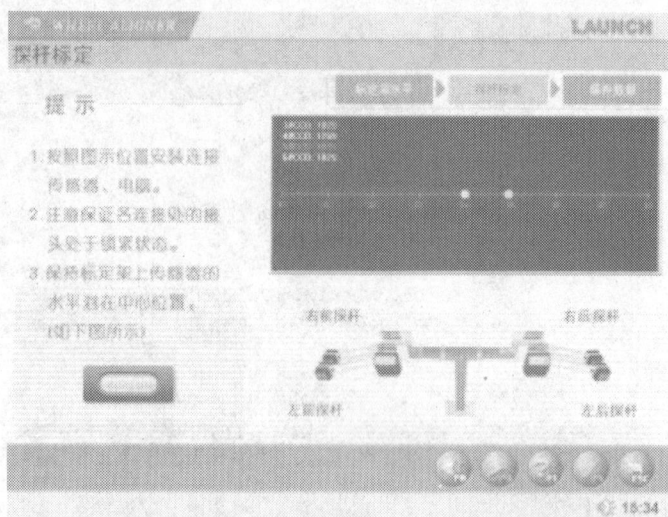

图 1-102　安装右前后探杆并调整水平

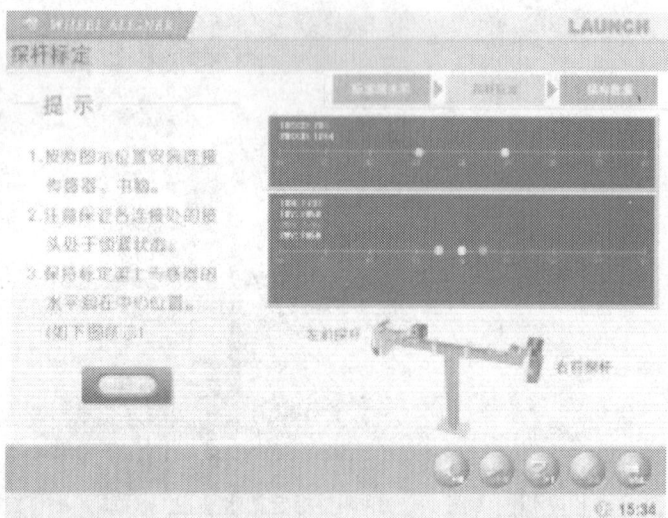

图 1-103　安装左右前探杆并调平

为母头，则需要用带公头的标定架进行标定；如果所配探杆为公头，则需要用带母头的标定架进行标定。

(11) 语言选择

语言选择系统提供多种语言选择。选择所需的语言，然后单击"确定"按钮，系统将重新启动并切换到所选语言。

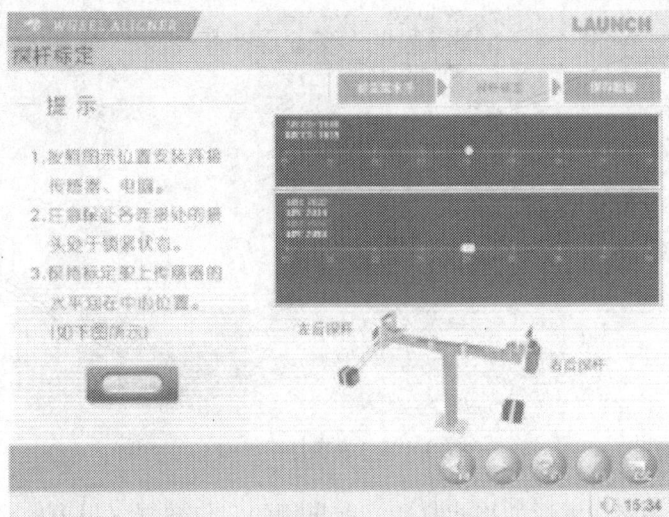

图 1-104　安装左右后探杆并调平

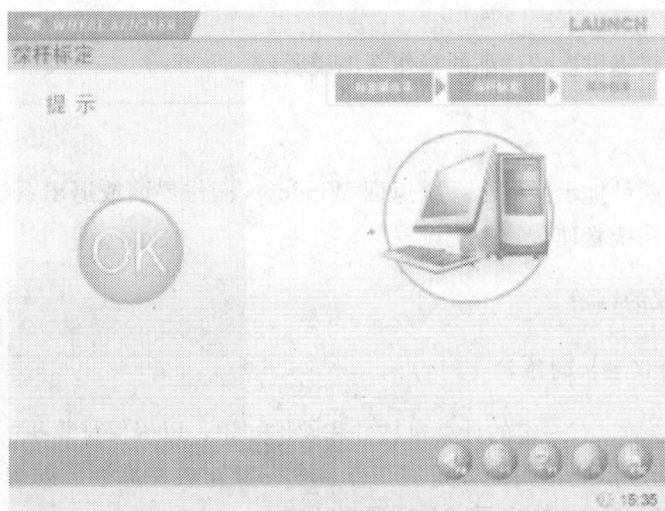

图 1-105　任务完成界面

4. 报表打印

在主界面下，单击"报表打印"图标或按"F4"键进入报表打印界面，报表打印使用户可以很方便来查询或打印客户的定位检测记录，其界面如图 1-106 所示。

"客户列表"：所有做过定位检测的客户的列表。

"记录列表"：在"客户列表"中选择一个客户信息后，此列表会显示该客户一次或多次的定位检测信息记录。

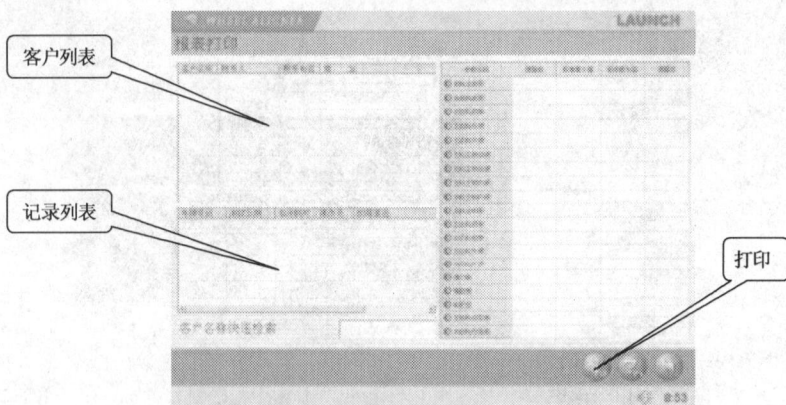

图 1-106　报表打印界面

"打印"：以表格或图形的格式打印当前车辆的定位数据（报表的格式设置请参考"系统管理"、"报表设置"）。

5. 帮助系统

帮助系统可以提供比较详细的操作帮助说明。

6. 退出系统

退出系统有两种提示：退出系统返回 Windows 操作界面或退出系统直接关机（详细设置请参考"系统管理"、"系统设置"）。

（三）四轮定位仪的维护

1. 四轮定位仪主机的维护

1）使用者必须具有一定的计算机软件和硬件知识，以确保计算机的正常工作。

2）主机和显示器应牢固地固定在工作台上，禁止放在靠近放射源和热源的地方，严禁放置在靠近暴晒、酷热、严寒及潮湿的环境中。

3）不要把任何东西通过缝隙塞进主机和显示器内。

4）计算机工作时不要随意搬动或剧烈振动。

5）尽量避免频繁开机。

6）不要随意修改 BIOS 设定。

7）不要随意删除硬盘上不了解的文件，以免计算机运行异常或瘫痪。

8）计算机病毒隐藏在微机系统内部或依附在其他文件上，通过复制自身达到扩散的目的，并破坏和干扰系统的正常运行。主机出厂前都经过检测，确保无病毒的存在。

9）主机为四轮定位仪专用设备，禁止外来软件在本设备上使用，以避免病毒的传染。由于病毒感染而使系统出现问题本公司不予保修。

10）长期使用会在键盘、主机和显示器上积累一定的灰尘和油污，因此，要定期用中性清洁剂或无水酒精清洗。禁止用油性和腐蚀性物质接触计算机。

11）禁止将计算机拆开，乱动内部连线和板卡以免造成内部设备的损坏。

2. 轮夹和探杆的维护

1）轮夹应定时清洁和加注少量润滑油，保证轮夹伸缩自如和探杆的进出。

2）传感器探杆外壳由塑料制成，长期使用会在表面累积一定的灰尘和油污，因此，要定期用中性清洁剂或无水酒精清洗。禁止用水、油性和腐蚀性物质清洗。

3）传感器探杆内有精密敏感元件，在使用过程中应小心谨慎。乱扔乱摔，轻者会导致外壳变形，塑料破裂，重者会导致内部元件出现故障，影响正常使用。

4）安装传感器探杆时要保证夹具稳固，然后才安装探杆。

5）传感器探杆内部连线紧密，拆卸后，可能造成传感器元件损坏。对于擅自拆开壳体造成的损坏，制造厂家一律不予保修。

3. 打印机的维护

仔细阅读并遵循打印机用户指南中的有关规定。

思考与练习

1. 主销后倾角异常可能产生哪些故障？
2. 外倾角异常可能产生哪些故障？
3. 轮胎外缘出现羽毛状磨损可能是由什么原因造成的？
4. 轮胎出现凸波状磨损可能是由什么原因造成的？
5. 目前市场上出现了"五轮定位"，所谓的"五轮定位"包括哪五个轮？
6. 出现探杆通信故障时应如何处理？
7. 偏心补偿有什么作用？
8. 做四轮定位时为什么要放置配重？

学习检测

桑塔纳 2000 轿车前轮定位的检查和调整

准备一台桑塔纳 2000 轿车，完成表 1-2 的检测任务。

表 1-2 桑塔纳 2000 轿车前轮定位的检查和调整

项目	技 术 要 求	配分	评分细则	评分记录
准备工作	1）检查实训场地的通风、照明是否良好 2）检查举升机、定位仪器是否工作正常 3）准备好维修保护四件套和必要的维修工具	10	错漏一项扣 4 分	
	1）准备一台桑塔纳 2000 轿车，在车上使用维修保护四件套 2）确认车轮无负荷，轮胎气压符合规定 3）确认车轮动平衡正常，悬架活动自如 4）转向器调整正确，前悬架中无大的间隙和损坏	10	错漏一项扣 4 分	
调整前束（用光学测量仪和专用工具 3075）	1）将转向器置于中间位置，旋出中间轴盖上的螺栓，如图 1-107 所示 2）将带有挂钩 B 的专用工具安置在左横拉杆的紧固螺母上，如图 1-108 所示 3）用提供的螺钉和作衬垫的间隔件固定到标有"C"记号的转向器孔中。注意不得使用一般螺钉，因为太短，会碰坏转向盘的螺纹 4）总前束值分两半，分别在左右横拉杆上调整。调整前束的横拉杆的分解图如图 1-109所示 5）固定横拉杆，必要时调整转向盘 6）拆出专用工具 3075。重新旋紧盖上螺栓，拧紧扭矩为 20N·m	30	操作错误一项扣 5 分	
调整外倾角	1）松开下摇臂球销接头的固定螺母 2）把外倾调整杆 40-200 插于图 1-110 中箭头所示的孔中。调整左侧时，从后面插入调整杆；调整右侧时，应从前面插入调整杆 3）横向移动球销接头，直至达到外倾角值，外倾角的测量如图 1-111 所示 4）紧固螺母并再次检查外倾角值，必要时调整	30		
实验报告	填写实验报告	10	根据实验报告的完成情况酌情给分	
安全文明生产	打扫卫生，归还工具及设备	5	工具损坏或违反安全操作不得分	
工时	30min	5	实操时间＿＿min	
备注				

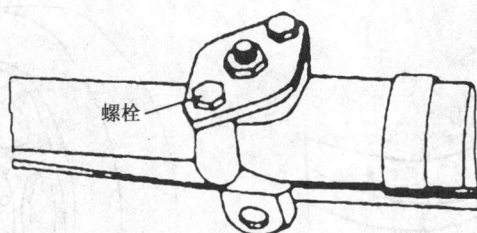

图 1-107　旋出盖上的螺栓

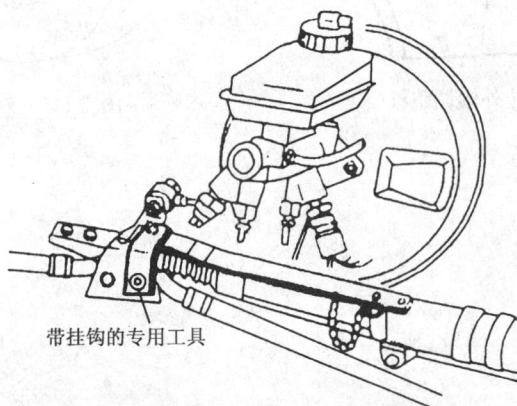

图 1-108　安置专用工具

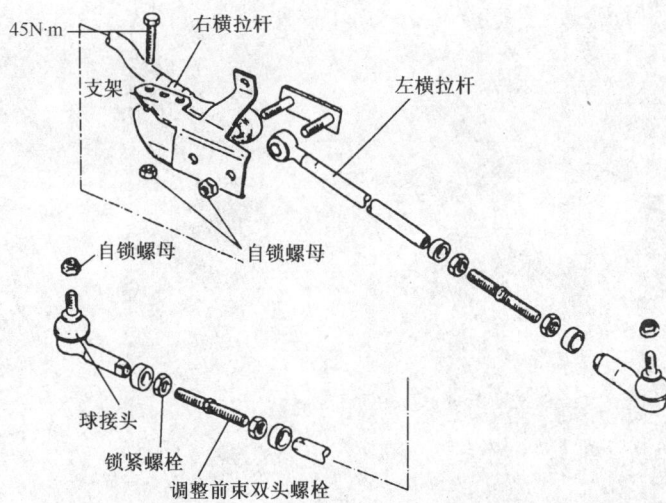

图 1-109　横拉杆部件分解图

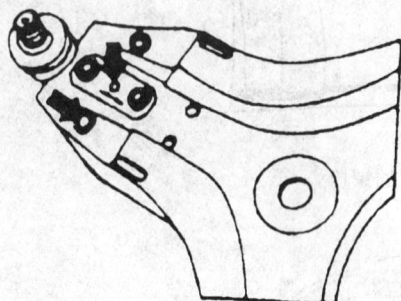

图 1-110　安装外倾调整杆

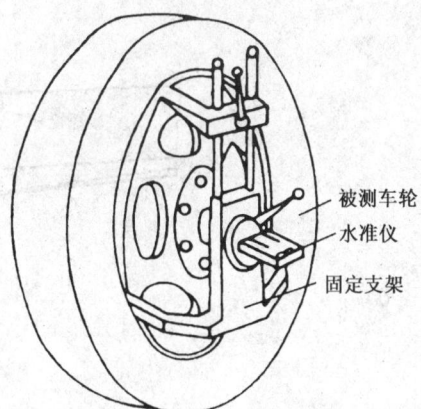

被测车轮
水准仪
固定支架

图 1-111　外倾角的测量

项目 2

汽车动平衡检测

教学目标

通过本项目的学习，学生可以掌握汽车轮胎的相关知识和动平衡机的使用方法，学会检测汽车车轮的动平衡，并完成必要的调整、维修工作。

技能要求

1. 身体强壮，能轻松搬动车轮总成，使用锤子、撬杠等工具。
2. 掌握汽车构造和相关的底盘知识，会使用常见的汽车修理工具。
3. 具备了一定的观察、故障判断和逻辑思维能力。

相关知识与技能点

动平衡、动不平衡、扒胎机、离车式动平衡机、就车式动平衡机。

汽车动平衡检测

任务目标

确保汽车处于最佳行驶状态及行车安全，减少汽车轮胎的磨损和其他相关零件的损坏。

安全规范

1. 使用合适的设备和工具及安全保护设施，如手套、工作服、护目镜、安全鞋等，工作时不要佩带首饰。

2. 切勿使动平衡机处于极端温度和湿度环境中，避免将其安置在暖气设备、水龙头、空气加湿器或火炉旁；应使动平衡机避免接触大量灰尘、氨气、酒精、稀释剂或喷雾型黏合剂等。

3. 不许对轮辋进行敲击和过度用力撬动，以防止其变形和破坏气密性。

4. 动平衡机工作时，非操作人员请勿靠近机器。

5. 扒胎机、动平衡机必须由受过专门培训并合格的人员进行操作使用，未经厂家允许或未按说明书要求，任意改动机器零部件和使用范围都可能对机器引起直接或间接的损坏。

6. 请特别注意粘贴在机身上的各种安全标识。

7. 注意在扒胎机、动平衡机工作时，切勿将手或身体的其他部位接触运动件。

8. 轮胎的拆卸应在扒胎机上进行，严禁手工直接拆卸轮胎，以免损坏胎圈和轮辋。

9. 启动动平衡机前，必须放下轮罩，否则可能造成人身伤害。

一、桑塔纳轿车车轮径向、横向跳动的检查

1）顶起汽车，用安全架支撑好。

2）检查车轮是否有明显的变形。

3）按图 2-1 所示安装百分表，并缓慢转动车轮，以测量前后轮的横向圆跳动值。一般轿车前、后车轮横向圆跳动的标准是：钢制车轮为 0～1.0mm；铝制车轮为 0～0.7mm；维修极限为 2.0mm。

4）按图 2-2 所示安装百分表，并缓慢转动车轮，以测量前后轮的径向圆跳动值。一般轿车前后轮径向圆跳动的标准是：钢制车轮为 0～1.0mm；铝制车轮为 0～0.7mm；维修极限为 1.5mm。

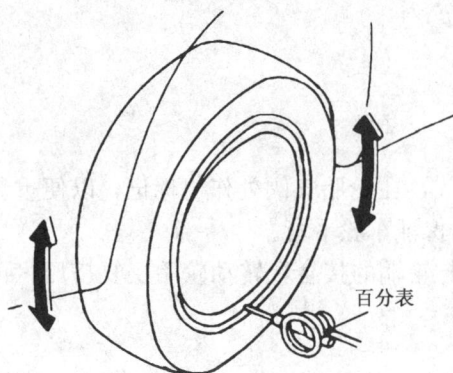

图 2-1　测量车轮的横向圆跳动　　　　图 2-2　测量车轮的径向圆跳动

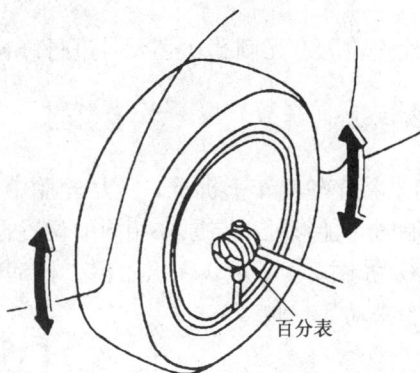

5）如车轮的径向或横向跳动的测量值超出维修极限，则应更换其车轮的轮辋。

6）用轮胎跳动测量仪测量轮胎的径向圆跳动（图 2-3），当轮胎径向圆跳动超过 1.5mm 时，会引起汽车抖动。

图 2-3　轮胎径向圆跳动的测量

7）用轮胎跳动测量仪放在轮胎侧壁上测量轮胎的横向跳动量，如果横向圆跳动量超过 2.0mm，车轮将会产生抖动现象。

无论车轮上的轮辋还是轮胎，如果其径向、横向圆跳动量超过规定数值，都应进行更换。

二、富康轿车轮胎的拆卸与安装

1. 轮胎刺孔的检查修补

检查轮胎有无刺孔，必要时进行修补。

2. 轮胎的拆卸

1）将车轮从车上拆下，放尽轮胎中的余气，在轮胎气阀处作出标记，以便重新安装轮胎时，能够处于与原来相同的位置，从而保证车轮平衡。

2）如图 2-4 所示，在扒胎机上松动轮胎与轮辋的接合，转动轮胎反复挤压，再翻转轮胎松动另一侧。

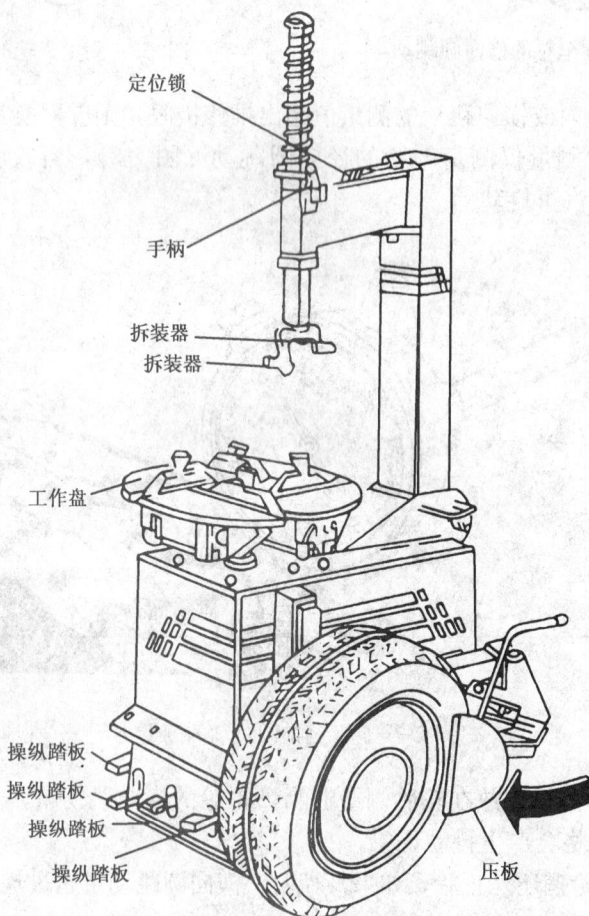

图 2-4　用扒胎机拆卸轮胎

3）拆除轮辋上的配重块。

4）将车轮轮辋的凸面向上，放在工作盘上（图 2-4），稍加按压，使之放平并操作踏板使轮圈夹紧。

5）在轮辋边缘涂少许润滑剂，压下并固定升降杆，使拆装器与轮辋边缘之间形成约 3mm 的间隙。

6）以拆装器 F 端作支点，用杠杆撬起外胎边缘，使之搭在拆装器 F 端子，如图 2-5 所示。

7）操纵踏板，使工作盘转动，直至轮胎上边缘完全拆出。

8）用上述方法再将外胎另一侧边缘拆出。

3. 轮胎的安装

轮胎的安装应在扒胎机上进行，装复时应注意轮胎上的标记，有红点标记的一侧朝外；对于修复的轮胎还应对准拆卸时作的标记。轮胎的安装步骤如下：

1）擦干净轮辋上的胎圈座。

2）将轮辋固定在工作盘（图 2-4）上，并用润滑剂润滑胎圈外表面。

3）将轮胎套在轮辋上，并使它的左侧和近身侧装入轮辋中部的凹槽处。

4）调节拆装器于适当位置，锁定升降杆，使右侧未套入轮辋凹槽的一段轮胎边缘置于拆装器 G 端之上、F 端之下，如图 2-6 所示。

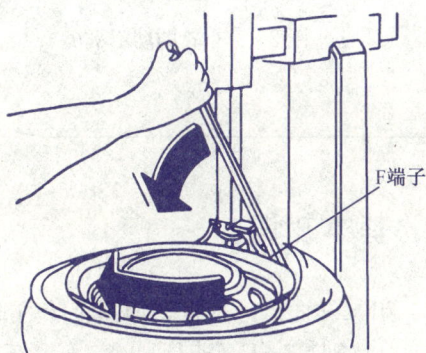

图 2-5　用杠杆撬起外胎边缘

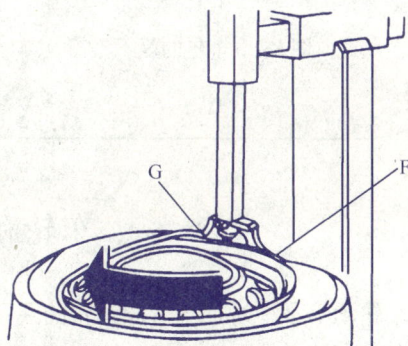

图 2-6　安装轮胎

5）用手压住轮胎，启动工作台，装入一侧轮胎边缘。

6）用上述方法，装轮胎的另一侧边缘，使轮胎均匀地安装在轮辋上，装完后，给轮胎充气，还应进行动平衡检验。

车轮与轮胎

汽车行驶时，车轮高速旋转，如果车轮的质心与旋转中心不重合，则会产生静不平衡，如图 2-7 所示。由于车轮具有一定的宽度，因此当车轮质量分布相对于车轮纵向中心面不对称时，会造成车轮的动不平衡，如图 2-8 所示。

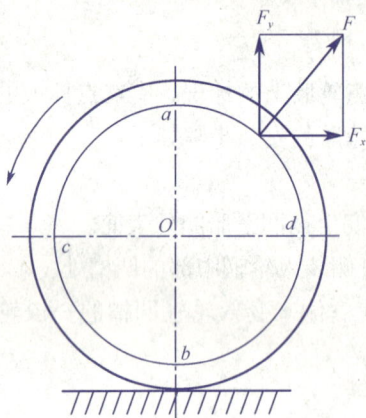

图 2-7　车轮的静不平衡

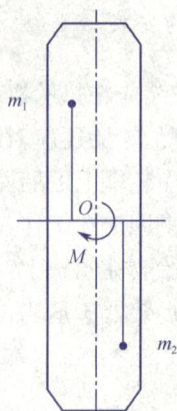

图 2-8　车轮的动不平衡

一、车轮和轮胎的基本知识

车轮动不平衡时，会造成车轮的跳动和偏摆，引起转向轮的摆振，加剧轮胎的磨损，使汽车的有关零件受到损坏，缩短汽车的使用寿命。特别是对于高速行驶的汽车，车轮的动不平衡，会使汽车发生严重的抖动，破坏汽车的操纵稳定性，造成行驶不安全，当然就更谈不上舒适性了。因此，必须对车轮的动不平衡进行检测，并进行平衡工作。

由于动平衡的车轮一定会处于静平衡状态，因此，只要检测、调整了动平衡，就不用再检测静平衡了。

（一）车轮动平衡的基本操作

1. 车轮动平衡前预检查

由于轮胎和车轮的总成在进行动平衡操作时高速旋转，因此对安全性应特别注意，影响车轮平衡的因素非常多。为了快速检验平衡，车轮动平衡前应检查如下项目：

1）检查胎冠里有无杂物。胎冠里的杂物若不清除，则在离心力作用下从外胎上飞出，易造成人身伤害。

2）检查轮胎内有无杂物。轮胎内的杂物如石子，则轮胎不可能平衡。在平衡检验前，当轮胎缓慢转动时，仔细听一听轮胎内是否夹杂物。若有杂物，必须在平衡检验前清除。

3）检查胎冠和胎侧是否有缺陷。这些缺陷会影响车轮平衡，例如，胎冠厚块很难使车轮平衡。

4）检查充气压力。

5）测量车轮跳动量，以确定轮辋有无变形。

6）检查车轮轴承的安装情况，若轮毂轴承间隙不符合要求，则影响车动平衡检验及平衡。

7）检查车轮内有无污泥堆集，车轮动平衡检验前，应把车上所有的泥土、灰尘和沙砾都洗掉。

2. 车轮的动平衡检验及其平衡

对于车轮的动平衡检验及平衡有离车式和就车式两种。

在目前的汽车维修行业，离车式车轮动平衡的方法得到了广泛的应用，将在后面详细讲述离车式车轮动平衡机（图 2-9）的使用和维护。

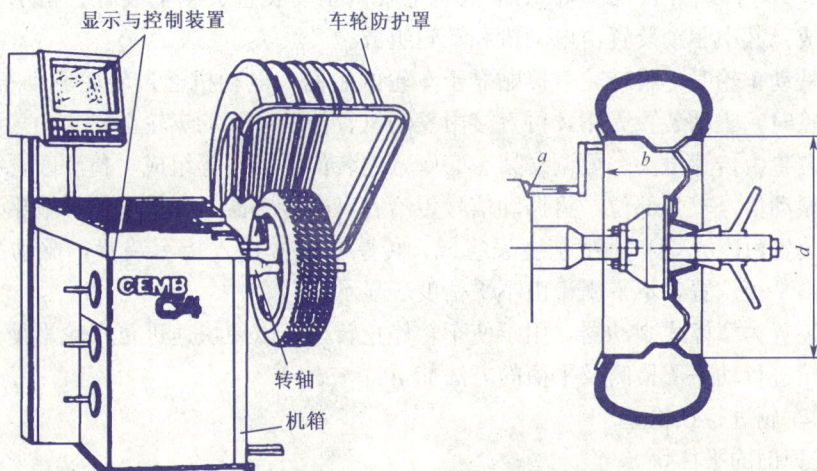

图 2-9　离车式车轮动平衡机

a——轮辋边缘至机箱距离；b——轮辋宽度；d——轮辋直径

离车式平衡就是使用动平衡机将车轮拆下对车轮进行动平衡检验及平衡，其优点是平衡简单；就车式平衡就是车轮不需拆下，使用动平衡机直接在车上进行动平衡，其优点是能对所有旋转件进行综合动平衡，它包括对制动鼓或制动盘的不平衡校正。

图 2-10 所示为就车式车轮动平衡机的组成示意图。

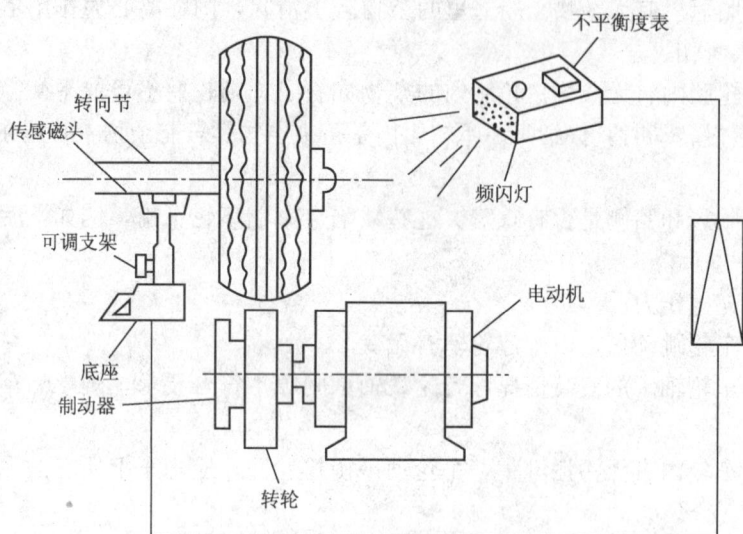

图 2-10　就车式车轮动平衡机

离车式和就车式车轮平衡可以相互补充，最终使车轮达到良好的平衡状态。例如，在离车式进行单独的车轮平衡操作后，若仍然存在车轮振动问题，就要进行就车式车轮平衡的检验来处理振动问题。

从图 2-10 可以看出，就车式动平衡机主要由驱动装置、测量装置、指示装置和制动装置组成，其中驱动装置由电动机和转轮组成。

检测从动车轮时，将转轮直接贴靠于车轮的胎面，电动机通过转轮驱动车轮旋转；检测驱动轮时，驱动装置无用，可直接由发动机、传动系驱动车轮。

测量装置由传感磁头、可调支架、底座（内装传感器）等组成，检测时，将传感磁头吸附在振动信号较强部位，将振动信号传给底座内传感器，变成电信号输出。

指示装置由闪光灯和不平衡度表组成，传感器信号送入指示装置，驱动频闪灯闪光，指示不平衡位置，不平衡量由不平衡度表显示。

制动装置为摩擦式制动器，用于使车轮停止转动，以便快速进行车轮平衡作业。

对车轮进行动平衡检测及平衡的方法如下：

1）对车轮进行预检查。

2）去掉旧的平衡块。

3）将轮胎气压充到规定值。

4）支起车桥，使两侧车轮离地间隙相等。

5）用手转动轮胎，检查轮毂轴承是否松旷，视情况作适当调整或处理。

6）在轮胎的胎侧上用粉笔作一个参考标记。

7）将传动器磁头吸附在经过擦拭的制动底板边缘平整处，并尽量使磁头与车轮旋转中心处在同一水平位置，如图 2-11 所示。

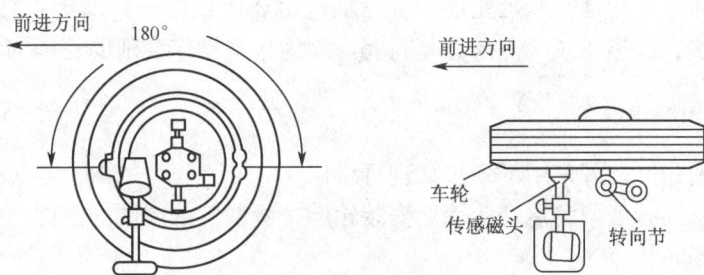

图 2-11　安装动平衡机传感磁头

8）使车轮在规定转速下运转：对于驱动车轮，可由发动机、传动系驱动车轮；对于从动车轮，可由动平衡机的驱动装置驱动。一般车轮速度可控制在 60km/h 左右。

9）用频闪灯观察轮胎标记位置，从仪表上读取车轮动不平衡数值。

10）制动车轮，使车轮停转。

11）在车轮适当的位置加装平衡块，并进一步复查，直至合格。

3. 动平衡检测结果分析

动平衡检测时，其动不平衡量较小是正常的，往往可通过平衡作业满足要求，但当动不平衡值过大时，或通过平衡作业难以达到要求时，应对车轮进行进一步的检查，以找出故障原因。车轮动不平衡的主要原因有：

1）轮辋、制动鼓严重变形。

2）轮毂与轮辋加工质量不佳，如中心不准、轮胎螺栓孔分布不均、螺栓质量不佳等。

3）轮胎存在异常磨损、局部损坏或轮胎修补方法不当。

4）轮胎本身质量分布不均匀，如轮胎产品质量欠佳。

5）安装位置不正确，如内胎充气嘴位置不符合要求。

6）车轮平衡块脱落。

（二）车轮轮辋的检修

1. 轮辋的清洗

钢制轮辋应使用水管喷洗，轮辋上的胎圈座用钢丝刷或钢丝绒清理干净；铝合金轮辋应使用稀皂液或水溶液清洗，并用清水漂洗，对轮辋上的胎圈座一定要彻底清洗干净，以免影响密封性。不允许使用碱基洗涤剂或有腐蚀性的溶剂来清洗铝合金轮辋，否则会损坏保护层。

2. 轮辋的检查

检查钢制轮辋是否有生锈或腐蚀现象，检查钢制、铝合金轮辋是否有裂纹，胎圈座是否弯曲或损坏，螺孔是否压延变形。若轮辋有上述的任何一种缺陷，均应更换轮辋，而不能通过焊接、加热、或锤击来修复轮辋，因为这些操作会削弱轮辋的强度。

3. 轮辋漏气的维修

对于轮辋的漏气，可采用下列步骤进行维修：

1）用 80 号细砂纸彻底清理轮辋上安装轮胎一侧漏气处周围的表面，并用抹布将磨下的磨粒清除干净。

2）在室温下，于漏气处涂一层强力硅胶密封剂。

3）用油灰刀将密封剂均匀地抹到砂纸打磨过的部位。

4）使密封剂凝固 6h 即可安装轮胎。

（三）轮胎的故障检查

检查胎面磨损情况，可用深度尺检查花纹沟深，或查看胎面磨损标记，对于过度磨损的轮胎及下列任何一种缺陷的轮胎，都不能进行修理，而必须更换：

1）可以看见磨损标记露出来的轮胎。

2）轮胎帘线或带束层暴露出来的轮胎。

3）局部凸起或鼓包严重的轮胎。

4）帘线层分离的轮胎。

5）胎圈断裂或破裂的轮胎。

6）轮胎上任何部位的严重裂口或裂缝。

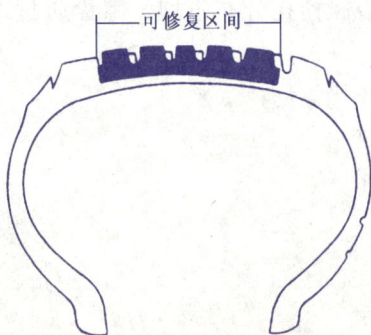

图 2-12　轮胎刺孔的可修复区间

检查胎冠及胎肩上有无扎上钉子等尖锐物。尖锐物刺穿轮胎而导致轮胎漏气是最常见的故障。这种漏气故障通过修复，其效果往往是令人满意的。但是，如果刺孔直径过大，或胎侧壁的刺孔，则不可修复。轮胎刺孔的可修复区间大致与带束层同宽，如图 2-12 所示。

在轮胎漏气故障修复前，应准确地查出轮胎的漏气部位。

检查漏气部位的常用方法有两种：一是给轮胎充气，直到气压达到 210kPa 为止，然后把轮胎和车轮浸泡到水里，轮胎或车轮的漏气处将会起泡，在漏气处作上标记；二是用海绵蘸肥皂水擦已充气的轮胎和车轮，其冒气泡处便为漏气部位。

轮胎刺孔的检修有两种方法：维修塞修补和硫化补贴片修补。

1. 维修塞修补

1）用补胎锉将轮胎内侧刺孔附近处锉光。

2）选择一个合适的比刺孔稍大的维修塞，并将其装入导入工具的孔眼里。

3）用硫化液体润滑维修塞和导入工具。

4）利用导入工具将维修塞从轮胎内侧进入穿孔（图 2-13），并且用力挤压头部，使维修塞头部与轮胎内侧接触贴合。

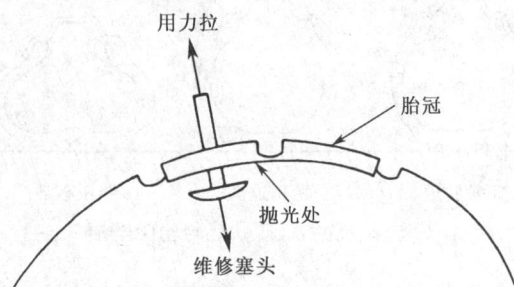

图 2-13　维修塞的安装

5）使维修塞留在胎冠表面 0.8mm 处，多余部分割掉。

2. 冷补胎片修补

1）用补胎锉将轮胎内侧刺孔附近处锉光。

2）将硫化液体均匀地涂在轮胎内侧已锉光的表面上，并使其自然晾干直至发粘。

3）剥掉补胎片的护皮，使补胎片中心对准轮胎内侧穿孔，将补贴片贴到穿孔上。

4）用压合工具在补胎片上前后移动，使补胎片与轮胎粘得更紧。

（四）轮胎的正确使用及维护

为确保汽车处于最佳行驶状态及行车安全，必须对轮胎进行正确的使用及维护。

1. 保持合适的轮胎气压

现代轿车的轮胎都是低压胎，以富康轿车为例，轮胎气压规定值为前轮胎 220kPa，后轮胎 210kPa。由于轮胎气压标准是根据轮胎的构造、材料强度、实际负荷以及汽车的操纵稳定性、行驶平顺性、汽车的动力性及经济性的要求确定的，因此轮胎气压的过高或过低，对汽车的使用性能是不利的。

如轮胎的气压过低，会使轮胎的滚动阻力加大，汽车的动力性就变差，车辆的油耗上升，车辆的操纵性能也受到影响；如轮胎的气压过高，则轮胎与路面的附着性能下降，汽车制动距离延长，易发生侧滑。

另外，过高与过低的轮胎气压都会加剧轮胎的磨损，缩短轮胎的使用寿命，如图 2-14 所示。

胎压过低时，轮胎的刚度也随之下降，造成汽车行驶时胎侧发生强烈弯曲，使胎体产生很大

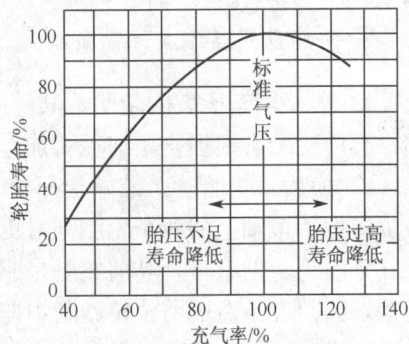

图 2-14　胎压与轮胎寿命的关系

的应力，帘布层受到损害，同时，胎侧弯曲变形时，胎温升高，轮胎胎肩磨损加快（图 2-15）；胎压过高时，造成胎体应力过大胎冠中间部分磨损增加，严重时胎冠爆裂。因此，应定期检查和调整轮胎气压，使之符合规定值。

| 正常胎压 | 胎压过高 | 胎压不足 |

图 2-15　轮胎气压状况与轮胎磨损

检查轮胎气压应在轮胎处于冷态状态下，取下轮胎气阀帽，用胎压表检查。如气压过高，可通过气门芯放掉一些胎内空气。如气压过低，则用压缩空气充压至规定值。可用肥皂水抹在气阀上检查是否漏气，若出现气泡，说明气阀漏气，可调整气门芯位置或重新拧紧气门芯。若继续漏气，则应更换气门芯。最后应拧上气阀帽，以免气门芯被异物堵塞。

2. 轮胎的定期换位

由于汽车在行驶过程中，前后轮的载荷、受力及功能不同，因而汽车轮胎的磨损不同，为保持同一台车的轮胎磨损均匀，延长轮胎的使用寿命，并使寿命趋于一致。

轮胎应定期换位，通常轿车轮胎每行驶 15 000～20 000km 应进行换位，其轮胎的换位方法可按图 2-16 所示循环进行。轮胎换位后应重新调整胎压至规定值。

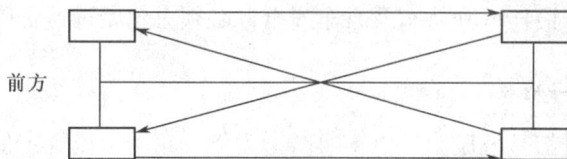

图 2-16　轮胎换位方法

3. 轮胎使用及维护注意事项

1）同一辆车所装的轮胎，其厂牌、花纹应一致，不允许混装不同规格的轮胎。否则，会使轮胎磨损加剧，油耗增加，破坏汽车的操纵稳定性。

2）换用新轮胎时，最好全车成套更换。如不能这样，应尽量避免只换一个轮胎，最少应把一根轴上的两个轮胎同时更换，不允许在同一轴上装用新旧差异较大的轮胎。尤其是前轮驱动型车，其前轮既是驱动轮，又是转向轮，且车轴载荷的分配为前轴大于后轴，因而容易造成前轮轮胎磨损速度较快。因此，花纹最深的轮胎或新胎应装在前轮上，这样还可使前轮的摆动和侧滑减少，保证行车安全。

3）轮胎的拆装必须使用扒胎机，严禁直接用手工拆装，错误拆卸轮胎或装配轮胎往往会使轮胎的胎圈部位变形或损伤，轻则影响轮胎的气密性或导致轮胎胎侧出现鼓包，重则使轮胎胎体帘线断裂而报废。

4）轮胎修补或更换后，装车前应进行动平衡。若使用没有经过有效平衡的车轮，会使车辆行驶时发生抖动，噪声加大，并且轮胎出现不规则磨损而缩短轮胎的使用寿命。

5）轮胎出现偏磨，产生不规则磨损时，应检查车轮的定位，因为前、后车轮定位发生改变时，不仅影响汽车的操纵稳定性，而且还影响汽车轮胎的磨损。

6）经常检查轮胎有无损坏，并立即除去嵌入轮胎花纹中的杂物，以免高速行车时车轮发抖。

7）无内胎轮胎侧壁较薄，靠边停车时注意不要擦碰沟埂。

（五）轮胎的常见故障与排除

1. 胎肩快速磨损

1）故障现象：胎冠两肩磨损过快，如图 2-17 所示。

2）故障判断：轮胎气压不足使胎冠接地印迹增宽，并且由于轮胎中部弯曲略向外拱起，因此导致胎冠两肩着地，引起两肩磨损加快，同时当高速行车时，还会引起胎面开裂。

3）故障原因及排除方法：轮胎气压不足，行驶时间过长，应补足轮胎气压。

2. 胎冠中部快速磨损

1）故障现象：胎冠中部磨损过快，如图 2-18 所示。

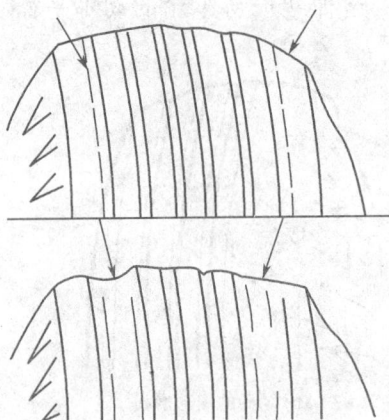

图 2-17　胎冠两肩磨损过快

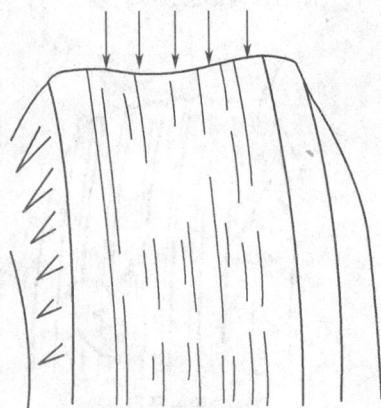

图 2-18　胎冠中部早期磨损

2）故障判断：轮胎气压过高将增加单位接地面积的负荷，加速胎冠中部的磨耗。此外由于帘布层帘线承受过大的拉伸应力，导致轮胎的过早损坏。

3）故障原因及排除方法：轮胎气压过高，应调整轮胎气压至标准值。

3. 胎冠外侧或内侧磨损严重

1) 故障现象：轮胎外侧或内侧磨损过快。

2) 故障判断：轮胎外侧或内侧的过快磨损与车轮的外倾角大小有关。若胎冠外侧偏磨损，说明车轮外倾角过大；若胎冠内侧偏磨损，说明车轮外倾角过小。

3) 故障原因及排除方法：车轮外倾角过大或过小。应查找车轮外倾角不正常的原因，并排除其故障，使车轮外倾角为正常。

4. 胎冠出现锯齿形磨损

1) 故障现象：胎冠由外侧向里侧或由里向外侧呈锯齿形磨损，如图 2-19 所示。

2) 故障判断：这样的磨损与前束调整不当有关，所以多发生在转向车轮。若胎冠由外侧向里侧呈锯齿形磨损，说明前束过大；若胎冠由里侧向外侧呈锯齿形磨损，则说明前束过小。

3) 故障原因及排除方法：悬架杆系的变形或接头的松旷，会改变车轮前束的大小。对于过大或过小的前束，均应排除故障加以调整，使其前束符合规定值。

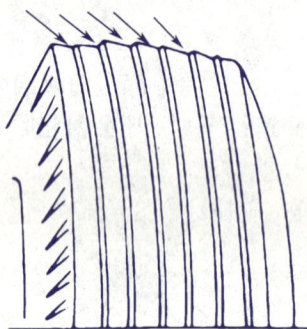

图 2-19　胎冠锯齿形磨损

5. 轮胎的局部斑点磨损

1) 故障现象：轮胎胎面局部出现磨光的斑点即秃点〔图 2-20 (a)〕。

2) 故障判断：这种磨损与车轮的动不平衡状况有

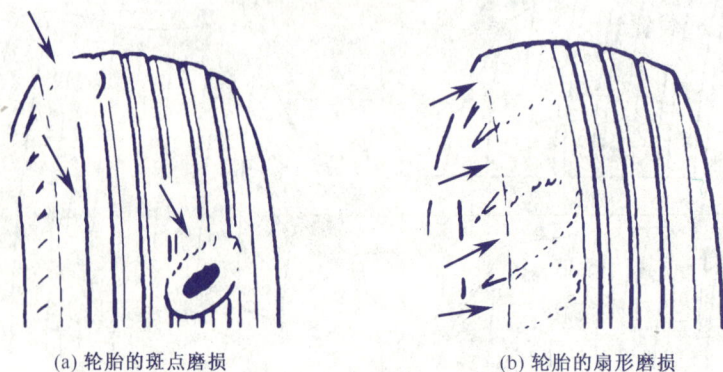

(a) 轮胎的斑点磨损　　　　　　　　(b) 轮胎的扇形磨损

图 2-20　轮胎的斑点及扇形磨损

关。当车轮动不平衡时，车轮的振动引起轮胎的定向磨损，导致斑点磨损。

3) 故障原因及排除方法：斑点磨损的车轮处于动不平衡状态，应进行动平衡处理。

6. 轮胎的扇形磨损

1）故障现象：轮胎胎冠上一侧产生扇形磨损，如图2-20（b）所示。

2）故障判断：轮胎长期处于某一位置行驶而不换位或悬架位置不当，容易引起轮胎的扇形磨损。

3）故障原因及排除方法：定期进行轮胎的换位并检查排除悬架的故障。

7. 个别轮胎磨损过大

1）故障现象：同车上的其他轮胎磨损较小，而单个轮胎出现严重磨损。

2）故障判断：检查磨损轮胎的悬架、车轮定位、轮毂轴承间隙、车轮的平衡及轮辋的变形情况，以找出单个车轮严重磨损的原因。若单个轮胎胎冠一侧的磨损过大，则说明该车轮外倾角不符合标准。若车轮外倾角过大，则轮胎胎冠外侧早期磨损；若车轮外倾角过小，则胎冠内侧磨损过大。

3）故障原因及排除方法：

① 磨损过大的车轮的悬架系统不正常，支承件变形，造成单个车轮定位失常及车轮负荷过大，应检查独立悬架弹簧、减振器及车轮的定位情况，找出故障加以排除。

② 该车轮的轮毂轴承间隙过大，应加以调整或更换轮毂轴承。

③ 该车轮不平衡，造成单个轮胎的动载荷过大引起过度磨损，应对其动平衡。

④ 该车轮轮辋变形，应更换轮辋。

8. 轮胎鼓包

1）故障现象：轮胎的局部隆起或凸起。

2）故障诊断：胎体应力过大，帘线层局部受到损害而导致轮胎鼓包。

3）故障原因及排除方法：轮胎气压过高导致胎体应力过大或人工补胎或拆装轮胎时胎圈被撬伤等引起轮胎鼓包。轮胎鼓包严重时应更换轮胎。另外，消除或减少轮胎鼓包的对策是按规定气压给轮胎充气，同时拆装轮胎应在专用扒胎机上进行。

二、离车式车轮动平衡机的使用

目前，汽车车轮动平衡机市场上有很多品牌，图2-21所示为国产的元征动平衡机。

下面以元征KWB-412车轮动平衡机为例，讲述动平衡机的操作技能，其他品牌动平衡机的操作方法与之类似。

元征KWB-412车轮动平衡机由显示和控制面板、主机箱、轮罩三大部分组成。主机箱上部有平衡块槽，侧面装有挂柄、测量尺等附属件。

动平衡机的显示和控制面板如图2-22所示。

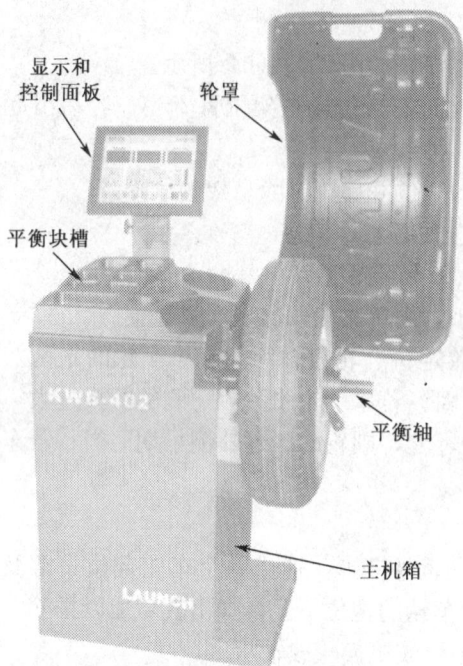

图 2-21　元征动平衡机

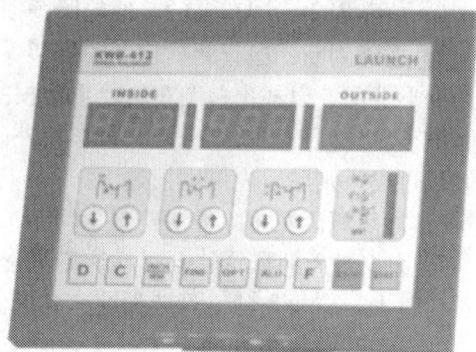

图 2-22　动平衡机的显示和控制面板

1. 显示面板含义

动平衡机的显示面板如图 2-23 所示，其中：

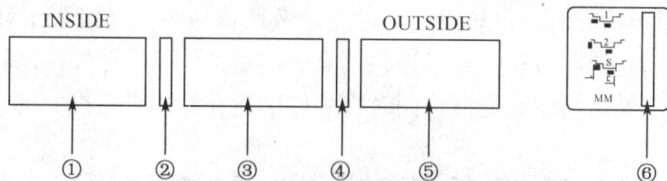

图 2-23　动平衡机的显示面板

① 内侧显示屏，显示车轮内侧不平衡值（测量时）或距离尺寸（刚开机及校正时）。

② 内侧不平衡位置指示，五个 LED 都亮时表示最高点为不平衡位置。

③ 中间显示屏，显示静平衡值（机器工作在静平衡模式）或轮辋宽度尺寸（刚开机及校正时）。

④ 外侧不平衡位置指示，五个 LED 都亮时表示最高点为不平衡位置。

⑤ 外侧显示屏，显示轮胎外侧不平衡值（测量时）或直径尺寸（刚开机及校正

时)。

　　⑥ 平衡方式指示和单位为"mm"（毫米）时指示。

2. 控制面板含义

动平衡机的控制面板如图 2-24 所示，其中：

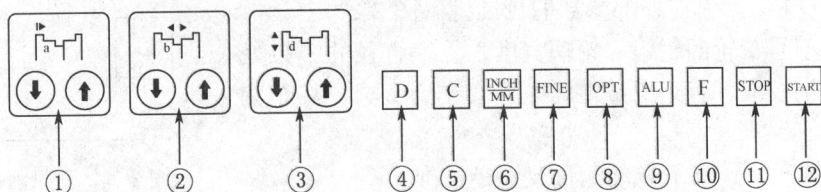

图 2-24　动平衡机的控制面板

　　① 手动输入轮距值按键 a。

　　② 手动输入轮辋宽度值按键 b。

　　③ 手动输入轮辋直径值按键 d。

　　④ 自诊断（LED 自检）及自校准（需要与"C"复合使用）键。

　　⑤ 重算不平衡/自校准键。

　　⑥ 测量数据使用的单位"英寸/毫米"选择按键。

　　⑦ 测量数据实际值精确显示键。

　　⑧ 不平衡最佳化按键。

　　⑨ 平衡方式选择键。

　　⑩ 动平衡或不同的静平衡方式选择键。

　　⑪ 急停键。

　　⑫ 启动系统进行测量按键。

3. 功能转换的组合键

（1）STOP＋a↑＋a↓测量单位"克/盎司"转换键（图 2-25）

　　先按住 STOP，然后同时按下 a↑和 a↓，这时显示会消失，稍停，然后相继抬起 a↑和 a↓、STOP，这时马上恢复先前测量数据的另一种单位制显示。

　　注意：抬起按键的顺序不同可能显示数据会不同，但无需任何其他操作，直接启动测量就可以。

（2）STOP＋C 放下保护罩后的启动测量方式选择键（图 2-26）

　　先按住 STOP，再按住 C，显示暂时消失，稍停后相继

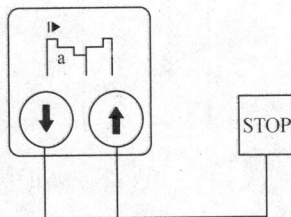

图 2-25　测量单位转换键

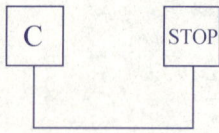

图 2-26　测量方式选择键

抬起 C、STOP，就会在"放下保护罩启动测量"和"放下保护罩由 START 启动测量"两种方式之间进行交替。

（3）STOP+FINE 自动测量尺距离校准

每次开机时要求进行测量尺的自校准，否则不能进入到正确的测量状态。

（4）D+C 测量前外部参数的校准键（图 2-27）

不同型号车轮的轮距、轮辋宽度、轮辋直径的中央处理器的记忆校准，否则测量精确度等会受到影响，甚至偏差很大。

（5）STOP+OPT 自动测量尺直径校准

不同型号的车轮，直径的数据可以通过拉动自动测量尺来自动输入。

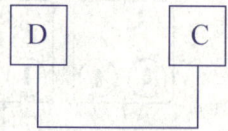

图 2-27　测量前外部
参数的校准键

（一）动平衡机的一般操作

1. 准备工作

1）注意允许测量的车轮最大质量，通常为 65kg 左右，不能超过，否则会损坏设备。

2）操作前必须清除车轮上的杂物和平衡块，以免发生危险。去除平衡块时应使用随机附带的平衡块拆装钳（图 2-28）。

3）装配车轮前用酒精或汽油把主轴及锥套接触面擦拭干净，以免影响安装精度。

2. 车轮的装夹

装夹方法之一：适用于可用中心孔定位的车轮，如图 2-29 所示。

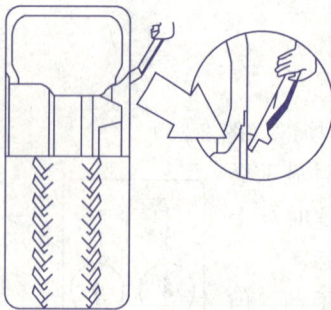

图 2-28　使用拆装钳

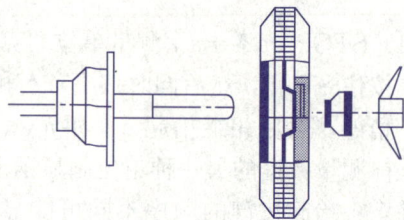

图 2-29　车轮的中心定位

1）将车轮套在平衡轴上，靠近法兰盘。

2）选择一个合适的锥套装在平衡轴上（锥形朝左），用装夹总成（拆下端盖）将车轮锁紧。

3）安装车轮，装合适的锥套，装夹总成（拆下端盖）。

装夹方法之二：适用于可用中心孔定位的车轮，当中心定位面因变形等原因不能正确定位时，可采用此种方法装夹车轮，如图 2-30 所示。

1）装上锥型弹簧，然后选一个合适的锥套，反向装在平衡轴上（锥形朝右）。

图 2-30　装夹车轮

2）将车轮装在平衡轴上，用端盖与装夹总成锁紧车轮。

3）安装锥型弹簧，安装锥套，装车轮，装夹总成（包含端盖）。

3．车轮动平衡机操作

（1）开机

1）开机之前，首先确认所接电源参数与机箱后铭牌上所示一致。

2）按下机箱左侧的电源开关，如图 2-31 所示。

3）显示面板将显示主板版本号，接着显示面板显示平衡对象参数（默认值），如图 2-32所示。

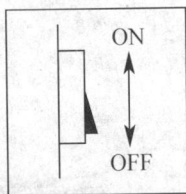

图 2-31　电源开关

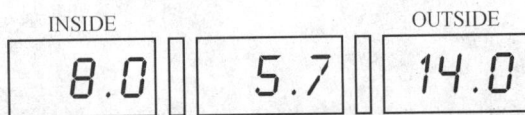

INSIDE		OUTSIDE
8.0	5.7	14.0

图 2-32　平衡对象参数

（2）功能的选择

开机后平衡机的功能状态为默认状态（即普通动平衡状态），因为一般情况下都选择此项功能状态。其选择范围为：当被平衡的车轮两轮辋边缘均可用挂钩式平衡块时，都可选用此功能。

静平衡只要求做单面平衡，这时将整个车轮看作只有一个面；动平衡要求做双面平衡。

静平衡只要求在车轮外侧加铅块，而动平衡则要求在车轮的内侧和外侧同时加铅块。

（3）车轮参数的输入

车轮数据输入的正确与否，将直接影响下一步的测量结果，因此必须正确掌握其输入方法。

KWB-412 平衡机具有自动测量轮机之间距离（a 值）和轮辋直径（d 值）的功能。

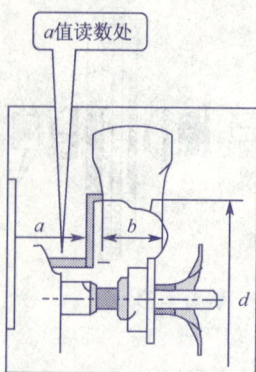

图 2-33 靠紧自动
测量尺的手柄

以 KWB-412 为例，下面介绍车轮数据的输入方法，这里 $a=5.0''$，$b=6.0''$，$d=15.0''$。

1）将自动测量尺的手柄顶端拉到轮辋内侧边缘处并且靠紧，如图 2-33 所示。这时因为数据没有稳定，显示会消失。

2）测量尺停止约两秒钟，这时 LED 显示如图 2-34 所示。

3）将自动测量尺放回原位，这时显示面板显示刚才所测量的数据，如图 2-35 所示。轮距、轮径自动测量并显示出来。

4）用宽度测量尺按照图 2-36 所示测量出轮辋宽度。

5）通过控制面板的上下键输入所读数据。

6）显示面板显示最后的车轮数据（图 2-37）。

（4）车轮不平衡量的测量

1）放下轮罩，电动机开始带动主轴旋转，此时显示 LED

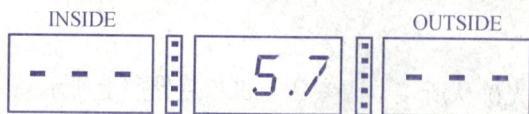

图 2-34 初始数据显示

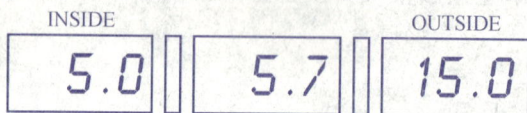

图 2-35 数据显示

全部消失。

2）过大约 7s，显示板显示车轮不平衡量值，如图 2-38 所示。

显示含义："35" 表示车轮内侧不平衡量 35g；"OPt" 表示此车轮不平衡量较大，建议优化；"60" 表示车轮外侧不平衡量 60g。单侧指示灯全亮表示该侧的车轮最高点是不平衡位置。

3）按下精确显示键 FINE 后显示实际不平衡量，如图 2-39 所示。

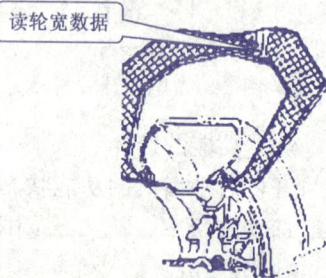

图 2-36 测量轮辋宽度

图 2-37 最后数据显示

4）将车轮绕主轴旋转，当外侧不平衡位置指示灯全亮时（图 2-40），表示车轮外

INSIDE   OUTSIDE

3 5   O P t   6 0

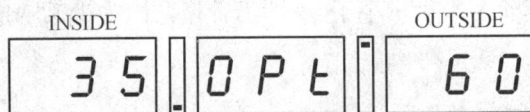

图 2-38 车轮不平衡值显示

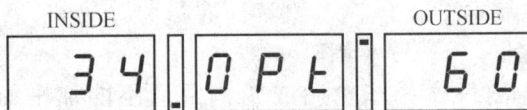

INSIDE   OUTSIDE

3 4   O P t   6 0

图 2-39 实际的不平衡量显示

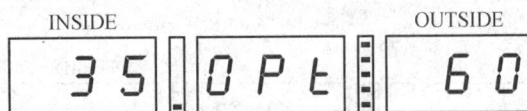

INSIDE   OUTSIDE

3 5   O P t   6 0

图 2-40 外侧不平衡指示灯全亮

侧的最高点为不平衡位置（图 2-41），内侧与此确定不平衡位置方法相同。

    5）车轮不平衡量的补偿

    根据图 2-41 所示，在不平衡点加上相应重量的平衡块，加平衡块时应尽量将平衡块敲在不平衡点，否则会产生补偿误差。

    6）重新进行不平衡量测量的操作，再次测量的显示如图 2-42 所示。

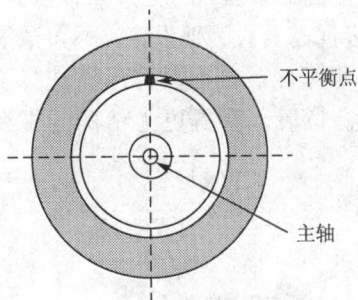

不平衡点

主轴

INSIDE   OUTSIDE

P A 5   P A 5

图 2-41 不平衡位置指示

图 2-42 再次测量的显示

    "PAS"意思是通过，表示此面补偿合格，不平衡量<5g。

    7）按下精确显示键 FINE 显示实际不平衡量数值，如果显示图 2-43 所示内容，表明不平衡量已经达到了要求。

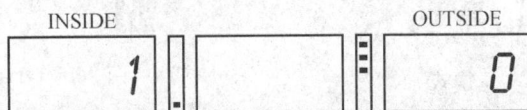

INSIDE   OUTSIDE

1   0

图 2-43 不平衡量已达到要求

注意：一般认为车轮不平衡量小于 5g 即为合格，因为平衡块的进制一般是 5g，如 5g、10g、15g 等。

(二) 静态-动态平衡方式转换

测量静平衡时车轮加平衡块的方法不同于测量动平衡时车轮加平衡块的方法。

测试不平衡量数据显示后，按"F"键选择静态平衡方式，再按"F"键回到动态平衡方式。

静态贴铅方法。在测量摩托车轮胎或轮辋两面不能加平衡块的轮胎时，应按"START"键，待测试不平衡量数据显示后，按"F"键选择静态平衡贴铅方式，然后缓慢旋转轮胎，当显示图 2-44 所示的内侧平衡指示灯全亮时，在轮辐内侧位置加上平衡块。

图 2-44　内侧平衡指示灯全亮时

(三) 特殊平衡方式操作

1. ALU 轮毂平衡即合金钢圈的平衡

按住 ALU 键切换 ALU 操作模式。轮毂平衡即合金钢圈的平衡，可分为三种模式：ALU-1、ALU-2、和 ALU-S。其中 ALU-S 的贴铅面可根据需要人为地设定，并可通过辅助隐含程序进行隐含块平衡。ALU-1、ALU-2 模式可根据轮毂剖面具体形状选择不同的平台进行贴铅 (图 2-45、图 2-46)，得到精确的平衡位置，获得更为精确的平衡结果。

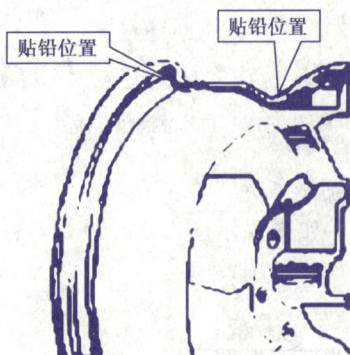

图 2-45　ALU-1 模式

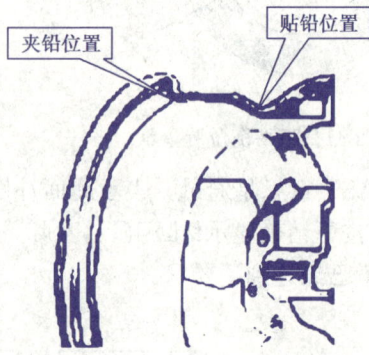

图 2-46　ALU-2 模式

按 ALU 键一次，进入轮毂平衡选项中的 ALU-1 模式；连续按 ALU 键两次，进入

ALU-2 模式；连续按 ALU 键三次，进入 ALU-S 模式。

（1）ALU-1 平衡方式

选定轮毂平衡 ALU-1 模式后，指示灯如图 2-47 所示；按 START 键重新计算内外侧的不平衡量，显示如图 2-48 所示。

转动车轮，使内侧（或外侧）平衡指示灯全部亮，使铅块有黏性保护纸的一面朝上，掀去保护纸（图 2-49），把铅块慢慢移到贴铅位置，当到达贴铅位置时进行贴铅。

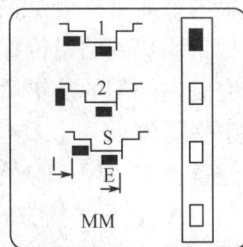

图 2-47 ALU-1 模式指示灯

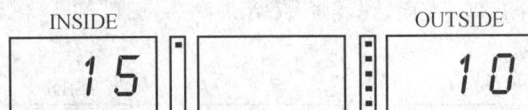

图 2-48 内外侧的不平衡量显示

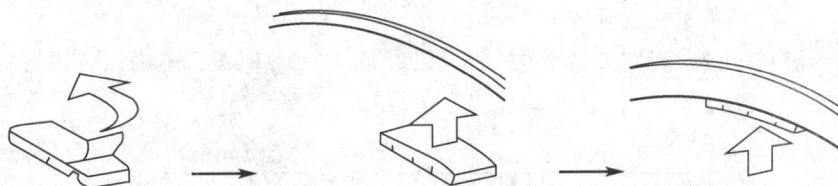

图 2-49 贴铅操作

用同样的方法进行另一侧贴铅。

完成内外侧的贴铅后即完成了轮毂平衡 ALU-1 的操作，可再做一次旋转检测，验证一下平衡效果。

说明：为使铅块粘贴牢固，必须使圈面洁净，必要时可用适宜的有机溶剂或洗涤剂对圈面进行清洗后再进行贴铅操作。

（2）ALU-2 平衡方式

选定轮毂平衡 ALU-2 模式后，指示灯如图 2-50 所示。按 START 键重新计算内外侧的不平衡量，显示如图 2-51 所示。

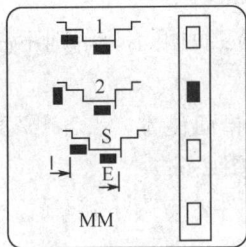

图 2-50 ALU-2 模式指示灯

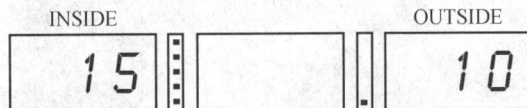

图 2-51 内外侧的不平衡量显示

转动车轮，使内侧平衡指示灯全部亮，此时轮辋内侧边缘最高处即为内侧平衡点，按显示值在轮辋内侧夹铅。继续转动车轮，使外侧平衡指示灯全部亮，此时外侧平衡点在轮辋内壁靠近外侧最高处的轴线平行线上，使有黏性保护纸的一面朝上，掀去保护纸，把铅块移到贴铅位置的距离，当到达贴铅位置时进行贴铅。

完成内外侧的贴铅后即完成了轮毂平衡 ALU-2 的操作，可再做一次旋转检测，检测一下平衡效果。

注意：在 ALU-1、ALU-2 模式下不能使用自动测量尺。

（3）ALU-S平衡方式

特殊形状轮辋平衡（S平衡方式）（对应的指示灯亮），这种功能适用于非常特殊的轮辋，使用 ALU-2 方式也不能保证足够的平衡度。

第一步：输入轮辐条数。输入完轮胎数据后，在选择 ALU 模式前，先同时按 D 和 OPT 键，屏幕显示如图 2-52 所示。

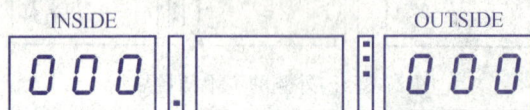

图 2-52　屏幕显示

再按↑键或↓键，设置轮辐条数（3~12），再按 D 和 OPT 键确认，设置完毕后的显示如图 2-53 所示。

图 2-53　设置完毕后的显示

注意：如果需要分解不平衡量到车轮辐条，必须输入辐条数；如果不分解则不需输入辐条数，直接跳过第一步。

第二步：ALU-S平衡方式尺寸输入法。aI、aE 表示内侧贴铅面位置，dI、dE 表示外侧贴铅面位置。转动轮胎，使任意一辐条处于 12 点钟位置（图 2-54）。

按 START 键先做一次动平衡，然后选 ALU-S 平衡方式（图 2-55）。

图 2-54　调整辐条位置

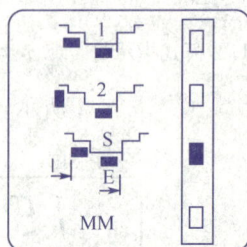

图 2-55　平衡方式选择

根据图 2-56 和图 2-57 所示的显示，输入贴铅位置数据。

**默认值 dE＝0.8dI，当 dI 改变后，dE 重新回到默认值。系统计算平衡块的重心与

图 2-56　数据显示之一

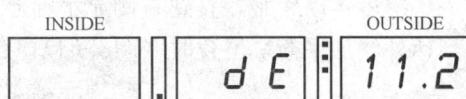
图 2-57　数据显示之二

平衡机距离时将自动把平衡块按 14mm 考虑。

更改 aI 值，按 ⬚ 键更改；更改 aE 值，按 ⬚ 键更改；更改 dI 值，按 ⬚ 键更改；更改 dE 值，按下 FINE 键并一直保持的同时，按 ⬚ 键更改，如图 2-58 所示。

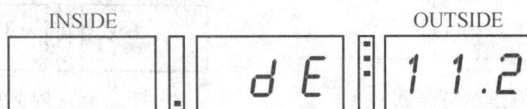
图 2-58　屏幕显示

第三步：计算不平衡量。当输入完贴铅位置数据后，转动轮胎，如果需要分解不平衡量，使任意一辐条处于 12 点钟位置，按 START 键进行测量，得出新的不平衡量，如图 2-59 所示。

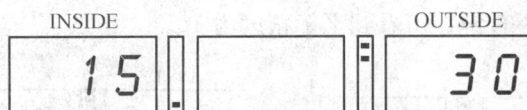
图 2-59　新的不平衡量显示

如果需要把不平衡分解到辐条，则在分解后，直接进入第四步。

如果不需要分解不平衡量，直接按 ⬚ ⬚（先按 STOP 后按 ALU），显示如图 2-60 所示，进行精准贴铅操作，操作过程同第四步贴铅操作。

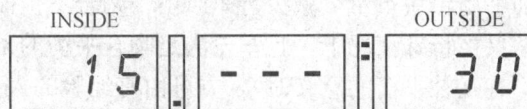
图 2-60　屏幕显示

第四步：分解不平衡量。同时按 D 和 STOP 键，显示如图 2-61 所示，不平衡量分解为 20g 和 10g。同时按 ALU 和 STOP 键进入精准贴铅模式，如图 2-62 所示。

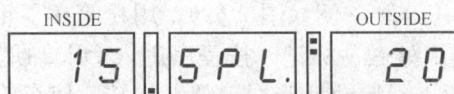
图 2-61　屏幕显示

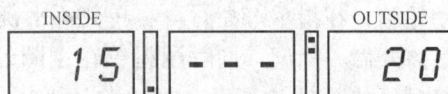
图 2-62　贴铅模式的屏幕显示

缓慢转动轮胎，直到右侧显示屏显示一个不平衡值，如图 2-63 所示；拉出测量尺，到达外侧加平衡块位置时（图 2-64），在测量尺位置指示处加平衡块。

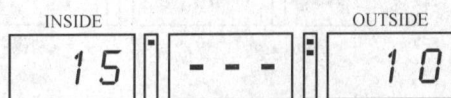

图 2-63　不平衡值显示　　　　　　　　　图 2-64　外侧加平衡块位置显示

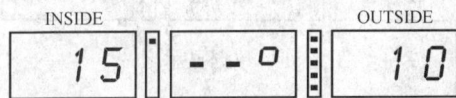

贴铅操作：左侧显示屏显示轮辋内侧不平衡值。缓慢转动轮胎，在内侧指示灯全亮时（图 2-65），拉出测量尺，到达内侧加平衡块位置时（图 2-66）在测量尺位置指示处加平衡块。

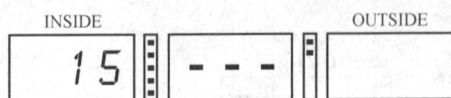

图 2-65　内侧指示灯亮起　　　　　　　　　图 2-66　内侧加平衡块位置显示

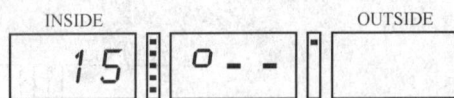

再缓慢旋转轮胎到右侧显示屏显示第二个不平衡值显示（图 2-67），拉出测量尺，到达外侧加平衡块位置时（图 2-68），在测量尺位置指示处加平衡块，完成车轮平衡操作。

同时按 ALU 和 STOP 键，取消该功能。

注意：此时按 FINE 键，可看到平衡精度为 1g。

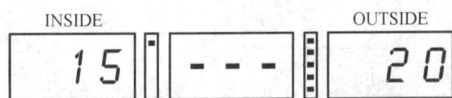

图 2-67　第二个不平衡值显示　　　　　　　图 2-68　外侧加平衡块位置显示

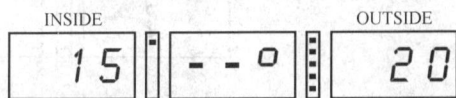

2. OPT 吻合平衡操作

本操作程序用来确定钢圈与外胎的最佳吻合位置，对钢圈的不平衡与外胎的不平衡进行互补，来减少外加平衡铅块重量，减少行车时由于吻合不佳而产生的噪声。一般用户可不必做这项操作，只在特殊情况下，且车轮满足吻合平衡的条件时（钢圈与外胎均有类似的较大不平衡，有互补平衡的意义时），方可由有经验的人员来完成。

在进行吻合平衡操作之前，首先应将车轮装在平衡机上，进行动平衡操作，只需要测出不平衡值，不需贴铅即可。操作结束后，平衡机是根据车轮的不平衡状况（动平衡的单侧不平衡量大于 30g）来作出以上判断的。

把轮胎放在平衡机上，按 START 键进行 OP.1 阶段测量，待车轮旋转结束，缓慢转动轮胎，在指示灯亮时，在单侧不平衡量大于 30g 一侧（图 2-69），用粉笔在车轮外侧最高处做一标记，同时用粉笔在钢圈外侧最高处做一标记，按程序进入 OP.2 阶段，此时显示如图 2-70 所示。把轮胎从平衡机上取下，拨动外胎在钢圈上旋转，使车轮外胎粉笔的标记转过 180°，待车轮旋转结束，装上轮胎，进入 OP.3 阶段。

图 2-69　单侧不平衡量显示

图 2-70　进入 OP.2 的显示

进入 OP.3 阶段后，再按 START 键，执行一次旋转操作，随着第三次旋转操作的结束，优化结果显示（图 2-71），OPT 程序完成。再按 START 重新回到 OP.1。

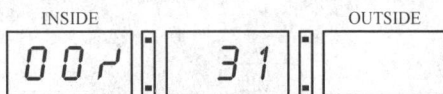

图 2-71　优化结果显示

注意：请严格按照步骤执行，否则会出现错误。如果不平衡不能达到要求，重复 OP.1～OP.3 过程。

（四）设备校准调试

1. 平衡机自校准程序

注意：设备初始安装或使用过程中，怀疑测量不准时都应运行自校准程序，以保证平衡机测量准确。

通电打开平衡机上电源开关，装上一个中等尺寸轮胎，输入轮辋数据，同时按住 C、D 键，显示如图 2-72 所示。

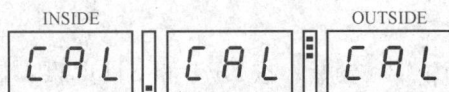

图 2-72　自校准开始

松开按键（放下保护罩），再按 START 键主轴旋转，停止后，显示如图 2-73 所示。

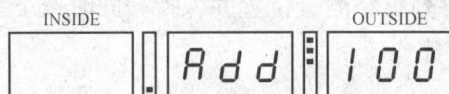

图 2-73　自校准数据

抬起保护罩，在轮辋外侧加 100g 平衡块。放下保护罩，按 START 键，主轴再次旋转，停止后，显示如图 2-74 所示，自校准结束，自校准数据储存在存储器中，关机也不丢失。然后就可以进行轮胎平衡操作。

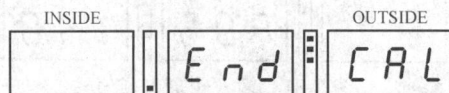

图 2-74　自校准结束

2. 自动测量尺校准程序

（1）测量尺距离校准

同时按 FINE、STOP 键，显示如图 2-75 所示，移动测量尺到"0"刻度（图 2-76）并保持，同时按下 ALU 键，显示如图 2-77 所示。移动测量尺到"15"显示刻度并保持

（图 2-78），同时按下 ALU 键，显示如图 2-79 所示。将测量尺移回初始位置，校准完成。

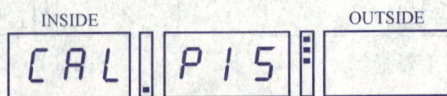

INSIDE   OUTSIDE

CAL $P15$

图 2-75　进入校准程序

0刻度

图 2-76　移动测量尺到"0"刻度

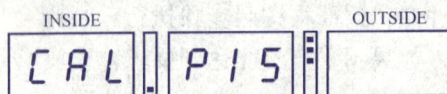

INSIDE   OUTSIDE

CAL $P15$

图 2-77　校准程序操作显示

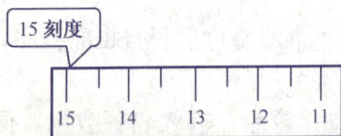

15刻度

| 15 | 14 | 13 | 12 | 11 |

图 2-78　移动测量尺到"15"刻度

INSIDE   OUTSIDE

000 000 000

图 2-79　结束校准显示

（2）测量尺直径校准

装入一个已知直径的轮辋，锁紧，按 OPT 和 STOP 键，显示如图 2-80 所示，14.0 为默认值。按 键，输入装上的轮辋直径值（10～18in），按 ALU 键，显示如图 2-81 所示，移动测量尺到直径测量位置并保持，同时按下 ALU 键，显示如图 2-82 所示，测量尺放回，校准完成。

INSIDE   OUTSIDE

CAL 14.0

图 2-80　启动校准程序

INSIDE   OUTSIDE

$P05$ 14.0

图 2-81　输入轮辋直径值

INSIDE   OUTSIDE

000 000 000

图 2-82　结束校准显示

注意：校准过程中，出现错误的输入时，可按 STOP 键取消。

3. 自检程序（检测位置传感器及指示灯）

按 D 键，从左至右指示灯逐一闪亮，系统检测显示屏指示灯亮之后，可以检测位置传感器。用手缓慢转动轮胎，ALUⅠ指示灯开始闪烁，主轴上齿盘初齿"0"位置转过光电传感器时，右侧显示屏出现"0"，显示如图 2-83 所示。

INSIDE　　　　　　　OUTSIDE

```
| |  P05 |     0
```

图 2-83　光电传感器位置显示

每转过一圈，右侧显示屏出现一次"0"。当轮胎转向相反时，则 ALUS 指示灯闪烁。按 ALU 键，左侧显示屏上显示一数字，为距离尺寸，移动测量尺时，数字跟着改变。再按 ALU 键，左侧显示屏上显示一数字，为直径尺寸，摆动测量尺时，数字跟着改变。此时按 OPT 和 STOP 键则转到测量尺直径校准；按 FINE 和 STOP 时，转到自动测量尺距离校准。

（五）故障诊断及故障排除

1. 平衡机计算机自我故障诊断代码

机器在工作时，可能由于各种原因不能正常工作。计算机测出原因后，将在显示屏上显示 Err（错误）和故障代码，故障代码如表 2-1 所示。

表 2-1　故障代码及其含义

代码	含　义
1	没有转动信号，电动机不转或位置传感器不对，传感器坏，及插头接触不良，计算机板坏
2	在计算机收集测量数据期间，轮辋转速低于 60r/m，没装轮胎及传动带过松过紧都会造成错误
3	计算错误，不平衡量超出运算范围
4	电动机反转
5	按 START 键时，护罩是打开的
6	自校准错误或自校准数据丢失，重新进行自校准
7	自校准错误，可能是第二次旋转时没加 100g 平衡块或传感器电缆断，插头接触不良

2. 常见故障及排除方法

常见故障及排除方法如表 2-2 所示。

表 2-2　常见故障及排除方法

故障现象	故障原因	排除方法
开机不显示	1）检查外电路电源是否正常 2）计算机板故障	1）检查外电源 2）更换计算机板
显示正常，但启动开关及 a、b、d 输入按钮失灵	1）触摸开关接触不良 2）死机	1）打开机盖，插紧触摸开关插头 2）重新开机

续表

故障现象	故障原因	排除方法
显示正常，但启动后不制动	1）计算机板与电源板连线松动 2）计算机板出现故障	1）插紧计算机板与电源板连线 2）更换计算机板
启动缓慢，制动不灵，不平衡值不准确	传动带太松	更换传动带或调整传动带张紧力
使用正常，但平衡值不准确	1）调校值改变 2）仪器机体不稳 3）锥体或快锁螺母的影响 4）车轮未上紧 5）机内电源不稳 6）电源电压波动太大 7）光栅及其线路有故障	1）按说明书重新调校 2）根据检查结果排除故障 3）如果故障仍不能排除，更换计算机板 4）重新锁紧快锁螺母

思考与练习

1. 什么是车轮的静不平衡?
2. 什么是车轮的动不平衡?
3. 对车轮做动平衡之前，应该做好哪些准备工作?
4. 简述使用就车式动平衡机对车轮进行动平衡检测及平衡的操作方法。

学习检测

捷达轿车车轮动平衡检测和调整

准备一台捷达轿车，用离车式动平衡机完成表 2-3 所示的检测任务。

表 2-3　捷达轿车车轮动平衡的检测和调整

项目	技 术 要 求	配分	评分细则	评分记录
准备工作	1）检查实训场地的通风、照明是否良好 2）检查举升机、离车式动平衡机是否工作正常 3）准备好维修保护四件套和必要的维修工具	10	错漏一项扣 4 分	
	1）准备一台捷达轿车，使用维修保护四件套 2）拆下四个车轮	5	错漏一项扣 4 分	

项　目	技 术 要 求	配分	评分细则	评分记录
车轮检查	1) 清除车轮上的旧平衡块和石子，保持车轮清洁 2) 检查轮胎是否漏气，必要时修补 3) 检查轮胎气压是否达到 220kPa，必要时通过充气或泄气进行调整	15	操作错误一项扣 5 分	
动平衡检测和调整	1) 根据轮辋中心孔的大小选择合适的锥体，将被测车轮装上平衡机转轴后，用大螺距螺母锁紧 2) 打开平衡机电源开关，检查指示与控制装置的面板是否指示正确 3) 用卡尺测量轮辋宽度 b、轮辋直径 d（也可从轮胎侧面读取），用平衡机上的标尺测量轮辋边缘至机箱距离口，再用键入或选择器旋钮对准测量值的方法，将 a、b、d 值输入指示与控制装置中去，a、b、d 三尺寸如图 2-9 所示 4) 放下车轮防护罩，按下启动键，车轮旋转 5) 车轮自动停转或听到"嘀"声时按下停止键，并操纵制动装置使车轮停转后，从指示装置读取车轮内、外两侧不平衡量和不平衡位置 6) 抬起车轮防护罩，用手慢慢转动车轮，当指示装置发出指示（有音响、指示灯亮、显示点阵或显示检测数据等形式）时停止转动。此时，在轮辋的内侧或外侧的上部（时钟 12 点位置）加装与指示装置显示相对应的该侧平衡块质量。内、外侧要分别进行平衡，平衡块安装要牢固 7) 安装平衡块后可能会产生新的不平衡，所以需重新进行平衡试验，直至车轮不平衡量小于 5g，指示装置显示"00"或"OK"时表明平衡工作结束 8) 四个车轮平衡结束后，关闭平衡机电源开关	40	操作错误一项扣 5 分	
性能检测	1) 将四个车轮装到车上 2) 试车，确认汽车行驶稳定性正常	10	操作错误一项扣 5 分	
实验报告	填写实验报告	10	根据实验报告的完成情况酌情给分	

续表

项 目	技 术 要 求	配分	评分细则	评分记录
安全文明生产	打扫卫生，归还工具及设备	5	工具损坏或违反安全操作不得分	
工时	50min	5	实操时间____min	
备注				

项目 3

汽车前照灯检测

教学目标

学习本项目，学生可以掌握汽车前照灯检测仪的相关知识和使用方法，并学会检测汽车前照灯发光强度、光轴偏斜量，并做必要的调整。

技能要求

1. 掌握汽车电工电子技术，会使用常见的电工工具。
2. 具备了一定的观察、故障判断和逻辑思维的能力。
3. 能熟练操作、维护计算机，完成必要的文字录入、资料查询、打印等工作。

相关知识与技能点

发光强度、光轴偏斜量、灯光检测仪、光电池、CCD、光强计。

检测桑塔纳 2000 灯光系统与捷达灯光系统

工作任务

任务目标

确保汽车灯光系统的正常工作，避免夜间行车事故的发生。

安全规范

1. 穿好工作服及必要的防护用具，不要佩戴首饰。

2. 汽车氙气灯工作时，不要触摸测试引线、接线端或正在工作的电路，以防电击。

一、用聚光式前照灯检测仪检测桑塔纳 2000 灯光系统

准备一台桑塔纳 2000 轿车，完成下面的检测操作。

1. 检测前的准备工作

（1）检测仪的准备

1）在不受光的情况下，调整前照灯检测仪光度计和光轴偏斜指示计指针的机械零点。

2）检查聚光透镜和反射镜的镜面上有无污物，若有，用柔软的布或镜头纸擦拭干净。

3）检查水准器的技术状况。若水准器无气泡，应进行修理；若气泡不在红线框内，可用水准器调节器或垫片进行调整。

4）检查导轨是否沾有泥土等杂物，若有，应扫除干净。

（2）被测车辆的准备

1）清除前照灯上的污垢。

2）轮胎气压应符合汽车制造厂的规定。

3）汽车蓄电池应处于充足电状态。

2. 前照灯发光强度、光轴偏斜量的检测

1）将被测车辆尽可能地与检测仪的导轨保持垂直方向驶近检测仪，直至前照灯与

检测仪受光器之间达到检测所要求的距离（如 1m、0.5m 或 0.3m）。

2）用汽车摆正找准器使检测仪与被测车辆对正。

3）打开前照灯，用前照灯照准器使检测仪与被测车辆前照灯对正。

4）将"光度·光轴"转换开关扭向光轴一边。然后转动上下和左右光轴刻度盘，使光轴偏斜指示计的指示值为零。此时，两光轴刻度盘上指示值即为光轴偏斜量，如图 3-1 所示。

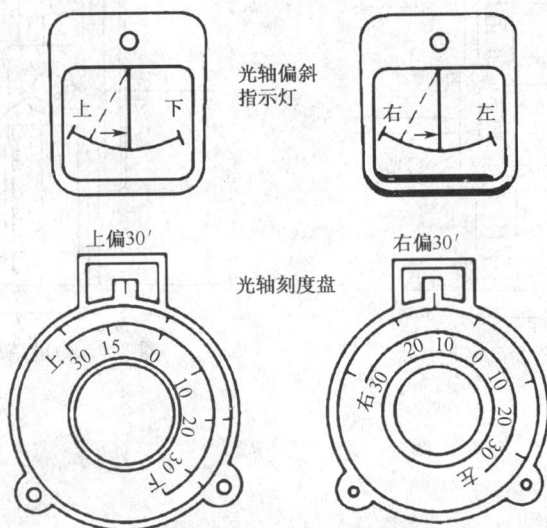

图 3-1　光轴偏斜量的检测

5）保持光轴刻度盘位置不动，将"光度·光轴"转换开关扭到光度一边，此时光度计的指示值即为前照灯的发光强度。

二、采用屏幕式前照灯检测仪检测捷达灯光系统

准备一台捷达轿车，完成下面的检测操作，检测前的准备工作请参考前面的"实践操作"部分。

1）将被测车辆尽可能地与检测仪的屏幕或导轨保持垂直方向驶近检测仪，使前照灯与检测仪受光器相距 3m。

2）用汽车摆正找准器使检测仪与被测车辆对正。

3）打开前照灯，用前照灯照准器使检测仪与被测前照灯对正。然后将固定屏幕调整到与前照灯一样高，要特别注意使受光器与被测前照灯配光镜的表面中心重合。

4）使固定屏幕上左右光轴刻度尺的零点与活动屏幕上的基准指针对正，如图 3-2 所示。

5）上下和左右移动受光器，使光度计指示值达到最大值。此时，根据受光器上的基准指针所指活动屏幕上的上下刻度值和活动屏幕上的基准指针所指固定屏幕上的左右刻度值，即可得出光轴偏斜量。根据此时光度计上的指示值，可得出前照灯发光强度，

如图 3-3 所示。

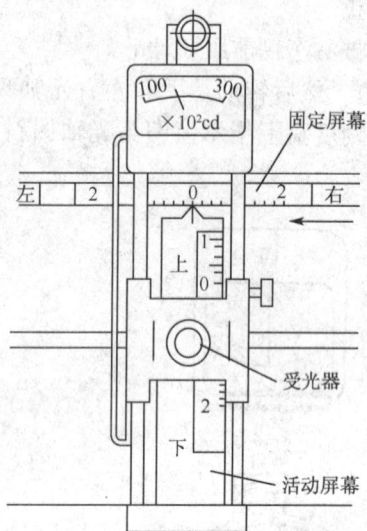

图 3-2　刻度尺零点校准　　　　　　　图 3-3　测量结果显示

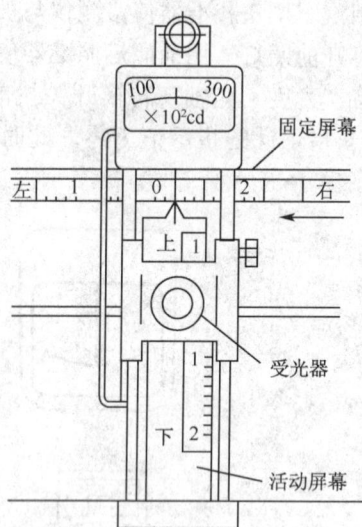

知识探究

汽车前照灯

　　汽车前照灯（图 3-4）俗称大灯，是汽车在夜间或在能见度较低的条件下，为驾驶员提供行车道路照明的重要设备，而且也是驾驶员发出警示、进行联络的灯光信号装置。

图 3-4　汽车前照灯的作用

　　为保证行车安全，前照灯必须有足够的发光强度和正确的照射方向。

一、汽车前照灯检测原理及操作

在行车过程中，汽车受到振动，可能引起前照灯部件的安装位置发生变动，从而改变光束的正确照射方向，同时，灯泡在使用过程中会逐步老化，反射镜也会受到污染而使其聚光的性能变差，导致前照灯的亮度不足。这些变化，都会使驾驶员对前方道路情况辨认不清，或在与对面来车交会时造成对方驾驶员炫目等，从而导致事故的发生。因此，前照灯的发光强度和光束的照射方向被列为机动车运行安全检测的必检项目。

(一) 灯光检测原理

使用灯光检测仪对汽车前照灯的灯光进行检测。前照灯检测仪把吸收的光能变成电流的光电池元件作为传感器，按照前照灯主光轴照射光电池产生电流的大小和比例，来测量前照灯的发光强度和光轴偏斜量。

1. 发光强度的检测原理

以适当距离使前照灯照射光电池后，光电池根据前照灯发光强度的大小产生电流使光度计指针动作，从而指示出前照灯的发光强度。

发光强度检测的原理如图 3-5 所示，连接光电池与光度计，按规定的距离使前照灯照射光电池，光电池便按接收光强度的大小产生相应的光电流使光度计指针摆动，指示出前照灯的发光强度。

2. 光轴偏斜量的检测原理

如图 3-6 所示，把光电池分为 $S_上$、$S_下$、$S_左$、$S_右$ 四部分，在 $S_上$ 和 $S_下$ 上接有上下偏斜指示计，在 $S_左$ 和 $S_右$ 上接有左右偏斜指示计。

当光电池受到前照灯照射后，各分光电池分别产生电流。当 $S_上$ 和 $S_下$ 或 $S_左$ 和 $S_右$ 的受光量不等时，产生的电流也不相等。根据其差值便可使上下偏斜指示计或左右偏斜指示计动作，从而可测出前照灯光轴的偏斜量。

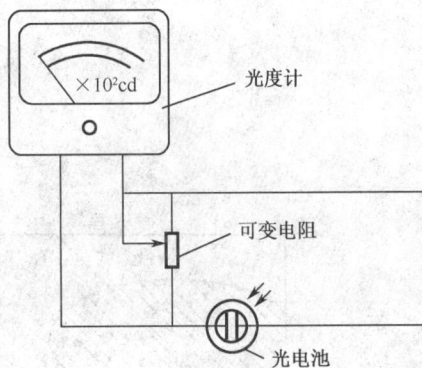

图 3-5 发光强度检测的原理

图 3-7 所示为光电池受光面无偏斜受光的情况，这时上下偏斜指示计和左右偏斜指示计指针均垂直向下，即处于零位。

图 3-8 所示为光电池受光面向左下方偏斜受光的情况，这时上下偏斜指示计的指针向下偏斜，左右偏斜指示计的指针向左偏斜。

光电池生产出来，无论使用与否，时间长久以后，其灵敏度均会下降。

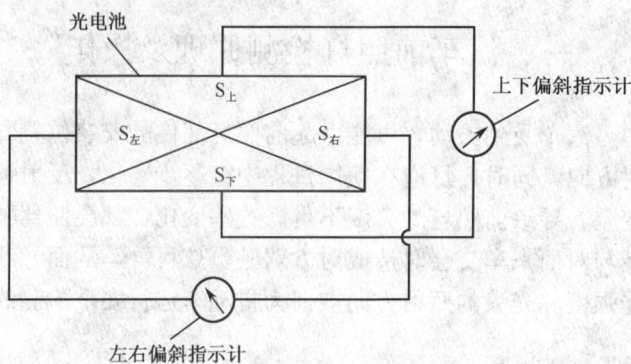

图 3-6　光轴偏斜量的检测原理

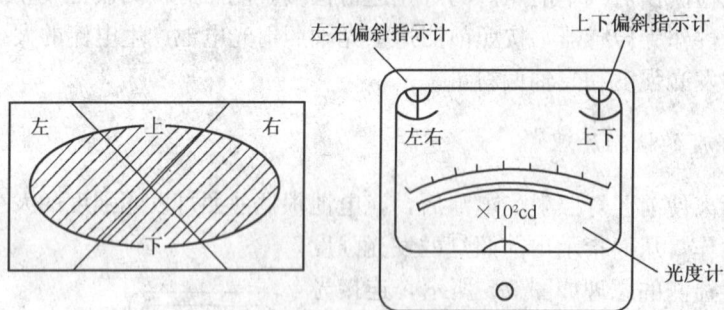

图 3-7　光轴上下与左右均无偏斜

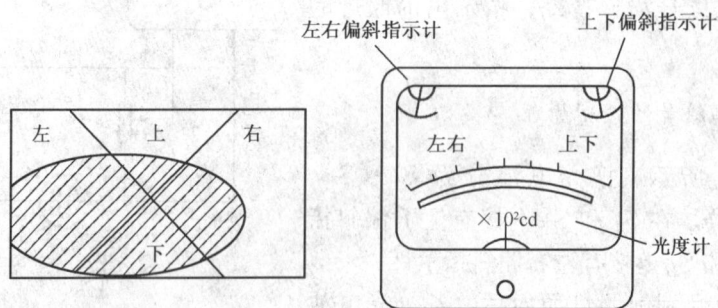

图 3-8　光轴上下与左右均有偏斜

（二）前照灯检测仪的类型及工作原理

前照灯检测仪是按一定的检测距离停放在被测车辆对面，用来检测前照灯的发光强度和光束偏斜量的一种仪器。根据检测距离与测量方法的不同，有聚光式、屏幕式、自动追踪光轴式、投影式以及追光全自动式五种；按测试方法和功能可分为手动、电动、远光光轴自动跟踪、远近光光轴自动跟踪式四种。

1. 聚光式前照灯检测仪

聚光式前照灯检测仪结构如图 3-9 所示，它通过受光器的聚光透镜将前照灯的散射光束导引到光电池的光照面上，根据光束对光电池的照射情况，来检测前照灯发光强度和光束偏斜量。

使用这种前照灯检测仪时，检测距离为 1m，检测仪位于被测前照灯正前方 1m 处。根据仪器不同的测量方法，聚光式前照灯检测仪又可分为移动反射镜式、移动光电池式和移动聚光透镜式三种类型。

1）移动反射镜式。移动反射镜检测法如图 3-10 所示。

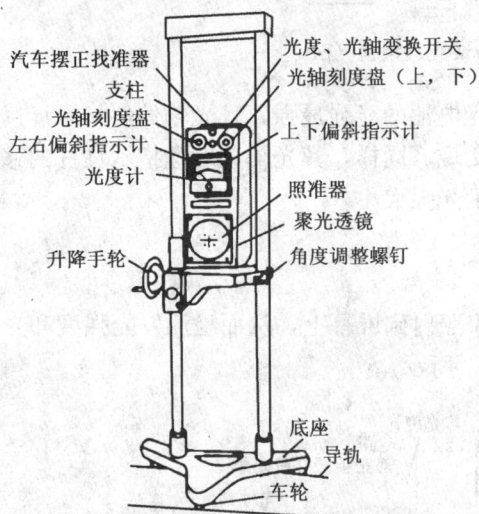

图 3-9 聚光式前照灯检测仪结构

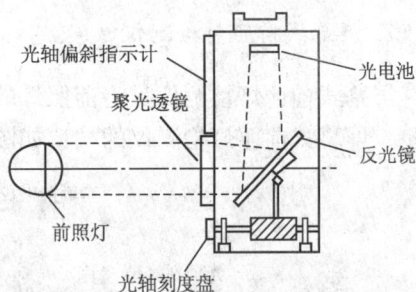

图 3-10 移动反射镜检测法

前照灯的灯光通过仪器受光器的聚光透镜、反射镜，将光线照射到光电池上，转动光轴刻度盘，可使反射镜的安装角产生变化，从而使偏斜指示计的偏转量发生变化，当调整指针指向零位时，光轴刻度盘上即指示了光轴的偏斜量，与此同时，光度计指示了灯光的发光强度。

2）移动光电池式。移动光电池检测法如图 3-11 所示。

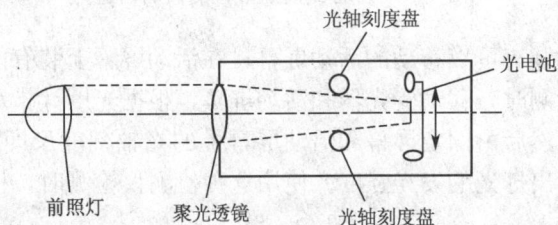

图 3-11 移动光电池检测法

通过转动光轴刻度盘，使光电池作上下、左右移动，直至左右偏斜指示计和上下偏斜指示计的指示均为零，光电池信号通过光度计指示光强的大小，通过两个光轴刻度盘则可读出光轴的左右与上下偏斜量。

3）移动聚光透镜检测式。移动聚光透镜检测法如图 3-12 所示。

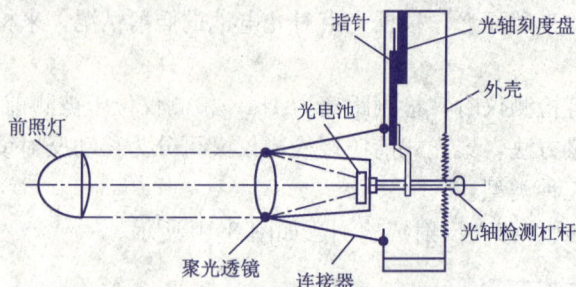

图 3-12　移动聚光透镜检测法

通过调节聚光透镜的方位，使入射到光电池的光强最强，且光轴偏斜指示计读数为零，这个调节通过光轴检测杠杆的移动来实现。同样，其光轴刻度盘指示杠杆的移动量（即光轴的左右与上下偏斜量），光度计指示光强大小。

2. 屏幕式前照灯检测仪

屏幕式前照灯检测仪是将前照灯的光束照射到屏幕上，从而检测发光强度和光轴偏斜量。屏幕式前照灯检测仪的构造如图 3-13 所示。

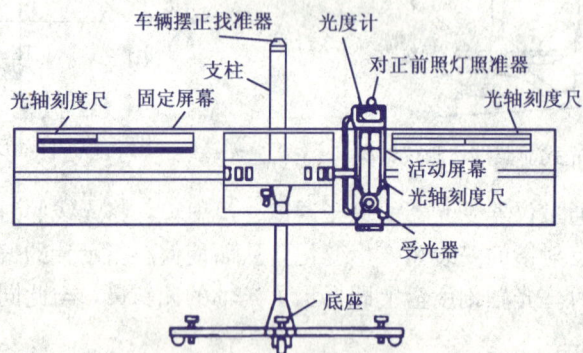

图 3-13　屏幕式前照灯检测仪的构造

在固定的屏幕上装有可以移动的活动屏幕，在活动屏幕上装有能上下移动的内部带光电池的受光器。检测时，移动受光器和活动屏幕，根据光度计指示值为最大时的位置找到主光轴的方向，然后由固定屏幕和活动屏幕上的光轴刻度尺即可读出光轴偏斜量，同时可从光度计上读出灯光的发光强度。使用这种检测仪检测时，检测距离为 3m。

3. 投影式前照灯检测仪

投影式前照灯检测仪外形结构如图 3-14（a）所示，其检测原理如图 3-14（b）所示。

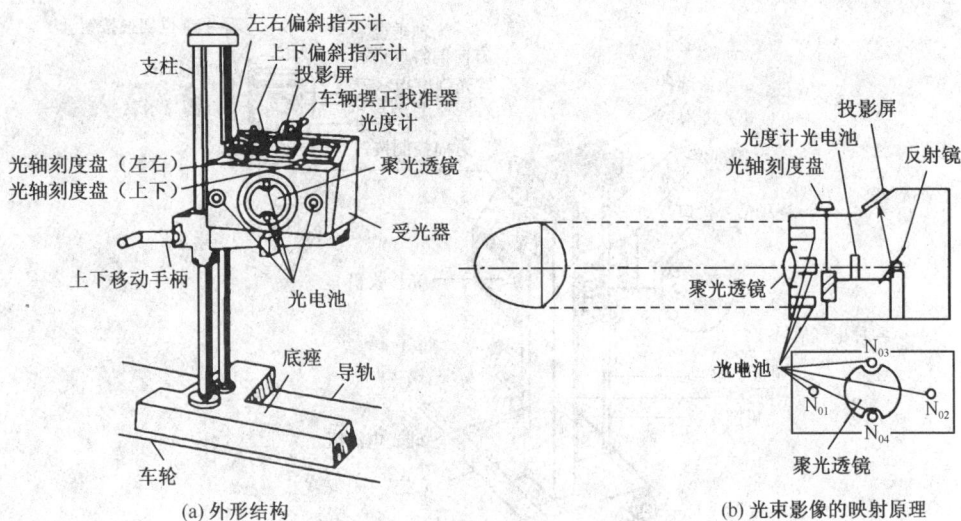

(a) 外形结构   (b) 光束影像的映射原理

图 3-14　投影式前照灯检测仪外形结构及检测原理

在聚光透镜的上下左右四个位置上，分别装有光电池 $N_{01} \sim N_{04}$，在透镜的后面装有光度计光电池，被测车辆的前照灯光束的影像通过聚光透镜，一方面投射到光度计光电池上以产生光强信号驱动光度计，另一方面经反射镜将影像投射到投影屏上。

检测时，先用车辆摆正校准器找准车辆与仪器的相对位置（规定检测距离为 3m），然后移动受光器和仪器台架到适当位置，使得指示光轴位置的上下与左右偏斜指示计的指示均为零，因此，在此位置上光电池 N_{01} 与 N_{02}，和 N_{03} 与 N_{04} 处于平衡状态，表明仪器受光器正好对准了前照灯的主光轴，通过投影屏可以看到前照灯影像与屏幕中心的偏移情况。此时，光轴偏斜量可通过投影屏上的刻度值读出（投影屏幕刻度法）或通过光轴刻度盘将影像调回屏幕中心，然后由光轴刻度盘读出（光轴刻度盘法）。

4. 追光全自动式前照灯检测仪

追光全自动式前照灯检测仪外形结构如图 3-15 所示。

追光式全自动前照灯检测仪主要由主控计算机与采样执行机构（主机）两部分组成。

主控计算机是整台仪器的心脏，仪器的动作控制、数据采集、数据处理、数据输出等都是通过主控计算机的控制来完成。

追光式全自动前照灯检测仪以汽车前照灯远、近光光谱分布理论为基础，采用先进的图像处理技术、步进电机控制技术和计算机通信技术，无论是前照灯的远光或近光，都能进行精确定位，并且全自动完成对前照灯发光强度及光轴偏斜量的检测，是一台高智能化的全自动前照灯远近光检测仪。

（1）远、近光光轴的追踪定位原理

根据汽车前照灯远近光的配光特性、CCD 测量技术特点和聚光透镜的聚光特性，

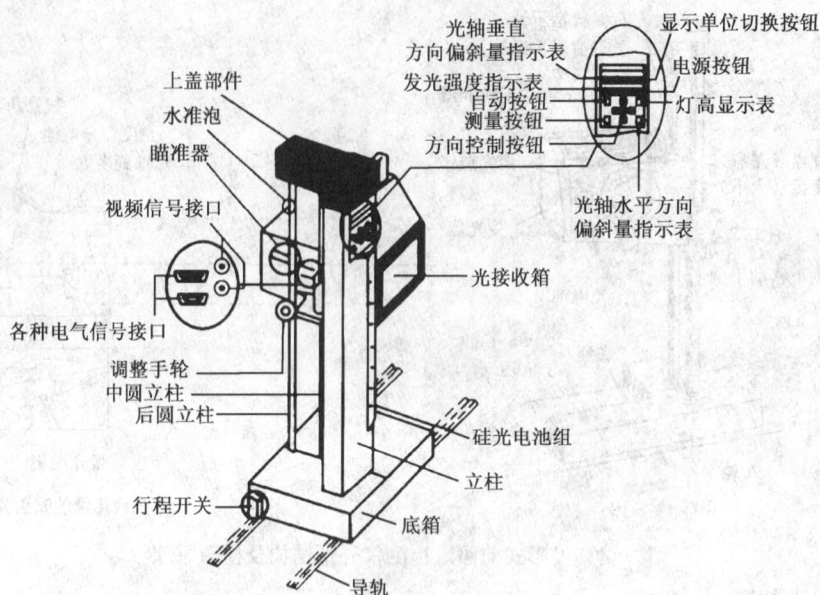

图 3-15　追光式全自动前照灯检测仪外形结构

可以对进入仪器光接收箱未进行聚光的汽车前照灯远近光光束进行拍摄，利用高性能计算机和先进的图像处理技术对整个光斑进行量化分析处理，找出前照灯的光轴中心，通过控制系统控制驱动电动机，使光接收箱的光学中心和前照灯远近光光束中心准确重合。

当光接收箱的光学中心和前照灯远近光光束中心准确重合时，上下、左右电动机不动，仪器处于平衡状态；当光接收箱的光学中心和前照灯远近光光束中心准确不重合时，计算机会发出指令，使上下、左右电动机运动，直至光接收箱的光学中心和前照灯远近光光束中心准确重合时为止。

（2）远、近光光偏角和光强的测量原理

对准光轴后，利用 CCD 对进入仪器光接收箱经过聚光透镜聚光后，聚集在焦平面屏幕上的汽车前照灯远近光光斑进行拍摄，利用高性能计算机和先进的图像处理技术对整个焦平面光斑进行量化分析处理，找出其光束中心，不同偏角的光束其光学中心成像在焦平面上的位置也不同，当汽车前照灯远近光的偏角为零度时，远近光光束经过聚光透镜聚光后，其成像在焦平面光学中心，也在焦平面的中心；当汽车前照灯远光的偏角不为零度时，远近光光束经过聚光透镜聚光后，其成像在焦平面光学中心，而不在焦平面的中心。不同光强的点，其在图像上的灰度也不同，光强越强的点光斑越白，光强越弱的点光斑越暗。这样就可测出汽车前照灯远近光灯的角度和光强。

5. 自动追踪光轴式前照灯检测仪

仪器外形如图 3-16 所示。

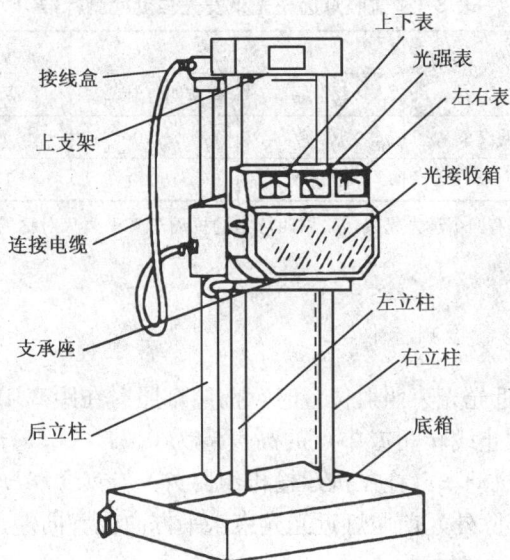

图 3-16　自动追踪光轴式前照灯检测仪

　　光接收箱在立柱的导引下，由链条牵引做上下运动。仪器的底箱下面装有轮子，可沿地面导轨左右移动整个设备。在光接收箱内部有一个透镜组件、光电池与光检测系统。在底箱内装有两个方向的驱动系统。

　　在光接收箱的正面装有上下左右四个光电池，用做光轴追踪。当上下光电池受到的光照度不同时，产生的偏差信号驱动上下传动部件中的电动机，牵引光接收箱向光照平衡的位置移动。同样，左右光电池的偏差信号将驱动左右传动部件中的电动机，使仪器向左或向右移动，直到光轴位置偏差信号为零。

　　透镜后面有一组四象限光电池。当前照灯光束通过透镜聚光后，照射在这一光电池组的中央时，四光电池产生的偏差信号为零（上下表和左右表指示为零）。如果在仪器定位于主光轴位置时，通过聚光透镜的光束偏离中心位置，必然会产生偏差信号。左右偏移的偏差信号驱动左右电动机，使透镜移动，以减少这一偏差，亦即使得汇聚的光束向光电池组中心逼近。同样，上下偏移偏差信号则驱动透镜在垂直方向上做调整，以使光点能在垂直方向逼近光电池组的中心。透镜在两个方向的位移量由分别安装在两个方向上的位移传感器检测，并送检测电路处理。

（三）前照灯检测标准

1. 前照灯远光光束发光强度检测标准

前照灯远光光束发光强度检测标准如表 3-1 所示。

表 3-1　前照灯远光光束发光强度检测标准

机动车类型	新注册车		在用车	
	两灯制	四灯制	两灯制	四灯制
最高设计时速小于 70km/h 的汽车	10000	8000	8000	6000
其他汽车	18000	15000	15000	12000

注：四灯制是指前照灯具有四个远光光束，采用四灯制的机动车其中两只对称的灯达到两灯制的要求时视为合格。

2. 前照灯光束偏移量检测标准

1）在检验前照灯近光光束照射位置时，前照灯照射在距离 10m 的屏幕上，乘用车前照灯近光光束明暗截止线转角或中点的高度应为 $0.7H\sim0.9H$（H 为前照灯基准中心高度，下同），其他机动车（拖拉机运输机组除外）应为 $0.6H\sim0.8H$。机动车（装有一只前照灯的机动车除外）前照灯近光光束水平方向位置向左偏不允许超过 170mm，向右偏不允许超过 350mm。

2）轮式拖拉机运输机组装用的前照灯近光光束照射位置，按照上述方法检验时，要求在屏幕上光束中点的离地高度不允许大于 $0.7H$；水平位置要求，向右偏不允许超过 350mm，不允许向左偏移。

3）在检验前照灯远光光束及远光单光束照射位置时，前照灯照射在距离 10m 的屏幕上时，要求在屏幕光束中心离地高度，对乘用车为 $0.9H\sim1.0H$，对其他机动车为 $0.8H\sim0.95H$；机动车（装有一只前照灯的机动车除外）前照灯远光光束水平方向位置要求，左灯向左偏不允许超过 170mm，向右偏不允许超过 350mm。右灯向左或向右偏均不允许超过 350mm。

（四）汽车前照灯检测结果的分析与故障诊断

1. 前照灯发光强度偏低

在前照灯照射位置正确的前提下，应检查反光镜的光泽是否明亮；灯泡是否老化；蓄电池到灯座的导线电压降是否过大；是否存在搭铁不良等原因。

2. 前照灯光束照射位置偏斜

可在前照灯检测仪上通过照灯上的调整装置进行调整。

3. 劣质前照灯的问题

现象：没有光形；前照灯近光亮区暗；前照灯近光暗区漏光；前照灯远光亮区暗。
原因：配光镜和反光镜的角度、弧线以及它们之间的相互配合存在设计问题；配光镜材质问题，对光的吸收率高；反光罩加工粗糙，材料低劣，造成反光率差。

二、典型前照灯检测仪的使用

SV-JAC1T 型汽车前照灯检测仪（以下简称检测仪）用于检测汽车前照灯的发光强度及光束照射位置（即光轴偏移量），适用于汽车检测站、汽车制造、修理单位对汽车前照灯进行检测与调整。

检测仪采用先进光学系统结构，可将被检前照灯配光特性展示在检测仪屏幕上，方便观察与调整。可同时测定发光强度及光轴偏移量（水平方向与垂直方向）的各个参数。

检测仪的主要技术性能参数如表 3-2 所示。

表 3-2　检测仪的主要技术性能参数

性能		参数
额定使用范围	工作环境允许温度	0～40℃
	相对湿度	≤80%
	电源	AC：220×（1＋10%）V，50Hz；DC：6V，（1 号电池四个）
测量范围	发光强度	0～40 000cd；0～80 000cd
	光轴偏移量	垂直方向：上 1°20′～下 2°20′；水平方向：左 2°20′～右 2°20′
发光强度示值误差		±12%
光轴偏移量示值误差		±15′
前照灯中心高指示范围		0.5～1.3m
检测距离		1m
导轨长度		4.5m
重量		45kg

1. 检测仪结构

SV-JAC1T 检测仪的外形结构如图 3-17 所示。

检测仪由光接收箱和行走机构两部分构成。光接收箱由两根立柱支撑，采用齿轮、齿条传动方式，使光接收箱沿立柱在上下方向运动，其左右方向的运动则通过底座上的轮子在导轨上滚动完成。

2. 检测仪的基本工作原理

图 3-18（a）所示为检测仪光接收箱的内部结构简图。被检前照灯的光束经透镜汇聚后进入光接收箱，由反射镜将光束反射到显示屏幕上，屏幕上对称地分布五个光检测器，如图 3-18（b）所示。No.1 及 No.2 检测垂直方向的光分布情况，其平衡输出连接至光轴平衡指示表（上、下）；No.3、No.4 检测水平方向的光分布情况，其平衡输出

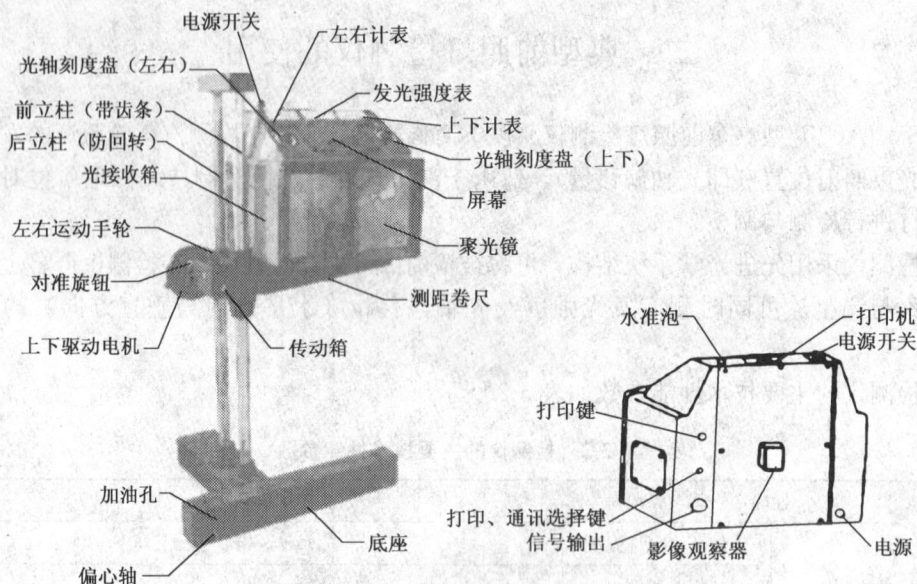

电源开关
左右计表
光轴刻度盘（左右）
发光强度表
前立柱（带齿条）
上下计表
后立柱（防回转）
光轴刻度盘（上下）
光接收箱
屏幕
左右运动手轮
聚光镜
对准旋钮
测距卷尺
上下驱动电机
传动箱
水准泡
打印机
电源开关
打印键
加油孔
打印、通讯选择键
信号输出
影像观察器
电源
偏心轴
底座

图 3-17　检测仪结构

连接到左右平衡指示表；No.5 检测发光强度，其输出连接到发光强度指示表。分别旋转光轴刻度盘（左、右或上、下），可改变反射镜的角度，从而使每个光轴平衡指示表指示为零，此时光轴刻度盘所指示的数值，就是被检前照灯的光轴偏移量，同时发光强度指示表也指示出其发光强度。

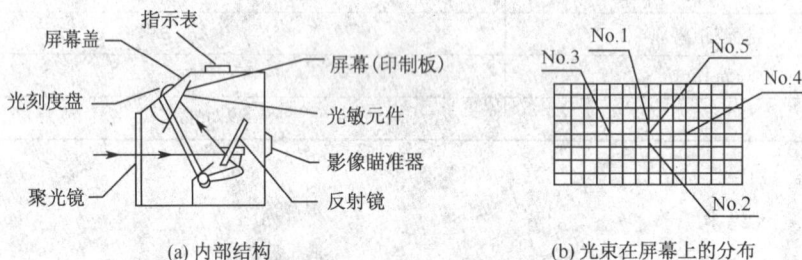

指示表
屏幕盖
屏幕（印制板）
光刻度盘
光敏元件
影像瞄准器
聚光镜
反射镜

No.1
No.3
No.5
No.4
No.2

(a) 内部结构　　　　　　(b) 光束在屏幕上的分布

图 3-18　检测仪光接收箱的内部结构简图

3. 检测仪的安装

1）场地要求。停放被检车辆的场地表面要求平坦、水平，其水平度（纵向及横向）应优于 4 mm/m（2°45′）。

2）导轨的安装。导轨的安装方法如图 3-19 所示。

其技术要求为：

① 地基按图所示施工，留出凹槽 3100mm×580mm×100mm（长×宽×深）；

② 将导轨组装后，放入凹槽，并摆正；

③ 以连接衡梁中间上的 φ8 孔为导向，在混凝土上钻出 4 个 φ12 孔，深 60mm；

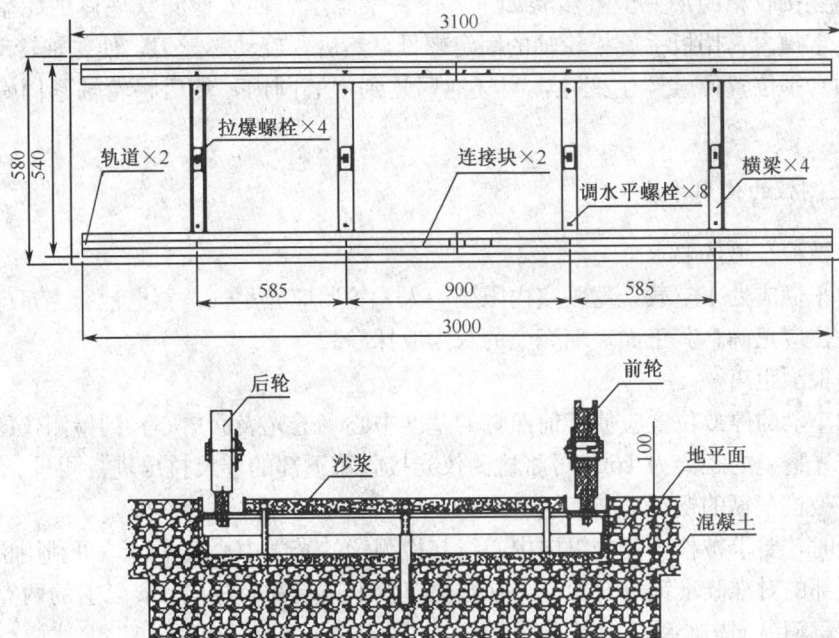

图 3-19　导轨的安装方法

④ 将 4 个膨胀螺栓 M8×120 打入混凝土孔内并紧固，用 12 个 M8×35 螺栓调整水平，并将膨胀螺栓上的螺母旋至适当位置。

⑤ 导轨在全长 3100mm 内水平度允差≤3mm；长 1000mm 内允差≤1mm；前后导轨面水平度允差≤0.5mm，导轨应与汽车行走中心线垂直。

⑥ 导轨调校后，按图所示灌上砂浆并抹平（导轨高出地面 2mm 左右）。

3）检测仪的安装

将检测仪置于导轨上，其前导轮的工型凹槽应卡嵌在前导轨上，将检测仪在导轨上缓缓推行，应畅顺平滑，否则应检查导轨的安装质量，特别是导轨的拼接处是否平滑。

观察光接收箱顶部的水准泡位置，其气泡应置于中心线内，如图 3-20（a）所示。允许少量偏移，以气泡的边沿不超出中心线为限。如果气泡的边沿已超出中心线，如图 3-20（b）所示，则需要重新调整光接收箱的水平位置。

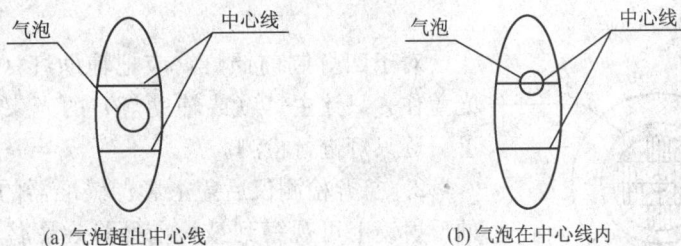

(a) 气泡超出中心线　　　　　　　(b) 气泡在中心线内

图 3-20　水准泡的位置

调整光接收箱的水平位置步骤如下：用一字螺丝刀插入检测仪底座的轮轴（偏心轴）的一字槽内，用扳手旋松轮轴的固定螺母，然后，旋动螺丝刀，使轮轴转动。则光接收箱的水平位置便会产生变化，当气泡回复到中心圆内，然后将轮轴紧固螺母上紧即可。

4. 检测仪的使用方法

（1）被检车辆的要求

被检车辆应处于空载，驾驶室内限坐一人，轮胎应充足气，蓄电池应充足电，前照灯安装方位应正确，其正面玻璃壳上的灰尘应抹净。

（2）检测距离

被测车辆的停放位置应使其前照灯的基准中心（透光表面中心）到检测仪的光接收箱前面聚光透镜的距离为1m，可将检测仪光接收箱下部的卷尺拉出进行测量。

（3）被检车辆的摆正

检测时，要求被检车辆的纵向中心线与检测仪的光学中心线平行，可利用检测仪光接收箱顶部的对准瞄准镜进行检查。在被检车辆上选定前后相隔1m以上的两点（该两点应落在车辆纵向中心线上，或与之平行），用于对准瞄镜观察，如果上述两点均在瞄准镜十字分划板的垂直线上，则说明车辆已经摆正，否则，可旋转对准旋钮，使受光箱在一定范围内转动，使前述两点落在垂直分划线上，则检测仪与被检车辆的相对应位置已摆正。

寻找目标时，可左右移动车架及启动上下驱动电动机上下使接受箱移动，对准车辆。

通常，瞄准器的焦距在出厂前已调整好，使用过程中不必再调整，在观察距离较近的目标时，清晰度有少许变化，是允许的。

对于在地面划有行车导引线的场地，可用该导引线作调整时的瞄准目标，使瞄准镜垂直分划线与导引线平行，被检车辆则以此导引线为参照物摆正。

（4）检测步骤

1）开亮前照灯（远光），把检测仪移动到被检前照灯前方，使灯光照射在检测仪正面聚光镜上。

推拉左右运动拉手，可使检测仪沿导轨在水平方向运动；旋转上下运动手轮，可使光接收箱在垂直方向运动。

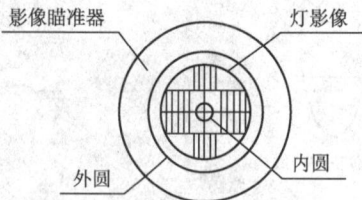

图 3-21　对准前照灯

对于四灯制前照灯，应把辅助灯（或主灯）的灯光盖住，只让主灯（或辅助灯）的光束照射在检测仪上，逐只灯进行检测。

2）打开检测仪后盖上影像瞄准器的盖子，从盖子的反射镜上可观察到被检前照灯在影像瞄准器上的影像，移动光接收箱的位置，使被检前照灯的影像落在影像瞄准器的正中央，如图3-21所示。这时就表示检测仪已对准了被测前照灯。

3）将电源开关转到"400"位置，检测仪通电。反复旋转面板上的光轴刻度盘旋钮（左右及上下），使光轴平衡指示表（左右及上下）指示在正中位置，此时光轴刻度盘上所指示的读数就是被检前照灯的光轴偏移量。同时，在发光强度指示表上指示出被检前照灯发光强度，若指针偏出刻度范围以外，可将电源开关转到"800"，在 80000cd 挡测量。

4）对另一只前照灯进行前述的三项操作。

（5）前照灯近光配光特性的观察

在检测仪屏幕上显示的光斑，近似于 10m 屏幕上的光分布特性，请按下述步骤进行观察：

1）按照前面的操作所述使检测仪对准被检前照灯。

2）把光轴刻度盘（左右及上下）均转到 0°位置，开亮前照灯近光，其光分布特性即透过检测仪的屏幕呈现出来。

图 3-22 所示出了几种前照灯近光配光特性，供参考。

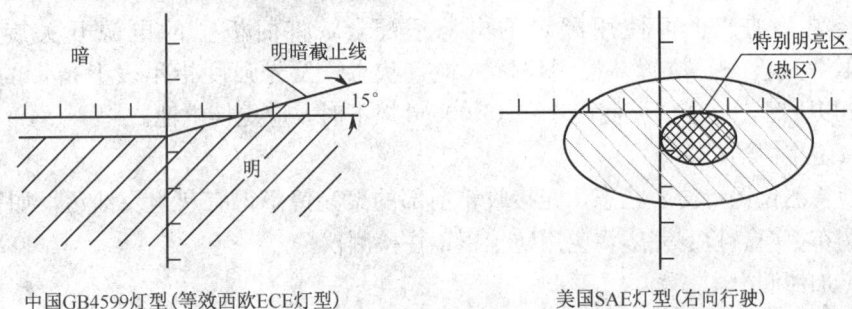

图 3-22 几种前照灯近光配光特性

对于中国 GB4599（GB 4599—2007《汽车用灯丝灯泡前照灯》）灯型，可分别旋转检测仪的左右和上下刻度盘旋钮，使明暗截止线的水平部分与屏幕上垂直方向的 0°线重合，使明暗截止线的水平部分与斜线部分的拐点与屏幕上水平方向的 0°线重合。此时，左右刻度盘旋钮所对应的读数就是明暗截止线的拐点在水平方向的偏移量。上下刻度盘旋续所对应的读数就是明暗截止线水平部分在垂直方向上的偏移量。

对于美国 SAE（美国汽车工程师协会）灯型，可分别旋转检测仪的左右和上下刻度盘旋钮，使热区的中心置于屏幕上的零点（即水平方向 0°线与垂直方向 0°线的交点）处。此时，左右刻度盘旋钮所对应的读数就是热区在水平方向的偏移量；上下刻度盘旋钮所对应的读数就是热区在垂直方向的偏移量。

5. 检测仪的校准

检测仪的校准周期为六个月至一年（可根据实际使用情况而定），校准步骤如下：

1）标准灯置于检测仪前方 1m 处，要求标准灯的纵向中心线（以标准灯顶部的前后准星为标志）与检测仪的光学中心线平行。可利用检测仪上的对准瞄准器进行检查。

当标准灯的前后准星均落在瞄准器的垂直分划线上时，即符合要求。

2）调好标准灯的水平（参看有关使用说明书）。

3）标准灯发光强度置于 20 000cd，光轴角置于 0°（左右及上下），开灯。

4）使检测仪对准标准灯。

5）检测仪电源开关置于"400"处，打开检测仪侧盖，分别调节线路板上 UDZE-RO 和 LRZERO 电位器，使检测仪的光轴平衡指示表（左右和上下）均指向零。调节"400"电位器使发光强度指示为 20 000cd。

6）标准灯发光强度置于 70 000cd，光轴角置于 0°（左右及上下）。

7）检测仪电源开关置于"800"处，调节线路板上"800"电位器，使发光强度指示表指示为 70 000cd。

6. 检测仪的保养

（1）电池的更换

检测仪使用四个大号电池（1.5V）作电源，当电源电压过低时有可能影响测量结果，请经常检查。也可使用配置的电源适配器，将面板上的电源开关旋钮转到"CHECK"（检查）位置，检测仪进入检查状态，发光强度指示表上指针的位置在 15 000cd 以上时，电池仍可使用，在 15 000cd 以下时，应更换电池。

（2）卫生清洁

应使检测仪保持洁净状态，光接收箱前部的聚光镜不得有灰尘及油污，如被玷污，可用软绸布擦净。检测完毕，应用防尘罩罩住检测仪。

（3）加油润滑

两条立柱每月用适量钙基润滑脂（黄油）均匀涂抹。从底座边偏心轴上方的加油孔上注入适量 40♯机油，为车轮加油，每月一次。

7. 打印与联网

将打印、联网选择键拨到打印位置可执行打印功能，反之执行联网功能。注意打印和联网不能同时执行。

打印：用户想要打印检测结果，可在检测完成后，按打印键即可进行打印。

联网：输出信号为模拟电压信号。

思考与练习

1. 按测试方法和功能分类，前照灯检测仪各有哪几种类型？
2. 平时如何对前照灯检测仪进行保养？
3. 简述发光强度的检测原理。

4. 简述光轴偏斜量的检测原理。

5. 简述追光全自动式前照灯检测仪对远、近光光轴的追踪定位原理。

学习检测

捷达轿车前照灯检查和调整

准备一台捷达轿车，用前照灯检测仪完成表 3-3 的检测任务。

表 3-3　捷达轿车前照灯的检测和调整

项目	技　术　要　求	配分	评分细则	评分记录
检测前仪器及车辆准备	1）检查实训场地的通风、照明是否良好 2）前照灯检测仪是否工作正常，受光面应清洁，轨道内无杂物 3）准备好维修保护四件套和必要的维修工具，在捷达车上使用维修保护四件套 4）检查确认车辆轮胎气压符合标准规定，前照灯玻璃应清洁	25	错漏一项扣 4 分	
灯光的检测和调整	1）车辆正直居中行驶，在前照灯离检测灯箱 1m 处停车 2）车辆发动机处于怠速状态，置变速器于空挡，电源处于充电状态，开启前照灯远光 3）启动前照灯检测仪开始测量，记录测量结果，如果灯光照射角度不符合标准，进行调整；注意：在并列的前照灯（四灯制）进行检测时，应将与受检灯相邻的灯遮蔽	50	操作错误一项扣 5 分	
实验报告	填写实验报告	10	根据实验报告的完成情况酌情给分	
安全文明生产	检测完毕，前照灯检测仪归位，车辆驶离，打扫卫生，归还工具及设备	10	工具损坏或违反安全操作不得分	
工时	20min	5	实操时间——min	
备注				

项目 4

发动机综合性能检测

教学目标

　　学习本项目，可以掌握汽车发动机综合性能的相关知识和测试方法，并学会检测汽车发动机的综合性能，并做必要的调整和维修。

技能要求

1. 掌握汽车电工电子技术，会使用常见的电工工具。
2. 熟悉发动机构造、发动机机械及电控系统的检修。
3. 具备了一定的观察、故障判断和逻辑思维的能力。
4. 能熟练操作、维护计算机，完成必要的文字录入、资料查询、打印等工作。

相关知识与技能点

　　点火波形、功率平衡、充电电流、气缸效率、尾气分析、无负荷测功、转动惯量。

工作任务

用 QFC-5 型发动机综合测试仪
检测汽车性能

任务目标

确保汽车发动机正常工作，既有良好的经济性能，又有强劲的动力性能。

安全规范

1. 穿好工作服及必要的防护用具，不要佩戴首饰，长发挽起，以防卷入传动带或运动部件。

2. 发动机排出的废气中含有多种有毒化合物（如碳氢化合物、一氧化碳、氮氧化合物等），应避免吸入，操作时应将被测车辆排放的尾气引出室外或使通风良好。

3. 发动机运转时温度较高，应避免接触散热器和排气管等高温部件。

4. 启动发动机前，应施加驻车制动，并将变速杆置于空挡（手动变速器）或［P］挡位（自动变速器）。

5. 汽车蓄电池液中含有硫酸，硫酸对皮肤有腐蚀性，操作时应避免蓄电池液与皮肤直接接触，特别注意不能溅入眼睛，由于蓄电池挥发可燃性气体，严禁火种靠近。

6. 不要随意触摸由温控器控制的冷却风扇，风扇电机在发动机热态下随时可能启动。

7. 冷却系统温度及压力未降下来之前，勿打开散热水箱盖，以防烫伤。

一、用 QFC-5 型发动机综合测试仪检测捷达
轿车汽油发动机功率

1. 发动机的测前准备工作

1）检测前要调整发动机的配气机构、供油系和点火系，使其处于完好技术状态。调整不正确将影响测试结果。

2）启动发动机并预热到正常的工作温度（75～85℃）。

2. 发动机综合测试仪的测前准备

1）按使用说明书的要求安装好工作台。

2）对综合测试仪进行使用前的检查、自校和调整，自校与调整应在开机达到预热时间后进行。

3. 汽油发动机（简称汽油机）功率的检测步骤

1）打开计算机电源进行检测，屏幕显示出 2.13 汉字系统配置选择。

2）按 ESC 键，就进入 DOS 状态；按 Enter 键，进入 QFC-5 型发动机综合测试仪程序。屏幕除显示出检测程序的版本号、生产厂家外，还出现：

1. 汽油机检测	2. 柴油机检测
3. 输入新车型	4. 返回 DOS

3）键入"1"键，选择汽油机检测。屏幕显示：实际检测吗（Y/N）？

键入"Y"，进入实际检测状态，键入"N"，进入模拟检测状态。

4）键入"Y"，按 Enter 键选择实际检测。

此时，屏幕显示出各种车型，按序号排列，如果按选中车型的序号，该车型即为所检测的车型。

5）键入捷达车型的序号，屏幕显示：

汽油机检测项目		
1. 起动系检测	2. 点火系检测	
3. 动力性检测	4. 发动机异响检测	
5. 综合检测	6. 充电系检测	
7. 打印综合输出表格	8. 显示存盘数据	
9. 快速检测		
D：返回 CCDOS	N：返回前级目录	Z：返回主目录

6）键入"3"，进入"汽油机动力性能检测"。屏幕显示：

汽油机动力性能检测
◇ 接好"触点传感器"，黑夹子搭铁，红夹子接触点
◇ 操作步骤
◇ 数据分析
开始功率测量（Y/N）？ Y

注意：上述屏幕显示第一项"接好'触点传感器'……"在模拟测试时可不接。

第二项"操作步骤"中，应首先使发动机转速处于怠速状态，然后猛踩节气门踏板，使发动机在最短的时间内达到高速状态，当发动机达到一定转速后，将会自动熄火，以保护发动机并结束功率检测。

第三项"数据分析"中，加速时间越小，功率就越大，如果是已标定的车型，"K"值就已经给定，可直接得到功率值。用户可通过"新车信息输入表"输入"K"系数，可自动计算，否则按原有的"K"值计算，会有很大误差。

7）键入"Y"，进行功率测量。屏幕显示"汽油机动力系检测结果"目录。

8）键入"Y"键进入"检测"程序，对发动机进行检测，此时屏幕分别显示出转速值、加速时间、减速时间、功率平均值。

输入正确的"K"系数。

9）重复检测三次。键入"C"键，重新测量，此时屏幕显示同上；键入"P"键，可自动将数据打印出；键入"N"键，将退出检测程序，返回目录。

二、用 QFC-5 型发动机综合测试仪检测桑塔纳轿车汽油发动机的启动性能

1. 发动机的测前准备工作

1）检测前要调整发动机的配气机构、供油系和点火系，使其处于完好技术状态。调整不正确将影响测试结果。

2）启动发动机并预热到正常的工作温度（75～85℃）。

2. 发动机综合测试仪的测前准备

1）按使用说明书的要求安装好检测工作台。

2）对综合测试仪进行使用前的检查、自校和调整，自校与调整应在开机达到预热时间后进行。

3. 汽油机起动性能的检测步骤

1）打开计算机电源进行检测，屏幕显示出 2.13 汉字系统配置选择。

2）按 ESC 键，就进入 DOS 状态；按 Enter 键，进入 QFC-5 型发动机综合测试仪程序。屏幕除显示出检测程序的版本号、生产厂家外，还出现：

1. 汽油机检测	2. 柴油机检测
3. 输入新车型	4. 返回 DOS

3）键入"1"键，选择汽油机检测。屏幕显示：实际检测吗（Y/N）？

键入"Y"，进入实际检测状态，键入"N"，进入模拟检测状态。

4）键入"Y"，按 Enter 键选择实际检测。

此时，屏幕显示出各种车型，按序号排列，如果按选中车型的序号，该车型即为所检测的车型。

5）键入桑塔纳车型的序号，屏幕显示：

> 汽油机检测项目
> 1. 起动系检测　　　　2. 点火系检测
> 3. 动力性检测　　　　4. 发动机异响检测
> 5. 综合检测　　　　　6. 充电系检测
> 7. 打印综合输出表格　8. 显示存盘数据
> 9. 快速检测
> D：返回 CCDOS　　　N：返回前级目录　　　Z：返回主目录

6) 键入"1"，选择检测起动系，屏幕显示：

> 　　汽油机起动系全面检测
> 　　注意事项：模拟时可不接电流传感器
> ◇ 接好"电流传感器"
> ◇ 接好"电压传感器"
> ◇ 接好"触点传感器"
> ◇ 接好"缸压传感器"
> ◇ 将发动机的油门开到最大，起动起动机约4s，到屏幕出现数据为止，停止
> 　　起动机，发动机正常着火。
> 将传感器接好后，开始测量吗（Y/N）：Y
> D：返回 CCDOS N：返回前级目录 Z：返回主目录

上面"接好'电流传感器'"项中，应将电流传感器金属夹夹在蓄电池线上，使夹子上的"—"符号与蓄电池电流流向保持一致（金属夹不能碰蓄电池正极，否则烧毁仪器）。

"接好'电压传感器'"项中，应将电压传感器上的红鱼夹夹在蓄电池负极上或搭铁地线。

"接好'触点传感器'"项中，应将触点传感器上的红鱼夹夹在触点上，黑鱼夹夹在搭铁地线上，测量期间发动机不着火。

"接好'缸压传感器'"项中，应将缸压传感器代替火花塞拧在任一缸上，最好是1缸，作为标准缸。

7) 键入"Y"，开始检测。屏幕显示：

> 请输入标准缸传感器所在缸号"1"

8) 键入"1"，开始对标准缸传感器所在缸进行检测。屏幕显示：

> 请输入您的选择？

9) 键入"Y"，进入检测程序。屏幕显示：

> 准备好请起动

检测时，起动机先对电流传感器、缸压传感器进行自动校正零点，然后在屏幕上显示出"准备好请起动"字样，表示计算机准备完毕，可以测量。此时启动起动机约4s，

直到屏幕出现曲线和数据为止，计算机自动将启动电流、启动电压、启动转速、相对缸压、绝对缸压等检测结果数据显示在屏幕上，并画出不同的曲线。

键入"N"，进入模拟检测状态，屏幕上出现数据，不出现曲线；键入"P"键，仪器将打印出起动转速、启动电压、启动电流及各缸的相对缸压值、绝对缸压值；键入"M"键，仪器将打印出启动电压、启动电流、绝对缸压和相对缸压等曲线。

知识探究

发动机性能检测

发动机综合性能分析仪用来对发动机的综合性能进行全面测试。

在国内市场上，早期常见的品牌以进口设备为主，如博世的发动机综合性能分析仪；近年来国内的元征、金德等公司的产品在市场上占的份额较多，但其主要的部件采购自德国博世（BOSCH）公司，所以，设备的操作方法、性能也均与博世的发动机综合性能分析仪类似。

一、发动机综合性能分析仪的功能及操作

本书以深圳元征生产的 EA2000 型发动机综合性能分析仪为例，讲述发动机综合性能分析仪的使用。

（一）EA2000 型发动机综合性能分析仪功能特点及结构

EA2000 型发动机综合性能分析仪可检测发动机各系统的工作状态、运行参数及排放性能，可实时采集初次级点火信号、喷油信号、电控传感器信号、进排气系统等的动态波形，同时可进行性能分析、波形存储与回放、测试结果查询等，可用于发动机实验室、检测线、汽车修理厂。

EA2000 型发动机综合性能分析仪外形结构如图 4-1 所示。

EA2000 型发动机综合性能分析仪由以下几个部分组成：信号采集系统、前端处理器、主电缆、机柜、PC 主机（内置高速采集卡、通信卡）、显示器、打印机和尾气分析仪。

1. 信号采集系统

信号采集系统（图 4-2）由各类夹持器、探针和传感器组成，与发动机的被测部位

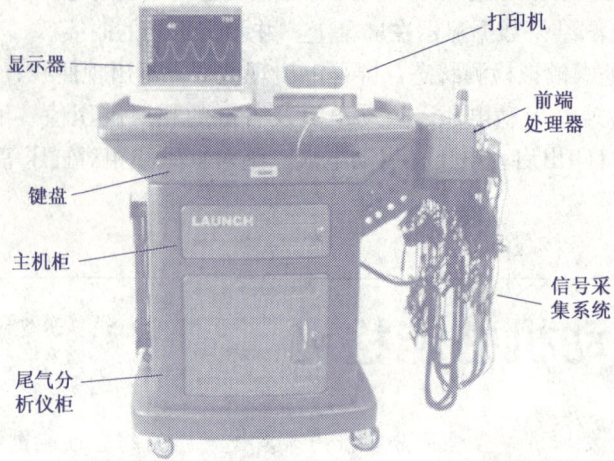

图 4-1 EA2000 型发动机综合性能分析仪外形结构

直接或间接连接以拾取被测信号。

信号采集系统包括十组拾取器，每一组拾取器根据其任务不同由相应的夹持器、探针及传感器通过电缆与其适配器或插接器连接构成。各拾取器测试电缆上均带有活动滑块，标识其名称。

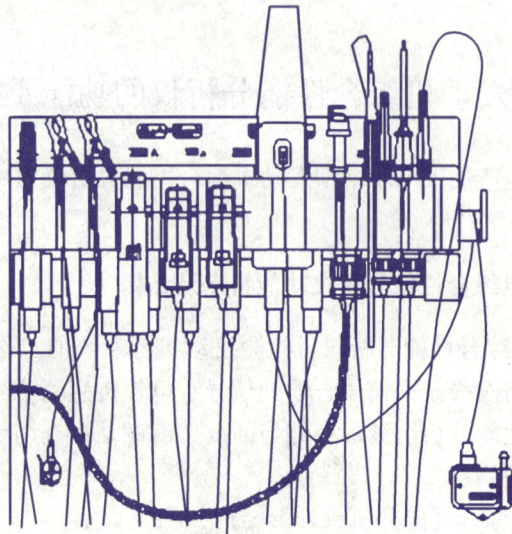

图 4-2 信号采集系统的组成

2. 前端处理器

前端处理器包括部分采集信号的预处理，有多路转换开关，并承担与计算机的并行通信。前端处理器底面有八个适配器插座、四个航插插座和一个主电缆航插插座，如

图 4-3 所示。

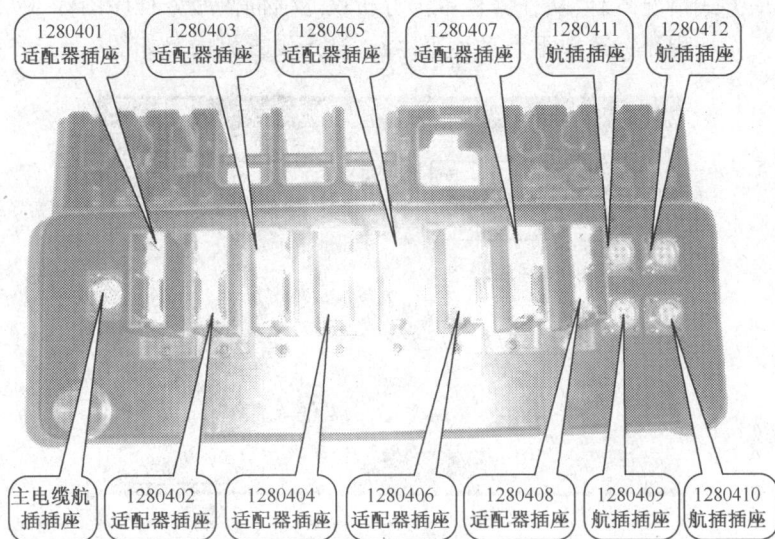

图 4-3　前端处理器

3. 系统启动、自检及退出系统的启动及自检

在接通电源总开关后，电源指示灯亮。

打开主机电源开关，Windows 2000（也可安装其他类型的操作系统）系统运行完毕后，系统启动并自动执行发动机综合性能分析仪通信伺候服务程序和 EA2000 发动机综合性能分析仪程序，主机将对预处理器通信、1280401～1280408 八个适配器逐一进行自检，通过后，相应适配器图标显示为绿色；检测若有故障，相应适配器图标为红色，如图 4-4 所示。

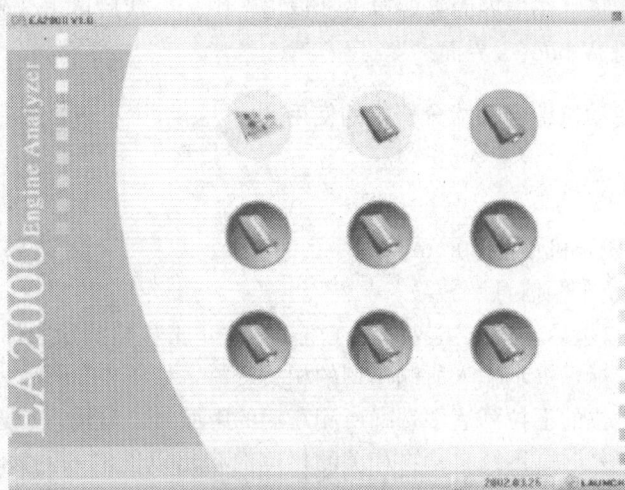

图 4-4　系统自检结果显示

系统通过自检后，可以进行分析仪通信伺候服务程序设置（在分析仪和检测线主机采用串口通信方式情况下），从任务栏单击分析仪通信伺候服务程序图标（如果看不到，也可以从"开始→程序"菜单下启动该程序），进入设置界面，如图 4-5 所示。

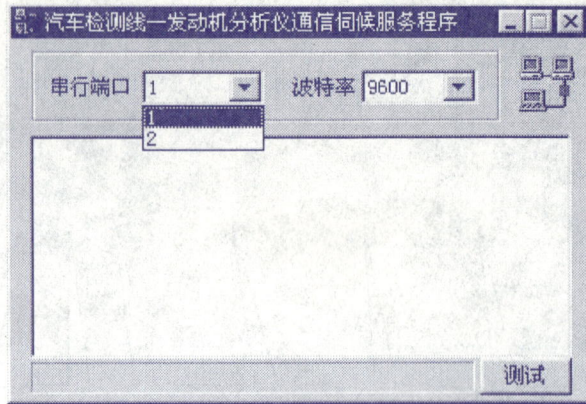

图 4-5　系统设置

图 4-5 所示为检测线服务程序设置通信端口，根据所用选择 1 或 2，波特率一般选择 9600，然后最小化该界面，系统即进入测试状态。分析仪通信伺候服务程序是为

图 4-6　发动机综合性能分析仪
测试程序和服务程序图标

EA2000 分析仪和检测线主机在采用串口通信方式情况下进行数据处理和传递的服务程序，在采用局域网进行通信时可以关闭该服务程序。

在 Windows 2000 桌面上也有分析仪测试程序和服务程序图标，如图 4-6 所示，双击其图标也可以分别启动该程序。

如要退出该系统，在主界面下，单击"退出"图标，然后单击"确定"按钮，即可退出该系统并回到 Windows 界面。

(二) EA2000 型发动机综合性能分析仪的使用

1. 开机

1）在测试前先开机预热 20min。

2）输入用户及车辆信息。

3）系统通过自检后，进入主界面，在主界面中单击"检测"图标，进入检测界面，再单击用户资料图标，提示输入所测车型的相关资料，如图 4-7 所示。

输入或在该栏位的下拉列表中选择所测车辆的牌照号。若输入或选择的牌照号为以前测过车辆的牌照号，则系统自动在相关的栏位内弹出以前输入的该车辆的相关信息，可直接单击"确定"按钮，确认本次输入。如果新增加的车牌号码主机数据库中已经存在，则会弹出对话框，提示是否删除原有测试记录，如图 4-8 所示。

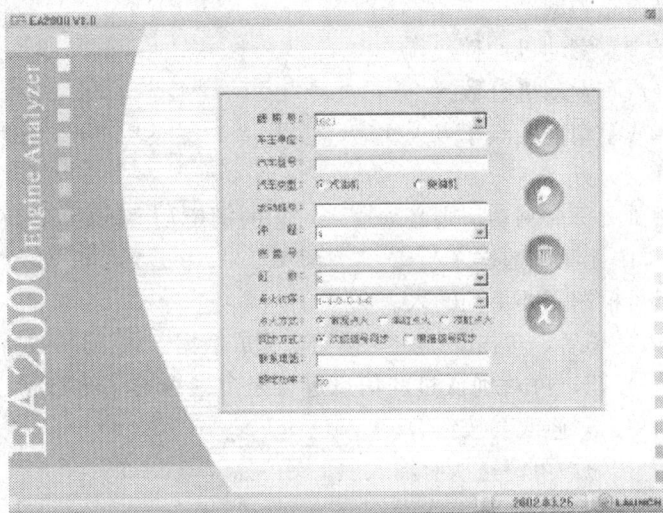

图 4-7　用户数据设定

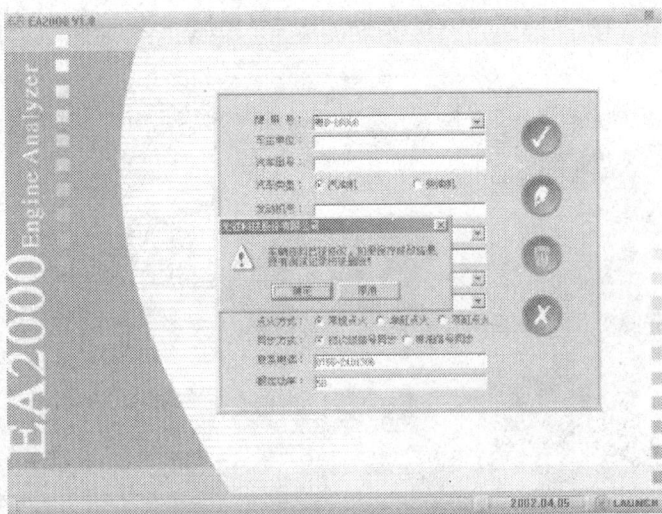

图 4-8　提示对话框界面

　　若想改变以前输入的有关信息，应先单击"修改"按钮，否则系统会提示"修改用户参数请单击［修改］按钮"。改变以前的信息后，再单击"确定"按钮将弹出对话框"该记录的［汽车类型］［冲程］［点火次序］［发动机缸数］［点火方式］其中之一已被修改，如果保存，则它在数据库中的原有的测试记录都将被删除！您确认吗？"，选择"是"，系统将确认本次修改，选择"否"，系统将返回用户数据设定界面，供用户重新输入。

　　若为新测车辆，须再按以下步骤操作：

1）必须选择汽车类型。

2）必须选择汽车发动机冲程数。

3）必须选择汽车发动机缸数。

4）必须选择或手动输入汽车点火次序。

5）必须选择点火方式。

6）若准备测试无负荷测功，则必须输入汽车的额定功率。否则，在无负荷测功界面打印的结果表单中无测试数据。

7）其他项目可根据需要手动输入。

用户数据输入完毕后，单击"确定"按钮，完成数据录入，进入检测界面。

单击"修改"按钮，可对确认过的信息进行修改（否则系统将弹出对话框，提示"修改用户参数请单击'修改'按钮"）。

单击"删除"按钮，可清空所有输入项。

单击"退出"按钮，可取消该次操作。

2. 选择测试种类

根据实际检测的需要选择测试的种类，用户数据输入完毕后，单击"确定"按钮，进入检测界面，如图 4-9 所示。

图 4-9　检测界面

这时可以在检测菜单中选择所要测试的项目，检测菜单结构层次如图 4-10 所示。

根据检测的项目，参照信号采集系统的说明把相关的信号采集传感器、信号夹和汇接器连到相应部位。大多数情况是在怠速工况进行检测，必要时汽车将在底盘测功机上进行加载调试。

测试中的一般界面如图 4-11 所示。

```
                  ┌─ 用户资料
                  │
                  │              ┌─ 初极信号
                  │              ├─ 次级信号
                  │              ├─ 点火提前角
                  │              ├─ 动力平衡
                  │              ├─ 气缸效率分析
                  │              ├─ 启动电流、启动电压
                  ├─ 汽油机 ──────┤─ 充电电流、电压
                  │              ├─ 相对气缸压缩压力
                  │              ├─ 进气管内真空度
                  │              ├─ 温度信号
                  │              ├─ 尾气分析
                  │              ├─ 转速稳定性分析
                  │              └─ 无负荷测功
                  │
                  │              ┌─ 喷油压力
                  │              ├─ 喷油提前角
                  │              ├─ 启动电流、启动电压
          检      ├─ 柴油机(选配)─┤─ 充电电流、电压
                  │              ├─ 烟度分析
                  │              ├─ 转速稳定性分析
          测      │              └─ 无负荷测功
                  │
                  │              ┌─ 转速(相位)传感器
                  │              ├─ 温度传感器
                  │              ├─ 进气真空度传感器
                  │              ├─ 节气门位置传感器
                  ├─ 电控发动机 ──┤─ 爆燃传感器
                  │              ├─ 氧传感器
                  │              ├─ 空气流量传感器
                  │              ├─ 喷油脉冲传感器
                  │              └─ 车速传感器
                  │
                  │              ┌─ 测试波形回放
                  ├─ 测试记录 ────┤
                  │              └─ 测试数据查询
                  │
                  ├─ 实用工具 ──── 数字示波器
                  │
                  │              ┌─ 尾气分析仪设置
                  └─ 参数设定 ────┤─ 烟度分析仪设置
                                 └─ 检测线通信设置
```

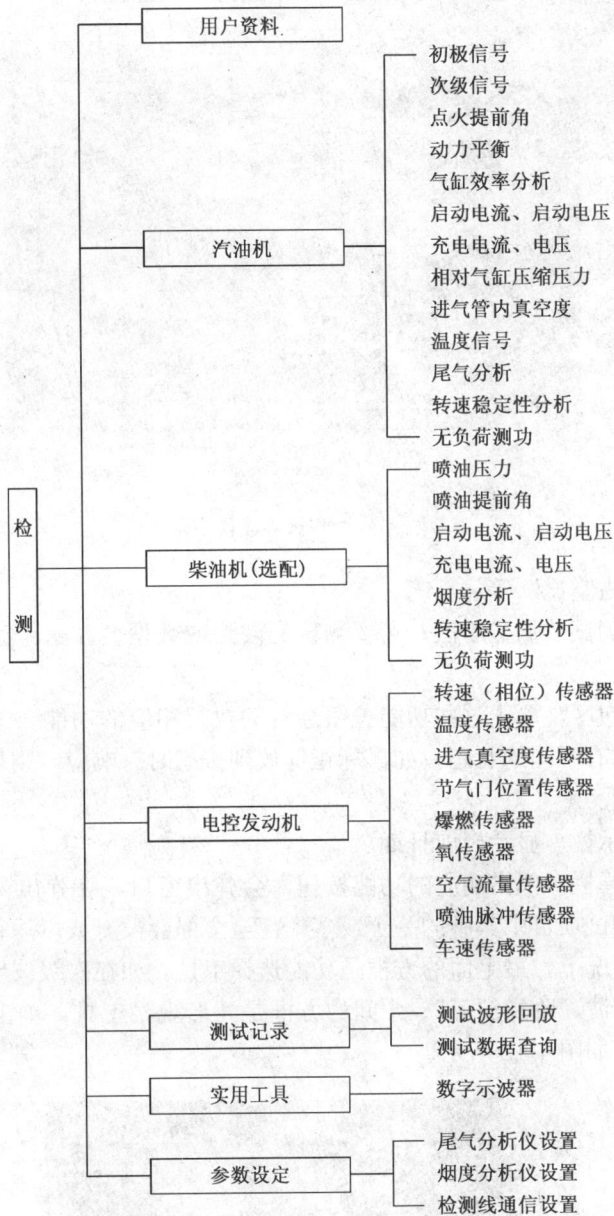

图 4-10 检测菜单层次结构图

项目说明:

1——标题栏,位于最上端,显示该软件的程序名称和版本号,如"EA2000XPV6.0"。最右侧为"关闭"按钮,单击可直接退出该程序。

2——汽车参数栏,显示所测汽车的技术参数。

3——菜单层次栏,表明当前所测功能的菜单层次。

4——测试项目及主要数据显示栏,表明当前所测的项目,并显示主要参数,如

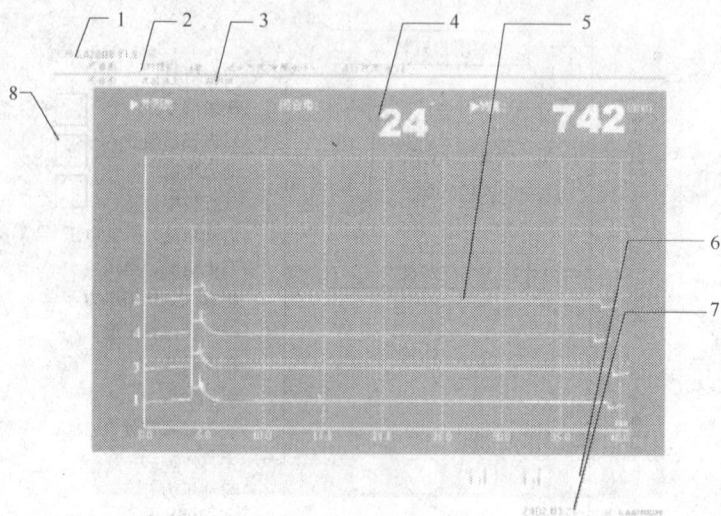

图 4-11　测试界面说明

"转速，闭合角，占空比"等。

　　5——波形或测试数据显示区，所要测试的波形或数据会在这个区域放大显示，便于观看。

　　6——功能按钮区，单击这些功能按钮会自动执行相应的功能。这些功能按钮在不同的测试项目下会有不同的状态，如鼠标指针放到按钮时有响应，则可用，否则该按钮在此功能下不可用。

　　7——日期显示栏，显示当前日期。

　　8——功能选择栏。单击响应的功能按钮，会弹出窗口，在弹出窗口中可选择相应的功能。在某些测试项目中其中的一个或多个甚至全部会没有或以一斜杠表示该功能按钮不可用。一般情况下，最上面的方框是功能选择工具，如在次级波形测试中单击会出现"平列波，并列波，阶梯波等"。中间的方框是波形观察工具，单击会在界面下部出现一个工具窗口，如图 4-12 所示。

图 4-12　工具窗口

　　单击图 4-12 中相应的工具图标，可对所测的波形进行单位变换、缩放和平移。下面的方框用于缸号选择，单击可选择所要测试的气缸。

　　在测试过程中单击"打印"图标，可对当前测试界面进行打印。

发动机性能测试结束后，在测试结果记录中，单击"打印"图标，可对测试结果进行设置、打印。检测结果如表4-1所示。

表4-1 发动机性能检测结果表

车牌号	W					汽车类型		汽油机		
点火次序	1-3-4-2					汽车型号				
冲程数	4		缸数		4	发动机号				
VIN						底盘号				
车主单位						联系电话				
气缸次序	初级电压/V	次级击穿电压/kV	次级火花电压/kV	火花持续时间/ms	气缸相对压缩压力/%	进气歧管真空度/kPa	柴油机喷油压力/MPa		动力平衡/%	闭合角/(°)
1										
2										
3										
4										
转速传感器脉冲频率/Hz						发动机启动电流/A				
转速传感器脉冲占空比/%						发动机启动电压/V				
爆燃传感器频率/Hz						发动机充电电流/A				
氧传感器输出电压/V						发动机充电电压/V				
喷油脉冲频率/Hz						蓄电池电压/V				
喷油脉冲占空比/%						点火提前角/(°)				
冷却水传感器输出电压/V						发动机输出功率/kW				
机油温度传感器输出电压/V						发动机加速时间/ms				
进气温度传感器输出电压/V						冷却水温度/℃				
硅膜进气压力传感器输出电压/V						机油温度/℃				
节气门位置传感器输出电压/V						进气温度/℃				
翼板式空气流量传感器输出电压/V									怠速	高怠速
热线式空气流量传感器信号/mV						$HC/\times10^{-6}$				
卡门式空气流量传感器输出频率/Hz						$CO/\%$				
转速分析 N_{max}/N_{min}						$O_2/\%$				
烟度/FSN						$CO_2/\%$				
重叠角/(°)						$NO_x/\times10^{-6}$				
检验员	年 月 日			检测意见	年 月 日			质检部门	年 月 日	

二、汽油发动机性能检测

在EA2000发动机综合性能分析仪主界面上单击"检测→汽油机"，即进入"汽油机性能检测"界面，如图 4-13 所示。汽油机性能检测包括 15 个项目的检测。

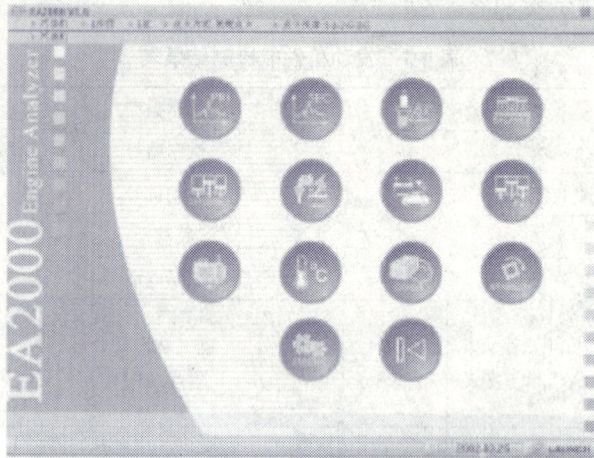

图 4-13　汽油机性能检测界面

（一）初级点火信号检测

　　首先将蓄电池电压拾取器的红、黑夹分别夹在蓄电池的正、负极上，将初级信号拾取器（1280401）的红、黑色探头分别连接到点火线圈的正、负极，再将一缸信号拾取器夹在一缸高压线上，如图 4-14 所示。

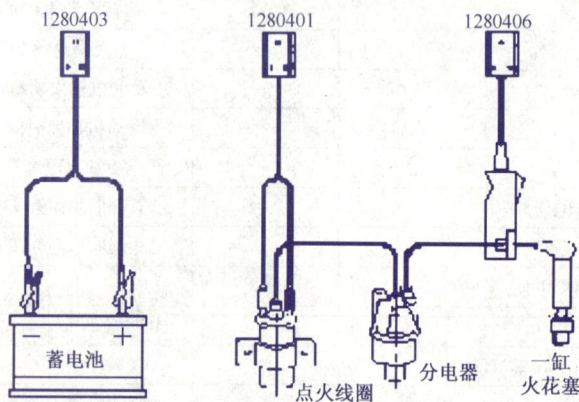

图 4-14　常规初级点火波形测试接线示意图

　　1）在"汽油机性能检测"界面中，单击"初级信号"图标，即进入初级信号检测界面，然后启动发动机，即可测到初级点火波形，如图 4-15 所示。

　　2）单击"停止"图标（"停止"图标被按下后即变为"测试"图标），系统即停止采集，再单击此图标即可恢复测试（同时"测试"图标恢复为"停止"图标）。

　　3）单击"选择缸号"图标，在系统弹出的小窗口中可选择显示每一缸或所有缸的初级波形。

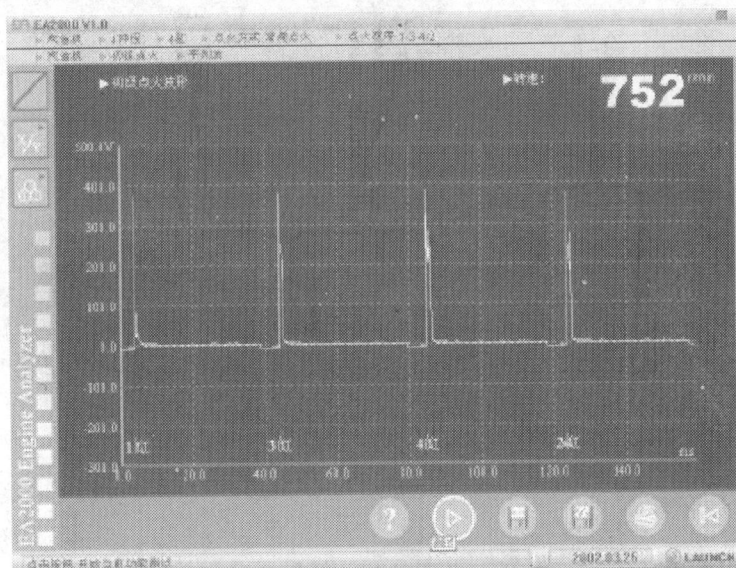

图 4-15　初级点火信号

4）单击"显示调整"图标，系统即弹出显示调整窗口，根据需要点击相应图标进行 X 轴单位调整（在 ms 和角度之间切换）和将波形进行横、纵向平移和缩放。

5）单击"保存数据"图标，系统将当前特征值保存到数据库。

6）单击"保存波形"图标，系统可将当前界面波形保存于指定目录。

7）单击"图形打印"图标，可对界面有效区域进行图形打印。

8）单击"帮助"图标，将进入帮助系统，可以查看相关正确与故障波形，以供参考。

9）单击"返回"图标，可返回上级菜单。

（二）次级点火信号检测

EA2000 型发动机综合性能分析仪不仅具有对次级点火波形进行平列波、并列波、阶梯波、重叠波的分析检测能力，还能将次级点火信号的击穿电压、火花电压、火花持续时间、闭合角、重叠角五个特征值的动态过程以直方图、折线图、数据表的形式显示出来。

点火系统按点火形式分为常规点火系统（指有分电器的点火系统）、单缸点火系统和双缸点火系统三种。不同点火系统的接线方法不同，现分述如下。

1. 常规点火系统

首先将蓄电池电压拾取器的红、黑夹分别夹在蓄电池的正、负极上，将红色次级信号夹夹在中心高压线上（从适配器 1280408 的红色 BNC 头引入设备），一缸信号钳夹在一缸高压线上，如图 4-16 所示。

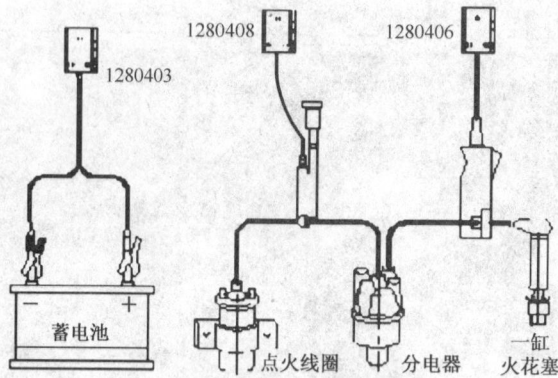

图 4-16 常规点火接线示意图

2. 单缸点火系统

首先将蓄电池电压拾取器的红、黑夹分别连接到蓄电池的正、负极上，再将喷油脉冲及初级同步适配器（1280406-1）接在一缸喷油器或初级信号线上（必须是有效的信号线，二者只能选其一），最后将次级信号感应片卡在点火线圈上，并通过次级信号转接线、跨接线（某些车辆不用接）和次级信号连接线输入次级信号适配器（1280408-SX）相应的 BNC 头，如图 4-17 所示。

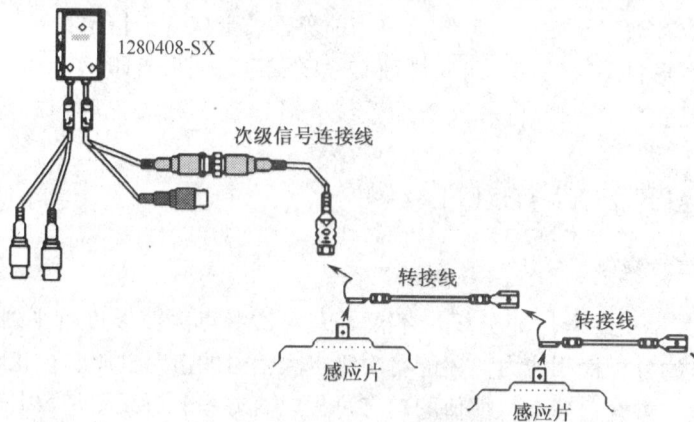

图 4-17 单缸独立点火系统接线示意图

注意：

1）喷油器信号线的连接方式为：将喷油器信号线座拨开，再用转接线将其按原来的连接关系两两连接，将喷油脉冲及初级同步适配器的喷油脉冲测试探针头插入转接线的通用母插头，将信号取出，如图 4-18 所示。

2）喷油器信号线有两根，其中一根有效一根无效（相对喷油脉冲适配器而言）。验证其是否有效的办法是：先接其中一根，进入转速稳定性测试界面，看有无转速，若有

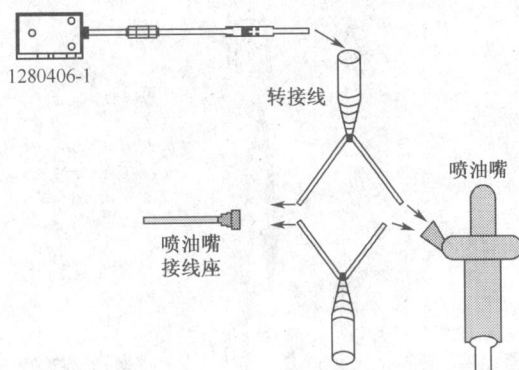

图 4-18　喷油器接线示意图

转速则该信号线有效，若无转速则另一根信号线有效。

3）不同的车辆需要选择不同的次级信号输入通道，若适配器输入通道标贴上的车型号与所测车辆的型号不相符，可能造成次级信号波形失真。

3. 双缸独立点火系统

双缸点火系统泛指每两缸共用一个点火线圈，且点火线圈与火花塞之间均通过高压线连接的点火系统，例如奥迪 A6 2.4L 发动机。

首先将蓄电池电压拾取器的红、黑夹分别连接到蓄电池的正、负极上，将喷油脉冲及初级同步适配器（1280406-1）接在一缸的喷油器或初级信号线上，拾取同步信号，也可以用一缸信号夹拾取同步信号（喷油脉冲适配器的连线方式如图 4-18 所示）。

将红色次级信号夹夹在正触发高压线上、黑色次级信号夹夹在负触发的高压线上，然后将次级夹按颜色标记分别接入红、黑色次级信号汇接器，再将次级信号汇接器按颜色标记分别接入次级信号拾取器（1280408-D1）的红、黑 BNC 头，如图 4-19 所示。

例如奥迪 A6 2.4 车型，其 1、2、3 缸为负触发，4、5、6 缸为正触发。这种车的夹线方式为：取三个黑色次级夹分别夹取 1、2、3 缸的次级高压线，将三个黑色次级信号夹连接到黑色次级信号汇接器，再将黑色汇接器接入次级信号适配器的黑色 BNC 头；取三个红色次级信号夹分别 4、5、6 缸的次级高压线，将三个红色次级信号夹连接到红色次级信号汇接器；再将红色汇接器接入次级信号适配器（1280408-D1）的红色 BNC 头。

进入用户数据设定界面，按照被测车辆的实际参数设置好车辆的冲程数、缸数，并将车辆的点火方式设置为"双缸点火"、同步方式设置为"喷油信号同步"。然后单击"确定"按钮，退出用户数据设置，返回检测界面。

依次单击"汽油机→次级信号"图标，系统进入"双缸点火初始化"对话框，提示选择输入"红色通道有效点火缸号"，即正触发的缸号。只要单击从红色 BNC 头输入的次级夹所对应的缸号即可（单击一次，缸号标记亮显，表示该缸被选定为正触发方式；再单击缸号标记灰显，表示该缸被系统默认为负触发信号）。例如：测试奥迪 A6 2.4L

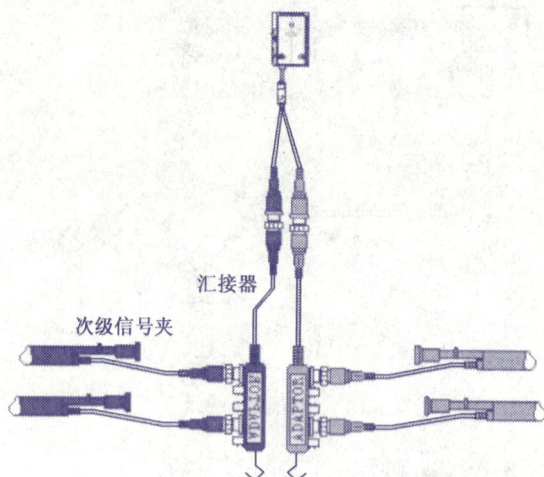

图 4-19 双缸点火系统接线示意图

AT 车型时，其设定如图 4-20 所示。选择完毕，单击"确定"按钮，系统即进入次级信号测试界面。

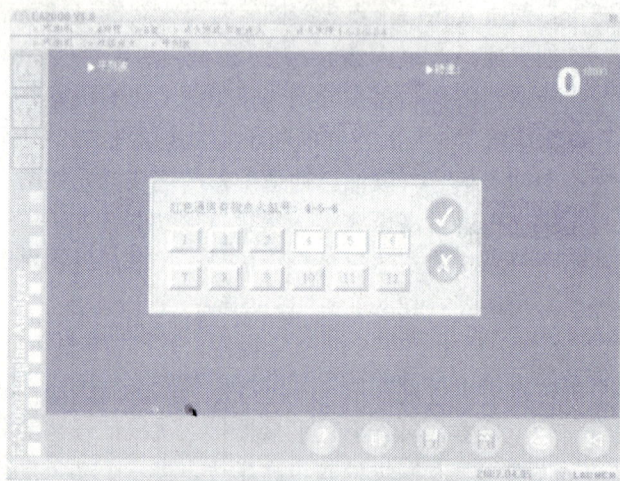

图 4-20 "双缸点火初始化"对话框

双缸点火系统测试注意事项：

1）次级信号的正负触发方式的判断方法：选择常规点火方式，进入次级信号测试界面，把夹在各个缸的次级信号分别从次级信号拾取器的红色 BNC 头接入，若波形显示正常，则该缸的点火为正触发，否则为负触发。

2）用户数据设定中选择的同步方式应与实际夹取的同步信号相同（同步方式分初次级同步和喷油同步，用一缸信号拾取器 1280406 或喷油脉冲及初级同步适配器 1280406-1 的初级信号线提取同步信号时，选择"初次级信号同步"；用喷油信号采集同步信号时，选择"喷油信号同步"），否则将造成缸号识别错误。

3）需根据不同的车型选择与之相应的适配器，否则可能造成波形失真。（设备配制了多种车型的次级信号适配器，适配器测试线上标有所测车辆的型号。）

4）必须正确输入被测车辆的缸数、点火次序和正触发的缸号，正确夹持所有次级信号夹或次级信号感应片，否则可能会造成波形不能正常显示。

（三）次级点火信号的显示方式

1. 次级点火信号的平列波显示

在"汽油机性能检测"界面中，单击"次级信号"图标，即进入次级信号测试界面（默认为平列波），然后启动发动机即可测到次级平列波，如图 4-21 所示。

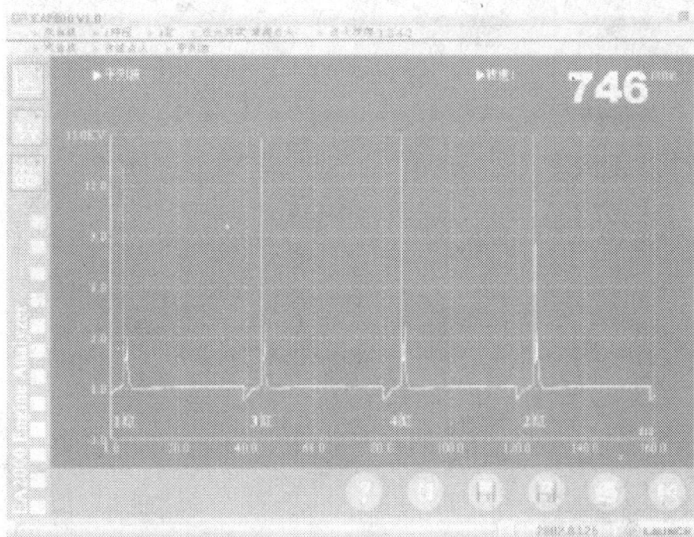

图 4-21　次级信号平列波

1）单击"停止"图标（"停止"图标被按下后即变为"测试"图标），系统即停止采集，再单击此图标即可恢复测试（同时"测试"图标恢复为"停止"图标）。

2）单击"波形选择"图标，系统弹出波形选择窗口，可在其中选择波形显示形式（波形选择窗口中包括"平列波"、"并列波"、"重叠波"、"阶梯波"、"直方图"、"折线图"、"数据表"，不选择时系统默认为平列波）。

3）单击"显示调整"图标，系统即弹出显示调整窗口，可根据需要点击相应图标进行 X 轴单位调整（在 ms 和角度之间切换）和将波形进行横、纵向平移和缩放。

4）单击"选择缸号"图标，在系统弹出的小窗口中可选择显示每一缸或所有缸的次级波形。

5）单击"保存数据"图标，系统将当前特征值保存到数据库。

6）单击"保存波形"图标，系统可将当前界面波形保存于指定目录。

7）单击"图形打印"图标，可对界面有效区域进行图形打印。

8）单击"帮助"图标，将进入帮助系统可以查看相关正确与故障波形供参考。

9）单击"返回"图标，可返回上级菜单。

2. 次级点火信号的并列波显示

在次级点火平列波形界面单击"波形选择"图标，在弹出的窗口中单击"并列波"图标，系统即可切换到并列波测试界面，如图4-22所示。

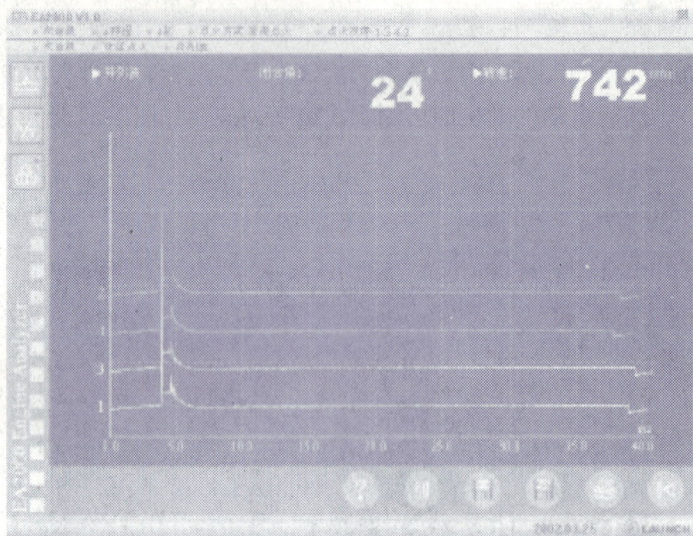

图4-22　次级信号并列波

3. 次级点火信号重叠波

在次级点火平列波形界面单击"波形选择"图标，在弹出的窗口中单击"重叠波"图标，系统即可切换到重叠波测试界面，如图4-23所示。

4. 次级点火信号阶梯波

在次级点火平列波形界面单击"波形选择"图标，在弹出的窗口中单击"阶梯波"图标，系统即切换到阶梯波测试界面，如图4-24所示。

5. 次级点火信号直方图

在次级点火平列波形界面单击"波形选择"图标，在弹出的窗口中单击"直方图"图标，系统即可切换到默认特征点的直方图测试界面，如图4-25所示。

1）单击"选择缸号"图标，在下拉列表中选择所测缸号。

2）单击"参数选择"图标，在其下拉列表中可选择击穿电压、火花电压、火花持续时间、闭合角、重叠角等。

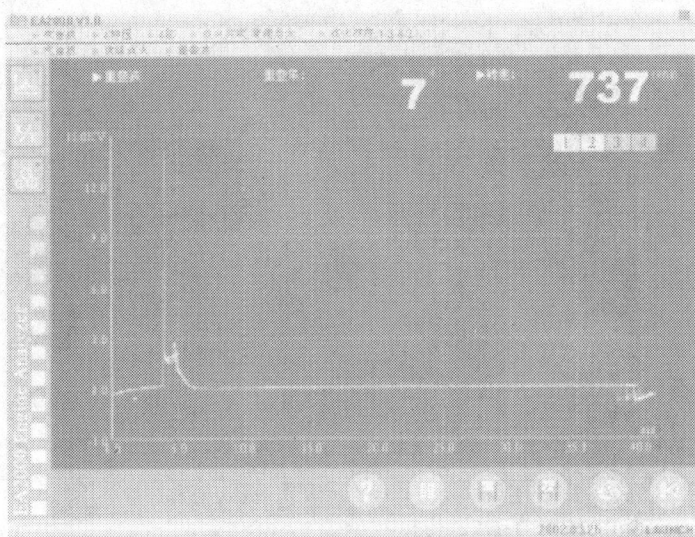

图 4-23　次级信号重叠波

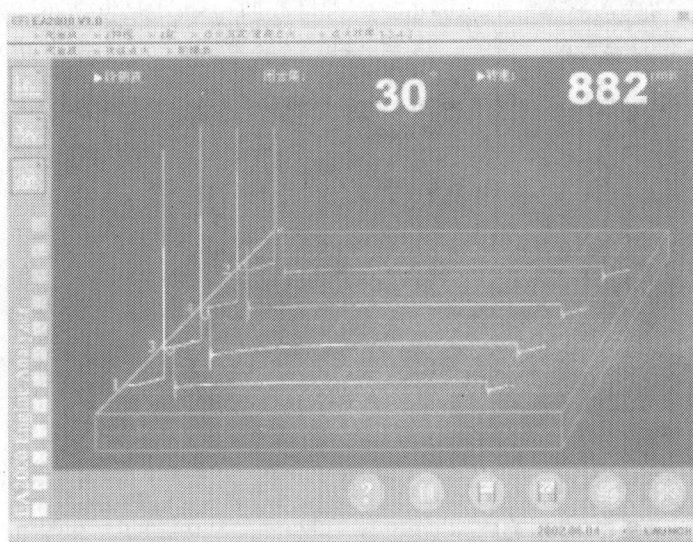

图 4-24　次级信号阶梯波

6. 折线图

把选定的特征点按采集的先后顺序依次排列，然后用直线把相邻的特征点两两相连即得到该特征点的折线图。折线图能反映车辆该项性能在所测试的一段时期内的变化范围及趋势。

在次级点火平列波形界面单击"波形选择"图标，在弹出的窗口中单击"折线图"

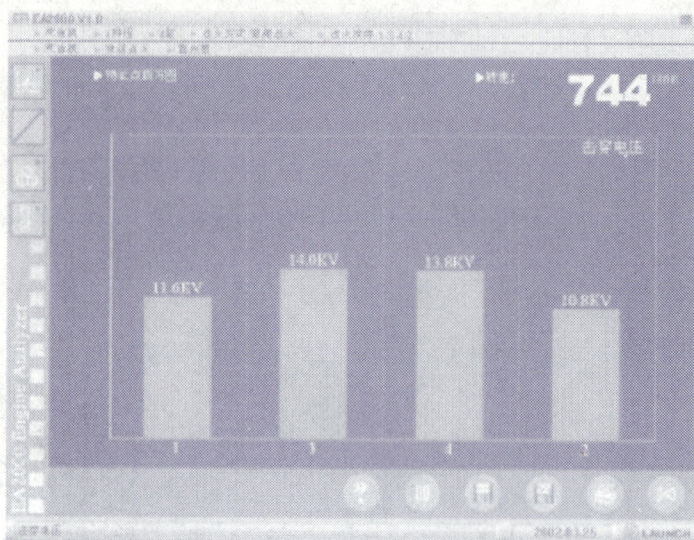

图 4-25　击穿电压特征点直方图

图标，系统即可切换到默认特征点的折线图测试界面，如图 4-26 所示。

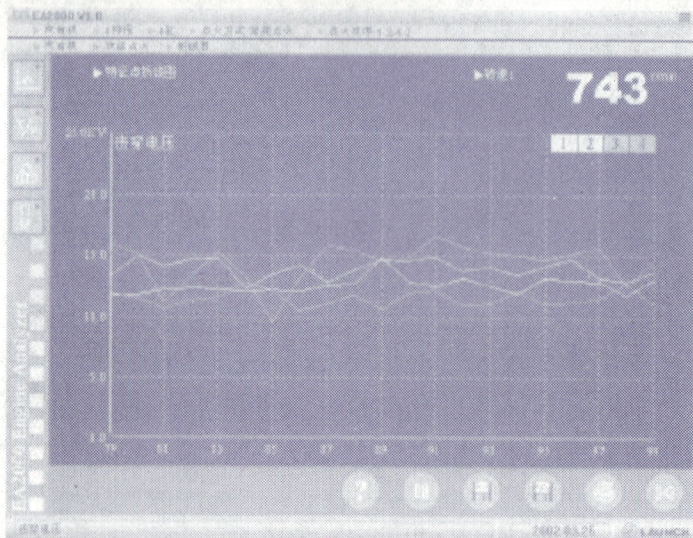

图 4-26　击穿电压折线图

单击"参数选择"图标，在弹出的窗口中选择参数。

7. 数据表

在次级点火平列波形界面单击"波形选择"图标，在弹出的窗口中单击"数据表"图标，系统即可切换到数据表界面，并将测得所有缸的所有特征点的数据显示于屏幕上，如图 4-27 所示。

图 4-27　次级参数数据表

（四）点火提前角检测

在"汽油机性能检测"界面中，单击"点火提前角"图标，然后启动发动机。

从分析仪前端处理器挂架上取下频闪灯，按下频闪灯电源按钮，将频闪灯对准曲轴飞轮或带轮上的一缸上止点标记处，调整频闪灯上的电位器，使闪光相位前后移动直到曲轴飞轮上的标记对准飞轮壳上刻度零点或带轮上的一缸上止点标记对准指示标记，如图 4-28 所示。此时显示器即会显示点火提前角数值，如图 4-29 所示。

单击"保存数据"图标，可将检测有效结果进行保存。

单击"帮助"图标，进入帮助系统相关部分查看相关参考数据；单击"返回"图标，可返回上级菜单。

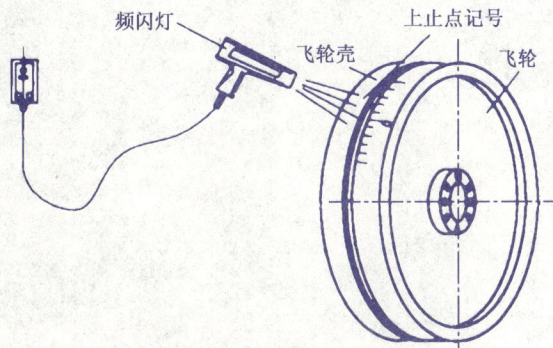

图 4-28　频闪灯测定点火提前角

图 4-29　点火提前角

（五）动力平衡

动力平衡又称各缸工作均匀性。它通过测定各缸分别在不做功的情况下的转速降的大小来定性判断各缸工作的相对好坏。

注意：对带三元催化转换器的汽车不能长时间进行此项操作，以防触媒过热。

在测试前，需将一缸信号拾取器夹在一缸高压线上，初级信号拾取器夹在点火线圈上（红正黑负）。在"汽油机性能检测"界面中，单击"动力平衡"图标，即进入动力平衡测试状态，如图 4-30 所示。

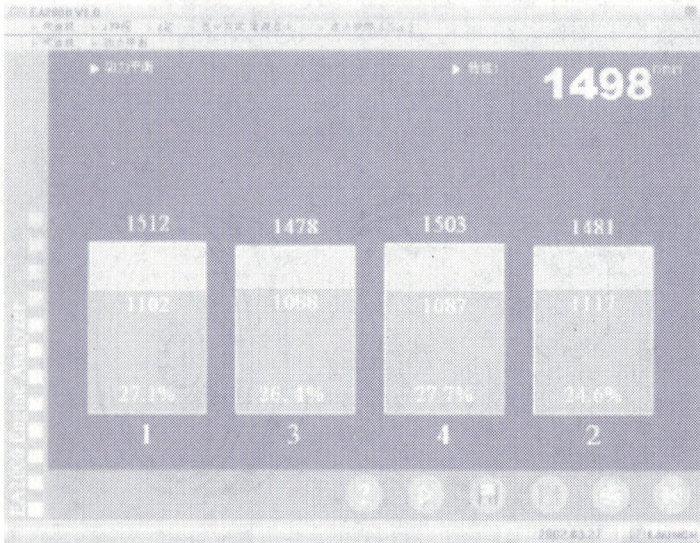

图 4-30　动力平衡测试

1）单击"测试"图标，系统发出指令，使各个缸依次断火，并自动测定在各缸不做功时的转速降，依次显示。在测试过程中"测试"图标变成"停止"图标，单击"停止"图标可终止测试。

2）界面以柱形图显示各缸断缸前后的情况，上面的数字是断缸前转速，中间的是断缸后的转速，下面给出了转速下降的百分比，转速降越大，说明该缸工作性能越好。

3）单击"保存数据"图标，可将检测有效结果进行保存。

4）单击"图形打印"图标，可对界面有效区域进行图形打印。

5）单击"帮助"图标，进入帮助系统相关章节查看数据；单击"返回"图标，可返回上级菜单。

注意： 测试此功能时，建议将发动机转速稳定在其怠速的 150% 进行测试。

（六）气缸效率测试

本功能是根据汽车发动机各缸间歇工作造成转速微观波动的特点，来高速采集各缸点火的间隔时间，通过计算各缸点火的间隔时间，求出各单缸的瞬时转速与平均转速的差值，作为判断各气缸工作能力及比较各缸工作均匀性的指标。

与动力平衡相比，气缸效率测试不必进行断缸测试，因而不会发生排气温度过高及催化转换器中毒的情况，更适合于电子燃油喷射的车辆。

1）将次级信号拾取器与一缸信号拾取器夹到相应的高压线上。

2）在"汽油机性能检测"界面中，单击"气缸效率分析"图标，即进入测试状态，如图 4-31 所示。

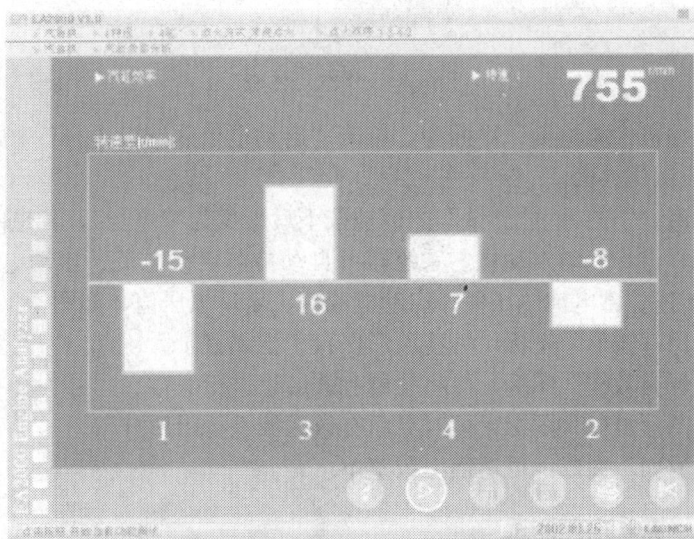

图 4-31　气缸效率分析

3）单击"测试"图标，系统即开始进行测试，并显示发动机的转速和各缸相对平均转速的差值。

4）柱形图在标线上方表示为正，说明瞬时转速比平均转速高，即该缸工作较好，反之，柱形图在标线下方，说明该缸工作性能相对较差。各缸瞬时转速相差过大，则发动机工作就不平稳。

5）单击"图形打印"图标，可对界面有效区域进行图形打印。

6）单击"帮助"图标，将进入帮助系统，可以看操作指导说明。

7）单击"返回"图标，可返回上级菜单。

（七）启动电流、启动电压测试

检测之前，须将大电流钳拾取器夹在与蓄电池相连的启动机电流线上（大电流钳拾取器箭头的指向应与电流的流向相同），将蓄电池电压拾取器的红夹、黑夹分别夹在蓄电池的正、负极，如图 4-32 所示。将一缸信号适配器夹在一缸高压线上。

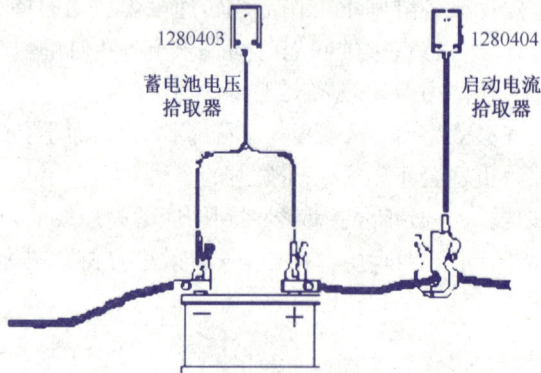

图 4-32　测试线连接

1）在"汽油机性能检测"界面中，单击"启动电流、起动电压"图标，进入启动电流、启动电压测试界面。

2）单击"测试"图标（"测试"图标被按下后即变为"停止"，若想停止该项操作，再单击此图标即可），启动发动机，系统即可自动检测启动电流、启动电压波形，并显示发动机当前转速、蓄电池电压值、启动电流值、启动电压值，如图 4-33 所示。

3）单击"保存波形"图标，可将波形保存于指定目录。

4）单击"保存数据"图标，可将检测有效结果进行保存。

5）单击"图形打印"图标，可对界面有效区域进行图形打印。

6）单击"返回"图标，可返回上级菜单。

（八）充电电流、充电电压测试

检测之前，将充电电压探针接在汽车发电机的正极，将蓄电池电压拾取器的红夹、黑夹分别夹在蓄电池的正、负极，将小电流钳拾取器夹在与蓄电池相连的充电电流线上（小电流钳拾取器上箭头的指向应与电流的流向相同），如图 4-34 所示。将一缸信号拾

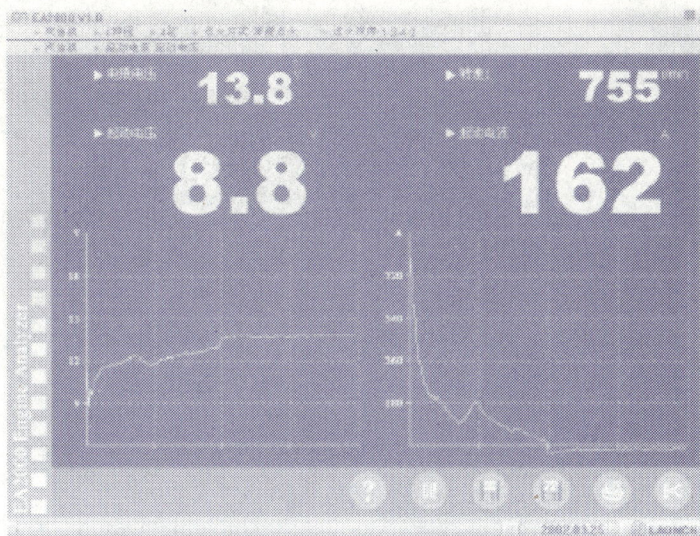

图 4-33　启动测试

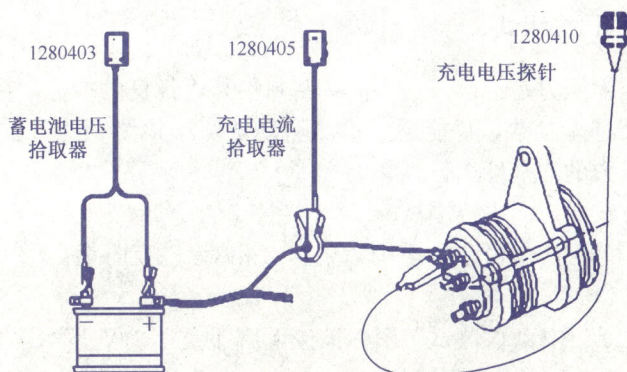

图 4-34　小电流钳和充电电压探针安装示意

取器夹在一缸高压线上。

1）在"汽油机性能检测"界面中，单击"充电电流、充电电压"图标，即进入充电电流、充电电压测试界面。

2）单击"测试"图标（"测试"图标被按下后即变为"停止"，若想停止该项操作，再单击此图标即可），即可自动检测充电电压波形，并显示发动机当前转速、蓄电池电压值、充电电流值，如图 4-35 所示。

3）单击"保存波形"图标，可将波形保存于指定目录。

4）单击"保存数据"图标，可将检测有效结果进行保存。

5）单击"图形打印"图标，可对界面有效区域进行图形打印。

6）单击"返回"图标，可返回上级菜单。

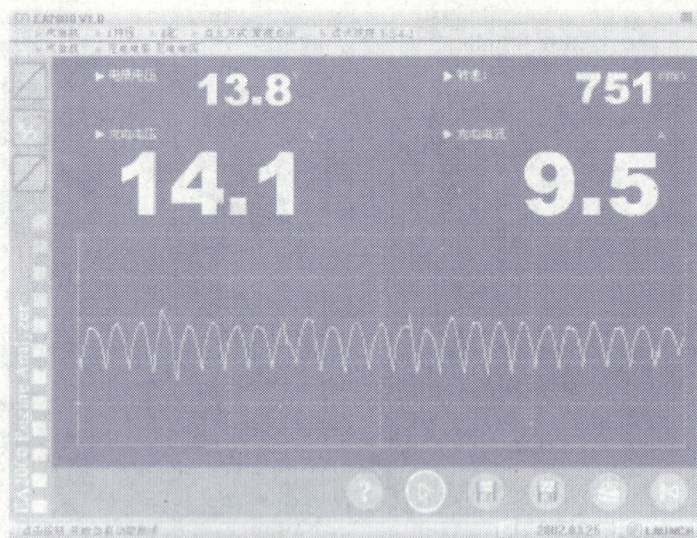

图 4-35　充电测试

（九）相对气缸压缩压力测试

发动机气缸压缩压力是标志气门和活塞密封性是否优良的指标，在发动机不解体的情况，不易得到其具体参数，只能通过检测启动电流来检测相对气缸压缩压力的变化量，对各缸压缩压力的均衡性进行判断。

拾取器连接方法同启动电流测试。

1）在"汽油机性能检测"界面中，单击"相对气缸压缩压力"图标，进入测试界面。

2）单击"测试"图标（"测试"图标被按下后即变为"停止"，若想停止该项操作，再单击此图标即可），系统进入测试状态；如汽车已经启动，则会弹出对话框，提示先关闭发动机。

3）启动发动机，系统测试完毕将自动显示发动机启动转速、蓄电池电压值、相对气缸压缩压力直方图及启动电流波形，如图 4-36 所示。右侧坐标系内启动电流波形上方对应标出各缸启动电流峰值，左侧为相对气缸压缩压力的百分比值的直方图。

4）单击"保存波形"图标，可将波形保存于指定目录。

5）单击"保存数据"图标，可将检测有效结果进行保存。

6）单击"图形打印"图标，可对界面有效区域进行图形打印。

7）单击"帮助"图标，可进入帮助系统；单击"返回"图标，可返回上级菜单。

（十）进气管真空度波形

在检测前，将提前角与进气压力拾取器（1280407）上的橡胶软管通过三通连接到发动机真空管的接头处，将一缸信号拾取器夹在一缸高压线上，如图 4-37 所示。

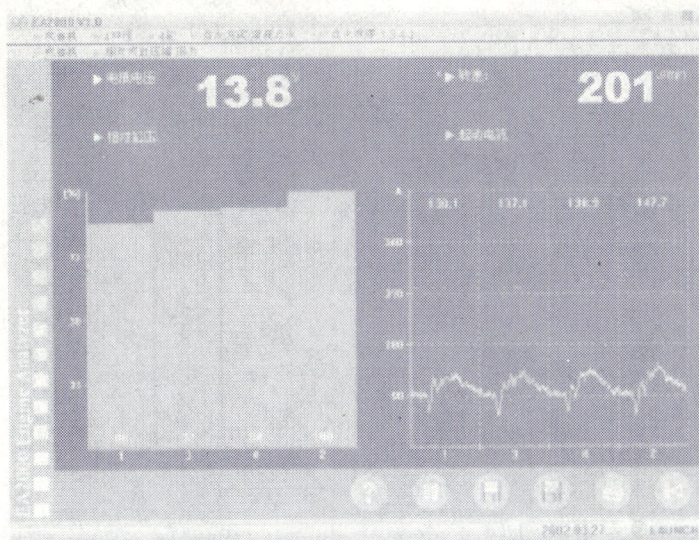

图 4-36 气缸相对压缩压力测试

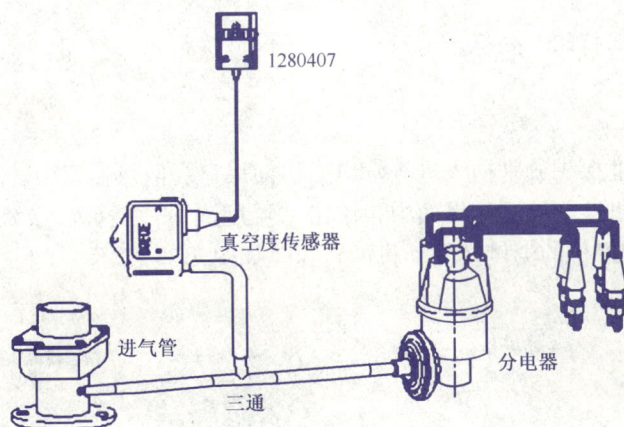

图 4-37 真空度传感器安装示意图

在"汽油机性能检测"界面中,单击"进气管内真空度"图标,进入进气管内真空度测试,如图 2-38 所示。

1)单击"测试"图标("测试"图标被按下后即变为"停止",若想停止该项操作,再单击此图标即可),系统即可进行自动检测并显示进气管内真空度波形、发动机当前转速。

2)单击左上侧"放大倍数"图标,选择相应的放大倍数以便仔细观察波形。

3)单击"保存数据"图标,可将检测有效结果进行保存。

4)单击"保存波形"图标,可将波形保存于指定目录。

5)依次单击"帮助"图标,系统将进入帮助系统相应的部分给出典型的故障波形,

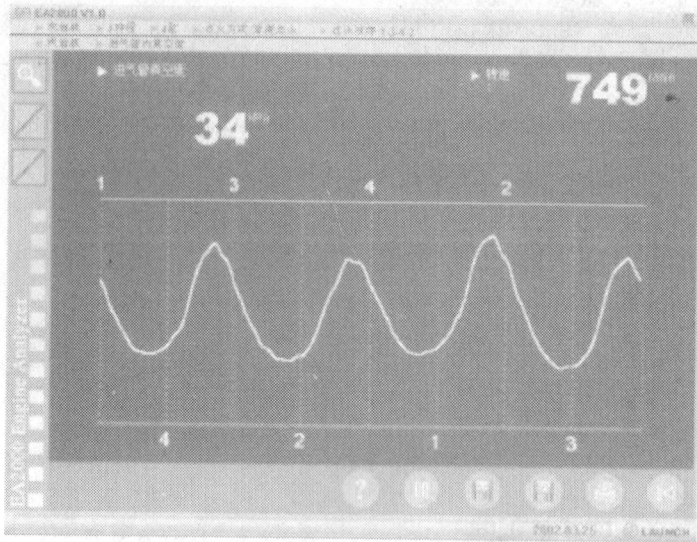

图 4-38 进气管内真空度测量

以供参考。

6）单击"图形打印"图标，可对界面有效区域进行图形打印。

（十一） 温度测量

1）可以将温度探头分别插入进气管口、机油尺口和散热器口中。

2）在"汽油机性能检测"界面中，单击"温度测量"图标，系统即进入温度测试状态，并显示所测部位的温度及发动机的转速，如图 4-39 所示。

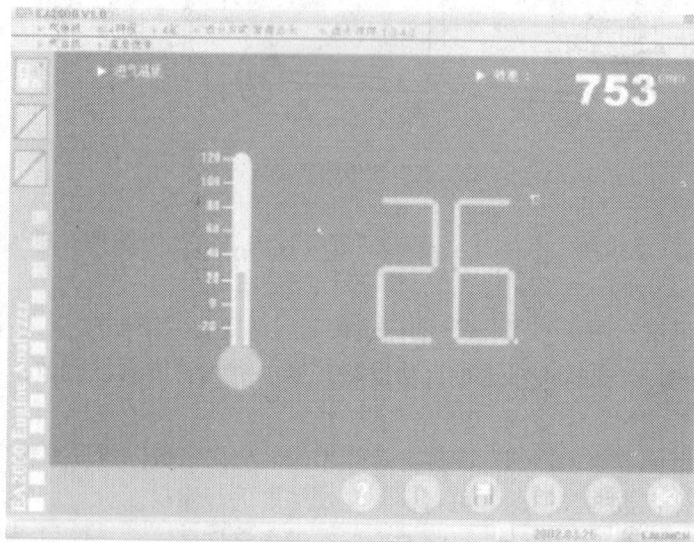

图 4-39 温度检测界面说明及操作

3) 单击左上方"温度测试模式"图标，在弹出的窗口中选择所要测的温度。

4) 单击"保存数据"图标可将检测有效结果进行保存。

5) 单击"帮助"图标可在帮助系统查看相关数据，单击"返回"图标可返回上级菜单。

(十二) 尾气分析

EA2000 发动机综合性能分析仪能与元征公司 VEA-501 尾气分析仪及其他尾气分析仪联机。

1) 启动发动机，使其工作温度正常。

2) 使尾气分析仪通过主机的 RS-232 接口与 EA2000 发动机综合性能分析仪正常联机。将尾气测试管插入汽车排气管中。

3) 在"汽油机性能检测"界面中，单击"废气分析"图标，系统即进入尾气检测功能，默认界面为折线图，如图 4-40 所示。

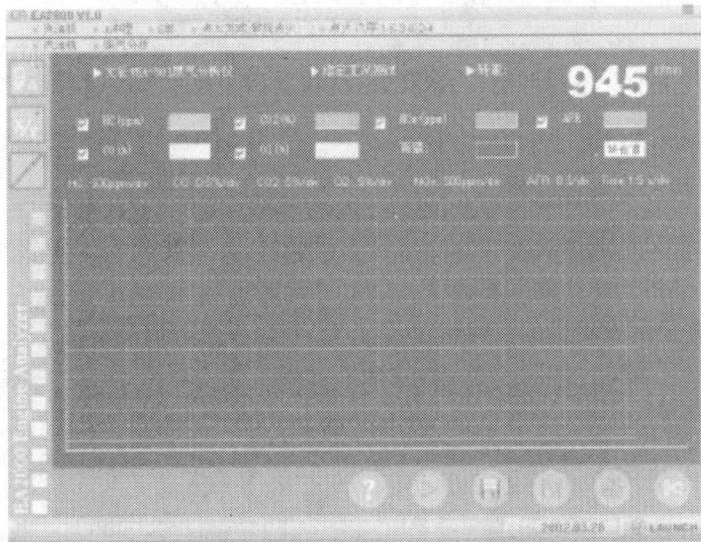

图 4-40　尾气分析折线图

4) 单击"测试"图标，即进入测试状态，再单击其一次，则进入停止状态。

5) 单击"显示方式"图标，在弹出的窗口中选择要显示的方式，即以直方图还是折线图显示。如选择直方图，则如图 4-41 所示。

6) 在折线图显示的情况下，单击"显示调整"图标，系统即弹出显示调整窗口，用户可根据需要单击相应图标进行 X 轴单位调整（在 ms 和角度之间切换）和将波形进行横、纵向平移和缩放。

7) 单击"保存数据"图标可将检测有效结果进行保存。

8) 单击"保存波形"图标则将当前界面波形保存到指定的文件夹。

9) 单击"打印"图标，则将当前界面进行打印。

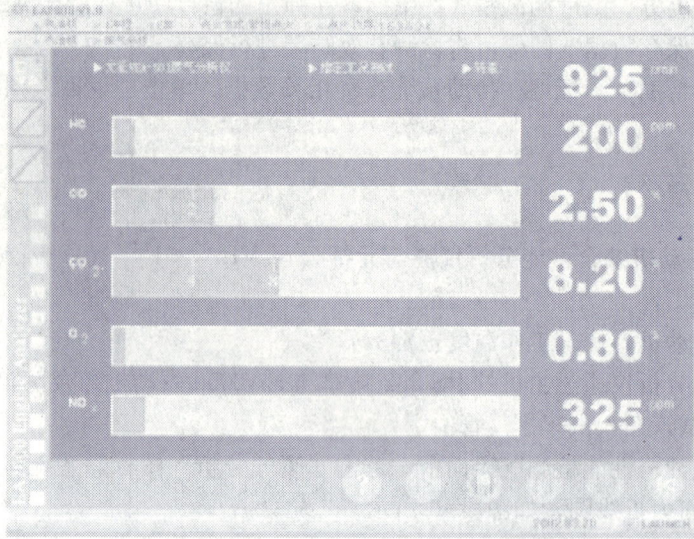

图 4-41　尾气分析直方图

10) 单击"帮助"图标系统进入帮助系统查看相关技术参数；单击"返回"图标可返回上级菜单。

(十三) 发动机转速稳定性分析

1) 将一缸信号拾取器夹在一缸高压线上。

2) 在"汽油机性能检测"界面下，单击"转速稳定性分析"图标，系统即进入转速测试状态，并显示发动机的实时转速及在 32 个循环内的最高、最低转速；用户也可自行输入平均循环数值，如图 4-42 所示。

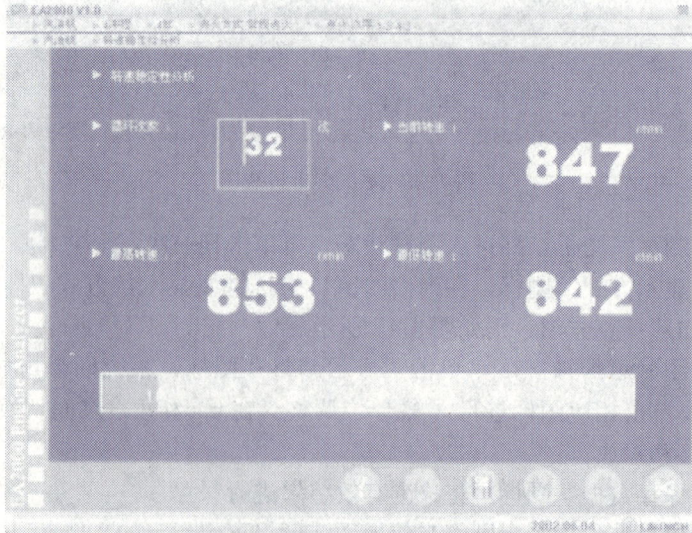

图 4-42　发动机转速分析

3）单击"保存数据"图标可将检测有效结果进行保存。

4）单击"帮助"图标将进入帮助系统。

5）单击"返回"图标可返回上级菜单。

(十四) 无负荷测功

无负荷测功是指利用发动机在无负荷加速运行过程中，其主要做功转化为其本身的旋转元件的动能，从而求出其各个时段的瞬时功率及扭矩的一种测试发动机曲轴功率和扭矩的方法。在检测前要求输入怠速转速、额定转速和当量转动惯量，当量转动惯量是测试过程中所有旋转元件换算到发动机曲轴处的转动惯量。本功能可用于车辆维修前后的动力性对比、汽车综合性能检测站的车辆等级评定，以及教学科研中作为发动机功率及扭矩分析的一种方法。

由于当量转动惯量计算复杂，本系统提供了转动惯量测试功能，输入怠速转速、额定转速和被测车辆的实际功率，可以方便地测出其当量转动惯量。

1）将一缸信号拾取器夹在一缸高压线上。

2）在"汽油机性能检测"界面下，单击"无负荷测功"图标，系统即进入无负荷测功测试界面或单击"方式选择"图标选择 P 进入无负荷测功界面。设定怠速转速 n_1（发动机怠速转速）、额定转速 n_2（发动机额定转速）和当量转动惯量（当量转动惯量可在同型号的车上通过测试得到——但此车必须保证处于良好的工作状态，一般小型车的当量转动惯量在 0.1～0.5 之间，大货车的当量转动惯量在 1.0～5.0 之间）。

3）单击"测试"图标，系统开始倒记数（"测试"被单击后变为"停止"，再次按下后"停止"恢复为"测试"，且系统停止测试）。

4）记数为零时，迅速踩下汽车节气门踏板，使发动机尽可能快的将转速迅速提高，当发动机转速超过设定的额定转速 n_2 时，迅速松开气节门踏板，使发动机回到怠速工况；系统将自动检测发动机的输出功率并显示，如图 4-43 所示。

加速时间：发动机从怠速加速到额定转速的时间。

额定功率：发动机在额定转速时的瞬时功率。

5）图 4-43 中，右侧从上至下为：

① 测试过程功率变化曲线，上面标出：$P_{e\,max}$——发动机在测试过程中的最大功率；$P_{m\,max}$——发动机在最大扭矩时的功率；$P_{e\,min}$——发动机最小稳定转速功率，即怠速功率。

② 测试过程转速变化曲线。

③ 测试过程扭矩变化曲线，上面标出：$M_{e\,max}$——发动机在测试过程中的最大扭矩；$M_{p\,max}$——发动机在最大功率时的扭矩；$M_{e\,min}$——发动机最小稳定转速扭矩，即怠速扭矩。

6）单击"保存数据"图标可将检测有效结果进行保存。

7）单击"打印"图标可对无负荷测功的结果当前界面进行打印。

8）单击"返回"图标可返回上级菜单；单击"帮助"图标，将进入帮助系统相关

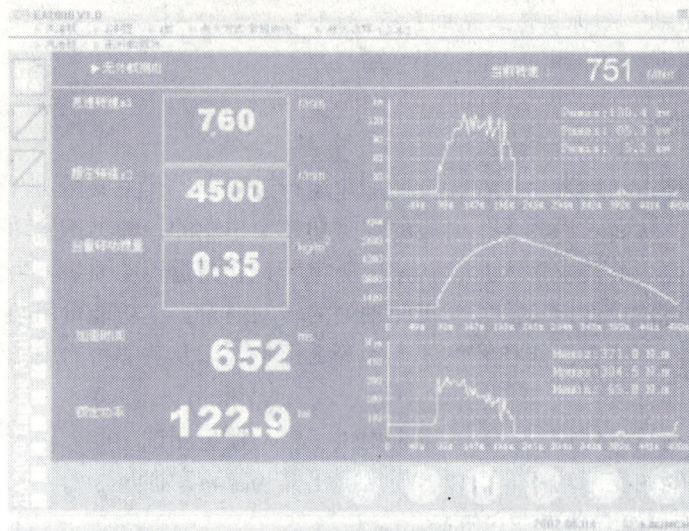

图 4-43　无负荷测功

部分查看操作指导。

　　不同型号的发动机对应不同的当量转动惯量，即使同一型号的发动机，由于其机油温度、活塞与气缸的摩擦阻力等的不同，当量转动惯量也不同；加之在采集过程中，转速采集误差较大，且发动机速度的提升与操作有很大关系，所以该方法作为法定检测器具的误差比较大，仅能用于车辆维修前后的动力性对比。

（十五）转动惯量测试

　　在"汽油机性能检测"界面下，单击"无负荷测功"图标，系统即进入无负荷测功测试界面。单击"方式选择"图标，在弹出的窗口中单击测试转动惯量测试图标"J"，即进入转动惯量测试。设定怠速转速 n_1（发动机怠速转速）、额定转速 n_2（发动机额定转速）和待测车辆额定功率。

　　1）单击"测试"图标，系统开始倒记数（"测试"被单击后变为"停止"，再次按下后"停止"恢复为"测试"，且系统停止测试）。

　　2）记数为零时，迅速踩下汽车节气门踏板，使发动机尽可能快的将转速迅速提高，当发动机转速超过设定的额定转速 n_2 时，迅速松开节气门踏板，使发动机回到怠速工况；系统将自动检测发动机的转动惯量并显示，如图 4-44 所示。

　　3）单击"帮助"图标，将进入帮助系统。

　　4）单击"返回"图标可返回上级菜单。

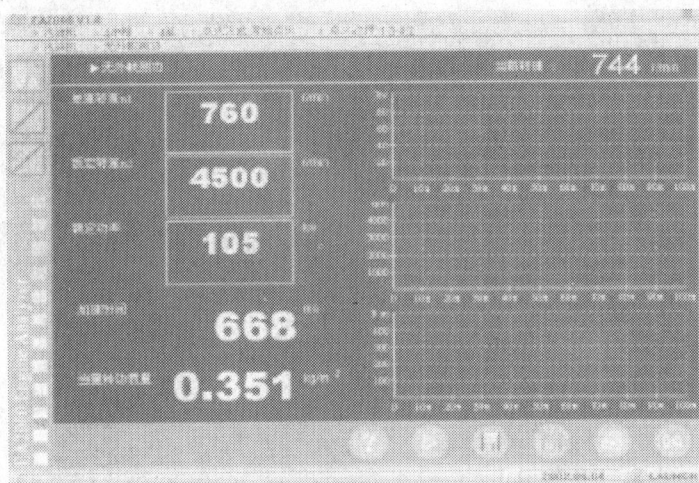

图 4-44 转动惯量测试

三、柴油发动机性能测试

（一）柴油发动机喷油压力检测

1）按图 4-45 所示的方法把喷油压力拾取器及接地线（1280402）夹在柴油发动机的某一缸高压油管上，启动发动机。

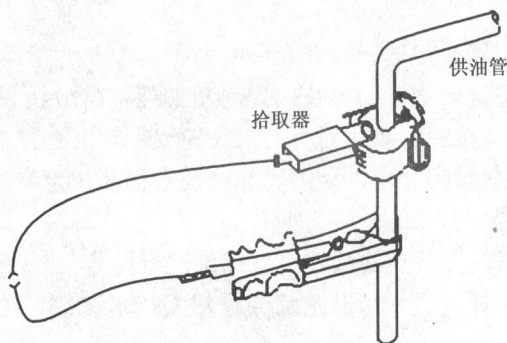

图 4-45 柴油机喷油器压力拾取器连接

2）在"柴油发动机"菜单下，单击"喷油压力"，进入柴油发动机喷油压力测试界面，如图 4-46 所示。

3）在喷油压力测试界面单击"选择缸号"图标，依据压力传感器所夹持的油管选定"第几缸"。

4）单击"测试"图标，系统即自动测定发动机的喷油波形及转速并显示。

5）单击"保存数据"图标，可将检测有效结果进行保存。

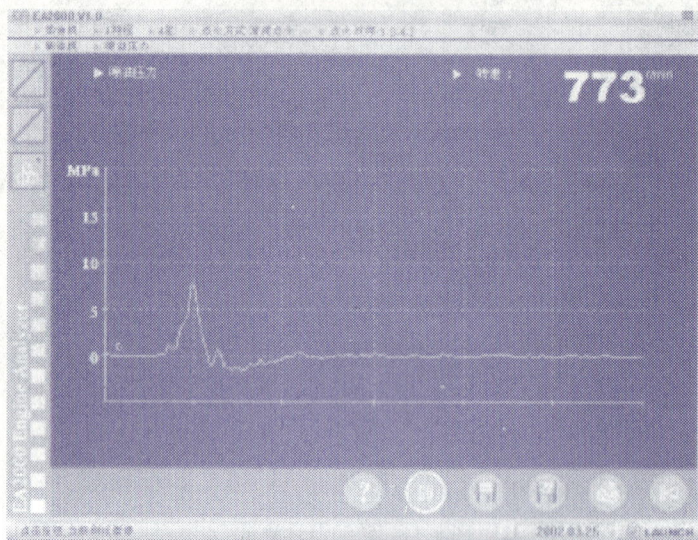

图 4-46　柴油发动机喷油压力测试

6）单击"保存波形"图标，可将波形保存于指定目录。

7）单击"图形打印"图标，可对界面有效区域进行图形打印。

8）单击"帮助"图标，可进入帮助系统查询相关技术数据，单击"返回"图标可返回上级菜单。

（二）柴油发动机喷油提前角检测

1）把喷油压力拾取器及接地线夹夹在一缸高压油管上。

2）启动发动机，选定柴油发动机喷油提前角功能，从分析仪预处理器挂架上取下正时灯，按下正时灯电源按钮，将正时灯对准飞轮或带轮上一缸上止点标志，通过调整正时灯上的电位器，改变频闪相位，使闪光相位前后移动，当看到标志不动时，系统显示的角度值即为喷油提前角，如图 4-47 所示。

3）单击"保存数据"图标可将检测有效结果进行保存。

4）单击"帮助"图标可进入帮助系统查看相关技术参数，单击"返回"图标可返回上级菜单。

（三）启动电压、启动电流测试

1）将启动电流拾取器（1280404）夹在与蓄电池相连的电动机电流线上（启动电流拾取器上箭头的指向应与电流的流向相同），如图 4-48 所示。

2）在"柴油发动机"菜单下单击"启动电流、启动电压"图标，进入测试界面。

3）单击"测试"（"测试"图标被按下后即变为"停止"，若想停止该项操作，再单击此图标即可），启动发动机，系统即可自动检测启动电压、启动电流波形并显示发动机当前转速、蓄电池电压值、启动电压值、启动电流值，如图 4-49 所示。

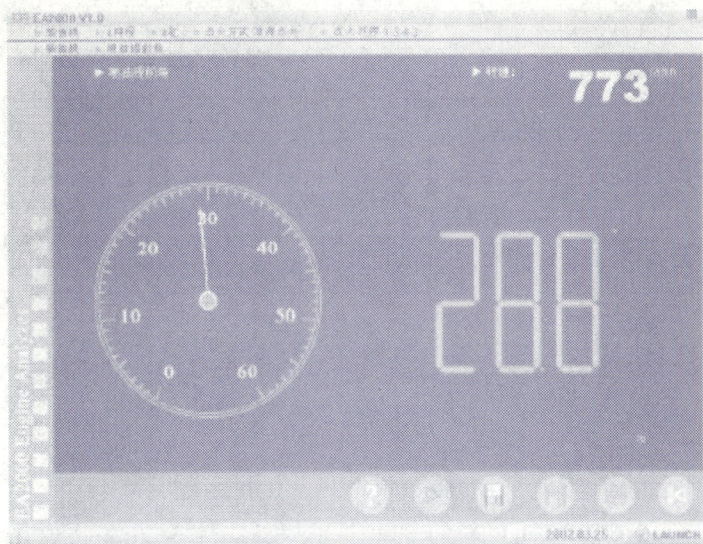

图 4-47　喷油提前角检测

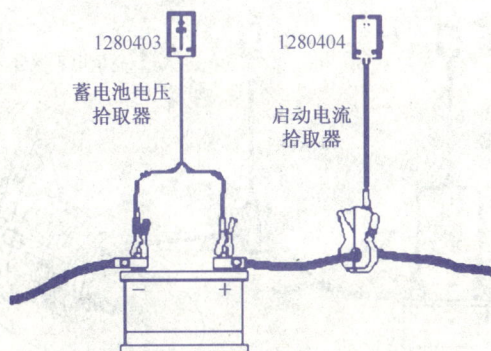

图 4-48　启动电流拾取器连接示意图

4）单击"保存波形"图标可将波形保存于指定目录。

5）单击"保存数据"图标可将检测有效结果进行保存。

6）单击"图形打印"图标可对界面有效区域进行图形打印。

7）单击"帮助"图标进入帮助系统查看相关技术参数和数据，单击"返回"图标可返回上级菜单。

（四）充电电压、充电电流测试

1）将蓄电池电压拾取器的蓄电池电压红夹、黑夹分别夹在蓄电池的正、负极，充电电压探针插在汽车发电机正极，将充电电流拾取器夹在与蓄电池相连的充电电流线上（小电流钳箭头的指向应与电流的流向相同），如图 4-50 所示。

2）在"柴油发动机"菜单下单击"充电电流、充电电压"，进入充电测试界面。

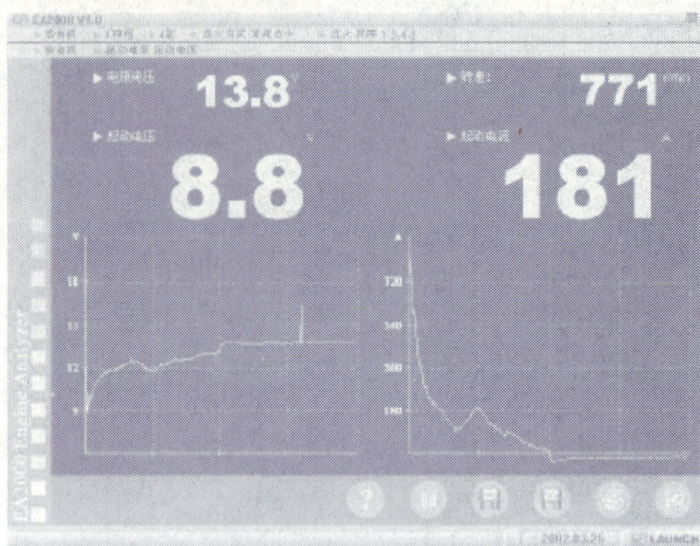

图 4-49　启动电压测试

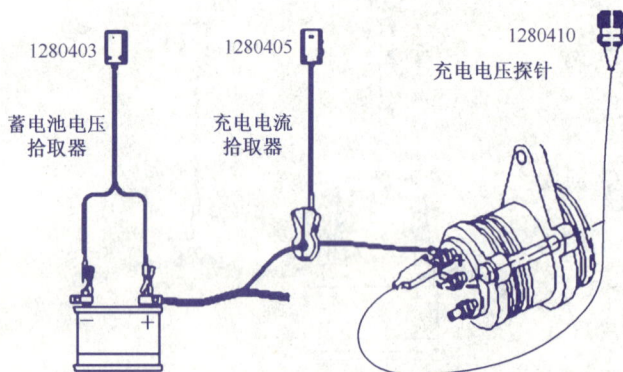

图 4-50　充电测试连接示意图

3）单击"测试"（"测试"图标被按下后即变为"停止"，若想停止该项操作，再单击此图标即可），系统即可自动检测充电电压波形、充电电压值并显示发动机当前转速、蓄电池电压值、充电电流值，如图 4-51 所示。

4）单击"显示调整"图标，在弹出的窗口中可以选择工具对波形进行缩放和平移，以便仔细观察波形。

5）单击"保存波形"图标可将波形保存于指定目录。

6）单击"保存数据"图标可将检测有效结果进行保存。

7）单击"图形打印"图标可对界面有效区域进行图形打印，单击"返回"图标可返回上级菜单。

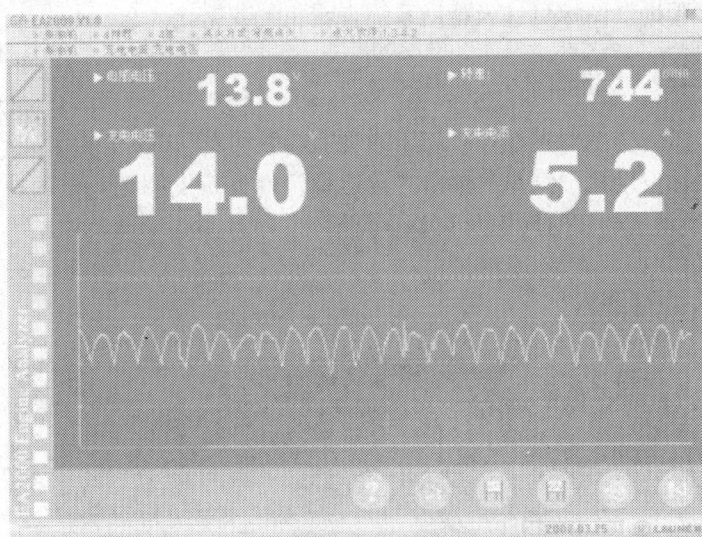

图 4-51　充电电压波形测试

(五) 自由加速烟度检测

1) 将烟度计通信电缆接到主机 RS-232 通信接口, 启动发动机使其达到正常工作温度, 将烟度计探头插入排气管中。

2) 单击"测试"图标("测试"图标被按下后即变为"停止", 若想停止该项操作, 再单击此图标即可), 系统即可测得自由加速烟度, 如图 4-52 所示。

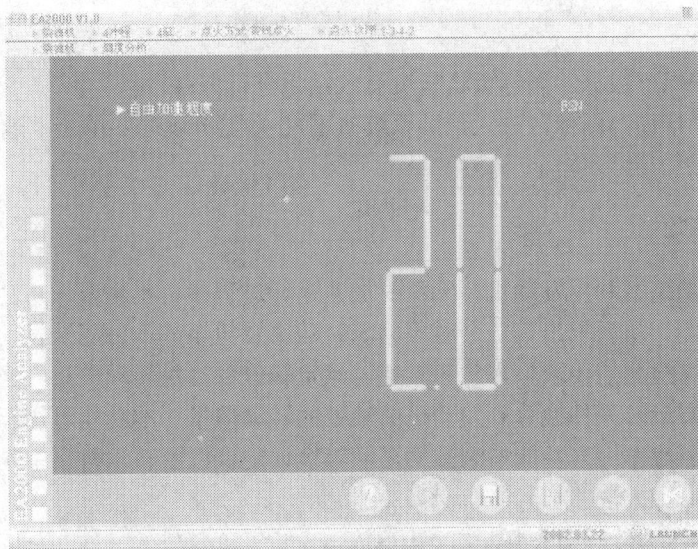

图 4-52　柴油发动机自由加速烟度

3)"显示菜单"和"保存数据"的操作同前。

4）单击"帮助"图标可进入帮助系统查看相关数据。

（六）转速稳定性

1）将喷油压力传感器夹在一缸高压油管上，启动发动机。

2）在"柴油发动机"菜单下单击"转速稳定性分析"图标，系统即进入转速测试状态，并显示发动机的实时转速及在 32 个循环内的最高、最低转速；用户也可自行输入平均循环数值，如图 4-53 所示。

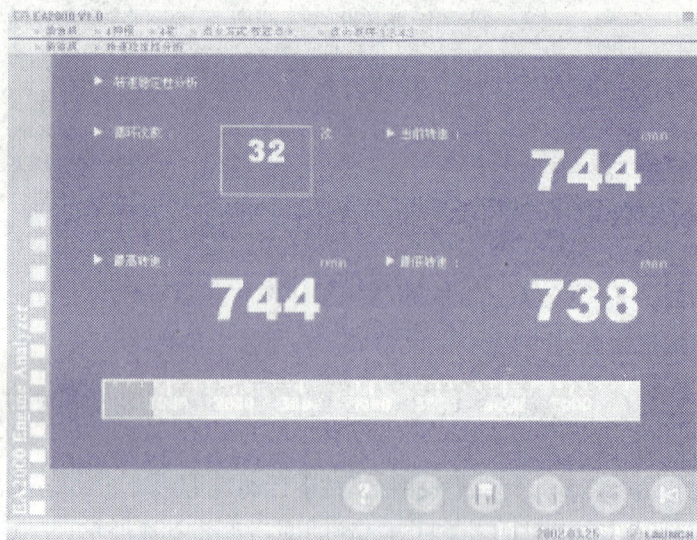

图 4-53　转速稳定性测试

3）单击"保存数据"图标可将检测有效结果进行保存。

4）单击"帮助"图标可进入帮助系统查看相关技术数据，单击"返回"图标可返回上级菜单。

（七）无负荷测功

无负荷测功是指利用发动机在无负荷加速运行过程中，其主要做功转化为其本身的旋转元件的动能，从而求出其各个时段的瞬时功率及扭矩的一种测试发动机曲轴功率和扭矩的方法。在检测前要求输入怠速转速、额定转速和当量转动惯量，当量转动惯量是测试过程中所有旋转元件换算到发动机曲轴处的转动惯量。本功能可用于车辆维修前后的动力性对比、汽车综合性能检测站的车辆等级评定，以及教学科研中作为发动机功率及扭矩分析的一种方法。

1）将喷油压力传感器夹在一缸高压油管上。

2）在"柴油发动机"菜单下单击"无负荷测功"图标，系统即进入无负荷测功测试界面。设定怠速转速 n_1、额定转速 n_2 和当量转动惯量（当量转动惯量可在同型号的车上通过测试得到——此车必须保证处于良好的工作状态，一般小型车的当量转动惯量

在 $0.2\sim0.5$ 之间，货车的当量转动惯量在 $2.0\sim5.0$ 之间）。

3）单击"方式选择"图标选择测功 P 还是测当量转动惯量 J。

4）单击"测试"图标，系统开始倒记数（"测试"图标被单击后变为"停止"，再次单击后"停止"恢复为"测试"，且系统停止测试）。

5）计数为零时，迅速踩下汽车节气门踏板，使发动机尽可能快的将转速提高，当发动机转速超过设定的额定转速 n_2 时，松开节气门踏板，使发动机自然回到怠速工况；系统将自动检测发动机的加速时间及输出功率或转动惯量并显示，如图 4-54、图 4-55 所示。

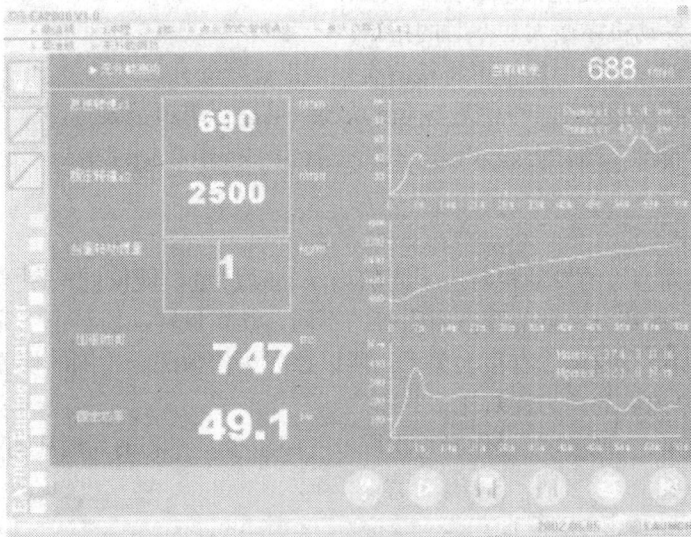

图 4-54　无负荷测功

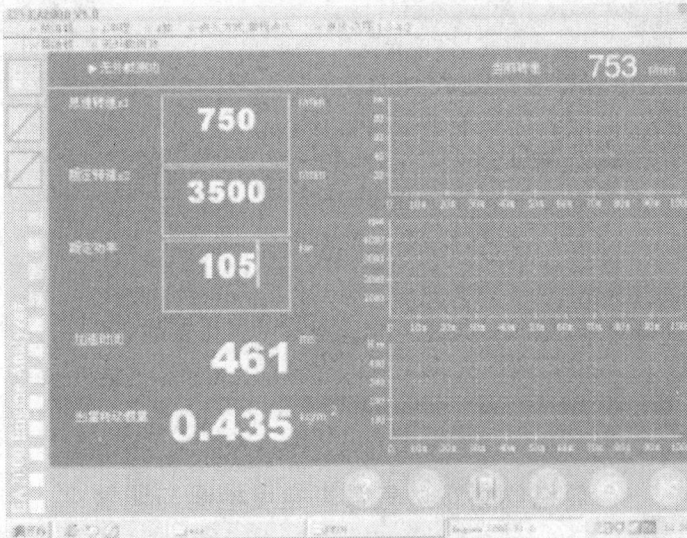

图 4-55　转动惯量测试

其中：

加速时间：发动机从怠速加速到额定转速的时间。

额定功率：发动机在额定转速时的瞬时功率。

当量转动惯量：所测得的当量转动惯量。

测功图中右侧从上至下为：

① 测试过程功率变化曲线，上面标出：$P_{e\,max}$——发动机在测试过程中的最大功率；$P_{m\,max}$——发动机在最大扭矩时的功率。

② 测试过程转速变化曲线。

③ 测试过程扭矩变化曲线，上面标出：$M_{e\,max}$——发动机在测试过程中的最大扭矩；$M_{p\,max}$——发动机在最大功率时的扭矩。

6）单击"保存数据"图标可将检测有效结果进行保存。

7）单击"打印报表"，可对无负荷测功的结果进行单项报表打印。

8）单击"帮助"图标可进入帮助系统查看相关技术数据，单击"返回"图标可返回上级菜单。

注意：

1）由于不同型号的发动机对应不同的当量转动惯量，即使同一型号的发动机，由于其机油温度、活塞与气缸的摩擦阻力等的不同，其当量转动惯量也不完全相同。又因为发动机速度的提升与操作有很大关系，所以该方法作为法定检测的误差就比较大，仅能用于车辆维修前后的动力性对比。

2）测试结果的重复性与操作者每次踩节气门踏板习惯和前后时机有一定关系。

思考与练习

1. 发动机综合性能检测的目的是什么？

2. 汽油发动机综合性能检测的项目有哪些？

3. 无负荷测功的原理是什么？

4. 试画出点火系统的平列波形、并列波形、重叠波形，并简述其能分析点火系统的哪些状况参数？

5. 柴油发动机综合性能检测的项目有哪些？

6. 什么是汽油发动机的点火正时？简述点火正时检测的步骤。

学习检测

桑塔纳轿车进气管真空度检测与调整

准备一台桑塔纳轿车（装备 AFE 电控燃油喷射发动机），用 EA2000 发动机综合性能检测仪检测发动机工作时的进气管真空度，完成表 4-2 所示的检测任务。

表 4-2　桑塔纳轿车进气管真空度的检测及分析

项目	技 术 要 求	配分	评分细则	评分记录
检测前仪器及车辆准备	1）检查实训场地的通风、照明是否良好 2）检查 EA2000 检测仪是否工作正常 3）准备好维修保护四件套和必要的维修工具，在车上使用维修保护四件套 4）启动发动机，确认发动机急速运转平稳，急加速反应迅速	20	错漏一项扣 5 分	
进气管真空度的检测及分析	1）将进气压力拾取器（1280407）上的橡胶软管连接到发动机的进气管上，将一缸信号拾取器夹在一缸高压线上 2）在"汽油机性能检测"界面中，单击"进气管内真空度"图标，进入进气管内真空度测试 3）单击"测试"图标，系统即可进行自动检测并显示进气管内真空度波形、发动机当前转速 4）单击左上侧"放大倍数"图标，选择相应的放大倍数以便仔细观察波形 5）启动发动机，操作节气门踏板，使发动机分别在标准急速、急加速、急减速和 4 000r/min 运转，记录下各个工况的进气真空度数据，并手绘波形 6）单击"保存数据"图标，将检测有效结果进行保存 7）单击"保存波形"图标，将波形保存于指定目录 8）单击"图形打印"图标，对界面有效区域进行图形打印 9）拔下制动真空助力器的软管，观察进气真空度的变化，记录下变化的数据及波形后将软管装上 10）用抹布堵住排气管的部分出口，观察进气真空度的变化，记录下变化的数据及波形后将抹布取出	50	操作错误一项扣 5 分	
实验报告	填写实验报告	10	根据实验报告的完成情况酌情给分	
安全文明生产	检测完毕，EA2000 检测仪归位，车辆驶离，打扫卫生，归还工具及设备	15	工具损坏或违反安全操作不得分	
工时	30min	5	实操时间——min	
备注				

项目 5

汽车发动机尾气检测

教学目标

学习本项目，可以掌握汽车内燃发动机尾气排放的相关知识和检测、调整、维修方法，学会检测汽车发动机的尾气成分，并做必要的调整和维修。

技能要求

1. 掌握汽车电工电子技术，会使用常见的电工工具。

2. 熟悉发动机构造、发动机机械及电控系统的检修，能独立排除发动机燃油系统的常见故障。

3. 具备了一定的观察、故障判断和逻辑思维的能力。

相关知识与技能点

一氧化碳、碳氢化合物、氮氧化合物、颗粒物、硫化物、三元催化反应器、空燃比。

汽车排放污染物检测与发动机烟度测量

任务目标

确保汽车内燃发动机的正常工作，在不对环境造成污染的前提下，具有良好的经济性能和强劲的动力性能。

安全规范

1. 穿好工作服及必要的防护用具，不要佩戴首饰，长发挽起，以防卷入传动带或运动部件。

2. 发动机排出的尾气中含有多种有毒化合物（如烃、一氧化碳、氮氧化合物等），应避免吸入，操作时应将被测车辆排放的尾气引出室外或使通风良好。

3. 发动机运转时温度较高，应避免接触散热器和排气管等高温部件。

4. 启动发动机前，应施加驻车制动，并将变速器变速杆置于空挡（手动变速器）或"P"挡位（自动变速器）。

一、桑塔纳轿车怠速工况下排放污染物的检测

实验用品：桑塔纳轿车、汽车不分光红外线气体分析仪。
实验操作过程。

1. 仪器的准备和校准

（1）预热
接通电源，对不分光红外线气体分析仪（以下简称气体分析仪）预热 30min 以上。

（2）标准气样校准
用标准气样校准，首先要确定校正值：CO 校准的标准值就是标准气样瓶上标明的 CO 物质的量浓度值。HC 校准的标准值由于是用丙烷（C_3H_8）作为标准气样，因而要求把正己烷（C_6H_{14}）的换算值作为校准的标准值，其换算公式为

校准的标准值（即正己烷换算值）＝标准气样（丙烷）物质的量浓度×换算系数

校准气样（丙烷）物质的量浓度即标准气样瓶上标明的物质的量浓度值；换算系数由分析仪的给出，一般为 0.472～0.578。

（3）零位校正

取下水分离器，吸入清洁空气，待指针充分稳定后，调整零位旋钮，使指针指到零位。

（4）仪器校正

将泵开关拨到"关"位，使标准气瓶喷嘴对准仪器的标准气入口，用力压紧直到指示稳定，一般只需 7～8s。取下标准气，密封标准气入口，用螺丝刀调整 CO、HC 量程旋钮，使其指示值与标准气瓶标明的气体浓度（或换算浓度）一致。

（5）简易校准

接通简易校准开关，对于有校准位置刻度线的分析仪，用标准调整旋钮将指示仪表的指针调整到正对校准刻度线即可。如果没有校准位置刻度线，则在标准气样校准时，在标准指示值作上记号，然后立即进行简易校准，使仪表指针与标准指示值记号重合即可。

把取样探头和取样导管安装到分析仪上。此时如果仪表指针超过零点，则表明导管内壁吸附有较多的 HC，需要用压缩空气或布条等清洁取样探头和导管。

2. 车辆准备

1）发动机进气系统应装有空气滤清器，排气系统应装有排气消声器，并不得有泄漏。

2）汽油应符合 GB484—1993 的规定。

3）测量时发动机冷却液温度应达到 75～85℃。

4）检查点火提前角，应介于 8°～11°。

3. 正常怠速测量程序

1）必要时在发动机上安装转速计、点火正时仪、冷却液测温计等测试仪器。

2）发动机由怠速工况加速至 3 000r/min，维持 60s 后降至怠速状态。

3）发动机降至怠速状态后，将取样探头插入排气管中，深度等于 400mm，并固定于排气管上。

4）发动机在怠速状态维持 15s 后开始读数。读取 30s 内的最高值和最低值，其平均值即为测量结果。

注：对于多排气管发动机，取各排气管测量结果的算术平均值。

5）测量工作结束后，把取样探头从排气管里抽出来，让其吸入新鲜空气 5min，待仪器指针回到零点后再关闭电源。

4. 双怠速测量程序

1）必要时在发动机上安装转速计、点火正时仪、冷却液测温计等测试仪器。

2）发动机由怠速工况加速至 0.7 倍额定转速，维持 60s 后降至高怠速（即 0.5 倍额定转速）。

3）发动机降至高怠速状态后，将取样探头插入排气管中，深度等于 400mm，并固定于排气管上。

4）发动机在高怠速状态维持 15s 后开始读数，读取 30s 内的最高值和最低值。取平均值即为高怠速排放测量结果。

5）发动机从高怠速状态降至怠速状态，在怠速状态维持 15s 后开始读数。读取 30s 内的最高值和最低值，其平均值即为怠速排放测量结果。

注：若为多排气管发动机，分别取各排气管高怠速排放测量结果的平均值和怠速排放测量结果的平均值（高怠速排放测量值应低于怠速排放测量值）。

6）测量工作结束后，把取样探头从排气管里抽出来，让其吸入新鲜空气 5min，待仪器指针回到零点后再关闭电源。

二、捷达轿车柴油发动机自由加速烟度的测量

实验用品：装备柴油发动机的捷达轿车、不透光烟度计。
实验操作过程。

1. 不透光烟度计准备

1）取样探头与测量单元可靠连接，防止泄漏。

2）测量单元和控制单元的连接电缆连接可靠，以防止信号失真和丢失。

3）通电预热后，仪器自动校准，此时切勿将取样探头放入待测车辆排气管，而应放在清洁的空气中，仪器正常进入系统主菜单后，方可进行实验。

2. 汽车准备

1）进气系统应装有空气滤清器，排气系统应装有消声器，并且不得有泄漏。

2）排气管应能够保证取样探头插入深度 ≥300mm，否则，排气管应加接管，并保证接口不漏气。

3）必须采用生产厂规定的柴油机润滑油和未加消烟剂的柴油。

4）柴油机应预热至规定的热状态。

3. 实验操作步骤

1）取样探头逆气流固定于排气管内，并使其中心线与排气管平行。

2）校准完毕，将测量单元放置于排气管附近。由于测量单元在测量时，必须吸入

干净空气作为保护气幕，若吸入尾气将影响测量结果，因此测量单元不应放置在汽车排气扩散方向上，而应与之保持垂直。

3）在将取样管插入汽车排气管前，先由怠速工况将加速踏板踩到底，约 4s 后迅速松开，如此反复三次，以便将排气管内的炭粒除掉，使测量准确。

4）怠速状况检查完成后，按照仪器提示，按图 5-1 所示进行自由加速烟度的测量。

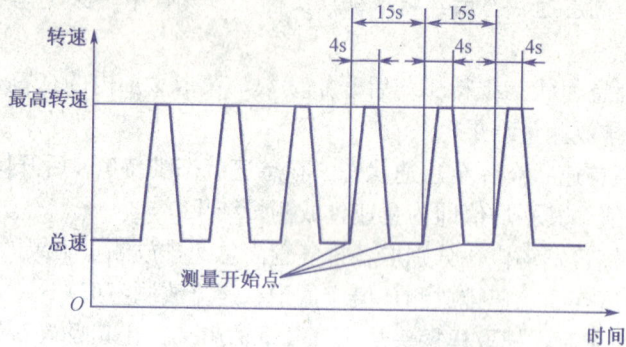

图 5-1　自由加速烟度的测量

迅速踩下加速踏板，使发动机急剧加速至最高额定转速，并保持该转速，直至仪器屏幕提示"请减至怠速，并保持"为止，松开加速踏板，使发动机恢复怠速状态。按照国家标准 GB 3847—2005《车用压燃式发动机和压燃式发动机汽车排气烟度排放限值及测量方法》的规定，自由加速烟度至少重复测量六次，如果光吸收系数示值连续四次均在 $0.25m^{-1}$ 的带宽内，并且没有下降趋势，则将这四次示值的算术平均值作为测量结果。

5）测量完成，将取样探头从车辆的排气管中取出，将测量单元放回清洁干燥处，控制系统退出测量界面，返回主菜单，关闭电源。

4. 实验结果分析

柴油机自由加速烟度超过标准时，其主要原因是柴油机供油系调整不当所致。此外，柴油机气缸活塞组和曲柄连杆机构的技术状况及柴油的质量等对烟度排放也有影响，下面简要介绍排烟故障的原因和诊断。

（1）黑烟故障

柴油机工作时黑烟浓重，其故障多由于喷油量过大、雾化不良、各缸喷油量不均匀、喷油时刻过早、调速器失调和空气滤清器堵塞等因素引起。

（2）蓝烟故障

蓝色烟雾一般是润滑油窜入燃烧室后燃烧而生成的。因此，发现蓝色烟雾后，首先要检查油底壳的油面高度是否超高，因为润滑油油面过高容易造成润滑油上窜。值得注意的是，检查油面高度时，切不可在发动机停熄工作后就抽出油尺查看，因为此刻飞溅到曲轴箱壁的润滑油尚未流回，须待停机后 2min 再抽出查看。如果经检查油面高度正常，则可进一步检查气缸压缩压力。

（3）白烟故障

燃油中含有水分或冷却水漏入气缸，经炽热后化为蒸汽由排气管喷出，常被视为白烟。寒冷季节或雨天汽车露天停放，初次启动时，排气管所冒白烟，往往是由于排气消声器内积水被发动机尾气加热蒸发造成的，在发动机启动运转正常后，水蒸气蒸发殆尽，症状也即消失，故不必多虑。

知识探究 汽车尾气

汽车排放的污染物是一致公认的城市公害之一，它污染了人类的生存环境，影响了人们的身体健康。而且随着汽车保有量的迅速增加，这种危害越来越大，并发展成为严重的社会问题。因此，监督并检测排气污染物浓度已成为汽车检测项目中极为重要的部分。

用尾气分析仪和烟度计测定排放污染物的浓度的目的是控制排放污染物的扩散，使其限定在被允许的范围内，以达到保护生态环境的目的。美国、日本和欧洲等国家和地区对车辆排放制定了严格的法规，我国于 1983 年发布并于 1984 年实施了《汽车污染物排放标准和测量方法》。其后又相继制定了几项排放标准，并于 1993 年、1999 年对上述排放标准进行了修订。国家质量技术监督局于 2000 年 12 月 28 日发布了 GB18285—2000《在用汽车排气污染物限值及测试方法》；2001 年 1 月 31 日国家质量技术监督局又发布了 GB14761—2001《汽车排放污染物限值及测试方法》。通过从严规范诊断参数和测量方法，我国治理废气污染走上了较为严格的法制轨道，并逐渐与国际接轨。

一、发动机尾气成分分析

（一）汽油燃烧分析

如果按中学化学课本的内容来定义，燃烧就是物质的快速氧化现象。

各种物质都是由该物质所特有的分子组成的，而分子是由不同原子化合而成的。物质被加热之后，分子内部不同原子之间的结合力变弱，氧原子乘虚而入与物质内部的原子结合形成了新物质，这就是燃烧的过程。

1. 碳氢化合物的燃烧

汽油是石油精细提炼后的液体产品，它是由数千种不同的化合物组成的，其中除去极少量的不纯物质外，其余全都是碳氢化合物。碳氢化合物是指该物质分子中只含有碳和氢两种原子，由于碳氢原子结合方式不同就形成了不同的化合物。

汽油在燃烧时，其中的一个碳原子和两个氧原子化合生成一个二氧化碳分子；两个氢原子和一个氧原子化合生成一个水分子。

二氧化碳本身没有毒性，人呼出的气体中就含有二氧化碳，它是植物进行光合作用必需的原料。但大气中如果二氧化碳过多，将促进地球的温室化，导致环境温度升高。

总之，汽油如果完全燃烧是不会产生大气污染等公害问题的，这一点很重要，希望人们能正确地理解。

下面以汽油中丁烷化合物的燃烧为例，说明汽油燃烧的机理。丁烷在常温下是气体，丁烷中的碳氢化合方法有两种，因而产生了正丁烷和异丁烷，两种丁烷化学性质不同。

图 5-2 所示为丁烷的燃烧。

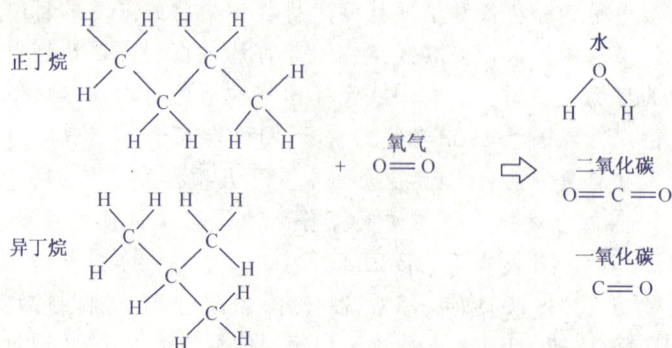

图 5-2　丁烷的燃烧

丁烷燃烧时产生对人体无害的二氧化碳和水，如果氧的数量不足则能生成对人体有害的一氧化碳。

氢元素以 H 表示，一个丁烷分子中有 10 个氢原子和 4 个碳原子，化学分子式为 C_4H_{10}。一般都用 C_mH_n 来表示烷类物质的分子式，该分子式表明该物质的分子是由 m 个碳原子和 n 个氢原子组成的。

丁烷在燃烧时，每个分子中的 4 个碳原子和 8 个氧原子化合生成 4 个二氧化碳分子，10 个氢原子和 5 个氧原子结合生成 5 个水分子。

上述的氧原子存在于大气之中，如果空气量相对于汽油的量不足的话，和碳原子结合的氧原子相对地显得不足，这时就不会生成二氧化碳分子而只能生成一氧化碳分子。

二氧化碳对人是无害的，而一氧化碳对人则是有害的。

2. 汽油机排气中的成分

汽油机的排气中有各种各样有害气体，但主要的有三种，分别是一氧化碳、未燃碳氢化合物和氮氧化合物，汽车上的三元催化器的功能就是能把这三种有害物质消除掉。

排气中的碳氢化合物是汽油不完全燃烧产生的，一氧化碳是氧气不足时燃烧产生的，那么氮氧化合物又是如何形成的呢？

氮氧化合物一般使用 NO_x 来表示，其中 O 可以是 1 也可以是 2。在汽油机排出的氮氧化合物之中，二氧化氮（NO_2）含量较小，大部分是一氧化氮（NO）。

汽油机排气中的一氧化氮进入大气之中，立刻和氧原子进一步化合生成二氧化氮。二氧化氮是一种有强烈刺激气味的有害气体，是形成大气光化合烟雾的根本原因。

这个化学反应过程可能使很多学习成绩优秀的人发蒙，因为化学课本明明白白告诉我们氮是一种性质稳定的气体，不支持燃烧，为什么到汽车上氮原子就会参加燃烧和氧原子化合呢？

在讲解氮氧反应的原因之前，这里先介绍一下空燃比的概念。

3. 空燃比

空燃比表示新鲜空气和燃油的混合比，一般以空气质量和汽油质量的比值来表示。其表示代号为"A/F"。其中 A 是英语单词"空气"（air）的字头，F 是英语单词"燃料"（fuel）的字头。

空燃比是发动机运转时的一个重要参数，它不仅对排气的成分影响很大，也对发动机的动力性和经济性有很大的影响。

在考察汽油燃烧过程时常使用理论空燃比这一名词。理论空燃比表示为了将燃料完全燃烧所需要的理论空气量和燃料量的比值，即理论空燃比是将燃料完全燃烧所需要的最少空气量和燃料量之比。

燃料的组成成分影响理论空燃比的大小，但影响程度有限，因为不同国家的汽油成分基本上是相同的。中国标准汽油的理论空燃比为 14.7（图 5-3），其他国家的理论空燃比可能稍有不同，如日本为 14.8。

理论空燃比为 14.7，表明为了燃烧 1kg 汽油需要 14.7kg 的空气。如果以体积估算的话，燃烧 1L 汽油大约需要 $8m^3$ 的空气。

在汽车维修中，维修人员经常说到混合气过浓或过稀，其过浓过稀的标准就是这个理论空燃比。实际空燃比小于理论空燃比时，混合气中的汽油含量高，被称为过浓；实际空燃比大于理论空燃比时，混合气中的空气含量高，被称为过稀。

（1）空燃比和燃烧温度

在混合气略微过浓时，即空燃比为 13.5～14 时汽油的燃烧速度较快，火焰温度也最高。

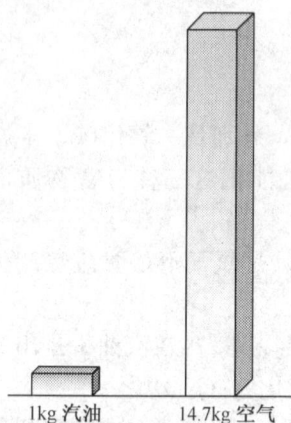

图 5-3　理论空燃比

（2）空燃比和经济性

在混合气略偏稀时，即空燃比为 16 时经济性最好，这时混合气中的氧气较多，燃料可以完全燃烧。

（3）空燃比和功率性

发动机是利用混合气燃烧膨胀推动活塞做功的，燃烧速度越快，燃烧气体产生的膨胀力也越大。

在压缩冲程的后期，火花塞跳火使火花塞电极附近的混合气燃烧，燃烧过程是把碳氢化合物加热分解氧化的过程，这部分混合气燃烧产生大量的热，引起邻近部分混合气的碳氢化合物氧化，持续向周围扩散。

当发动机运转时，燃烧室内的混合气受压缩的影响，其运动状态很复杂。所以火焰传播速度也受混合气运动的影响。但如单从空燃比角度来看的话，还是较浓的混合气燃烧速度快。一般空燃比为 12～13 时燃烧温度最高、燃烧速度也最快。

综上所述，空燃比对火焰温度、功率和经济性的影响如图 5-4 所示。

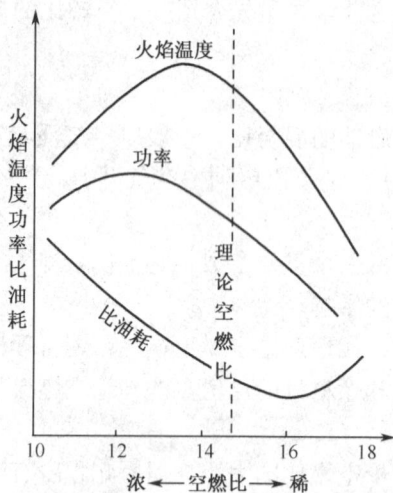

图 5-4　空燃比和燃烧温度、功率及经济性关系曲线

从图 5-4 所示可以看出，汽油机在节气门全开时，最大功率点出现在空燃比为 12～13 的范围内。在节气门踏板踏动量很小时，也即节气门开度不大时油耗最低，汽油机的经济性最好，由图可知，这时的空燃比为 16。

4. 氮和氧的化学反应

当汽油燃烧时碳氢化合物进行氧化反应，同时产生大量的热，在混合气比理论空燃比浓一些的时候，火焰温度达到最高。

氮分子在常温下是非常稳定的气体，但在 2000℃ 以上的高温条件下氮也能和氧发生反应。但是氮的氧化反应并不产生热量，反而吸收热量。因此，当燃烧温度下降之后就不会生成氧化氮。

如果把燃烧定义为随着氧化反应必须产生热的话，那么氮的氧化反应就不能算做燃烧，正确的说法应该是"氮的氧化"。

汽车行驶时排出的尾气会污染空气，尾气中对环境污染的"罪魁祸首"就是氮氧化合物。

有机会的话，弯腰到汽车的排气管后面闻一闻，如果闻到刺鼻的辣味，刺激得眼睛要流泪，这种成分就是氮氧化合物。

大量的氮氧化合物溶于水，就得到了硝酸——化学课本上学到的三大强酸之一，这时就可以理解为什么汽车尾气会刺激鼻子和眼睛了吧？

通常，发动机越省油、动力越充足，产生的氮氧化合物就越多，因而，如何降低氮氧化合物的排放就成了一个难题。

氮的氧化反应随温度的升高而加剧，同时在含氧越多的条件下氮的氧化反应越容易进行，比理论空燃比略微浓一点的混合气燃烧温度最高，即在空燃比为 $13.5 \sim 14$ 时火焰温度最高，混合气浓度再浓或再稀火焰温度将降低。

当然，说火焰温度低只是一个相对的概念，即在汽油燃烧时间内极小一部分时间低，大部分时间大都越过 $2000℃$。从而单从火焰温度角度考虑的话，汽油机燃烧时将会产生大量的氧化氮。

此外，从氧气的含量来看，当然是空燃比越大氧气含量越高。从而在火焰温度一定的条件下，空燃比越大则产生的氧化氮也越多，但这是有条件的，当空燃比超过 16 之后，空燃比再增大氧化氮的生成量就不再继续增加了。

从火焰温度和氧气含量这两个综合影响来看，当空燃比达到 16 左右时，氧化氮的生成量达到峰值。

空燃比和排气成分的浓度关系如图 5-5 所示。

这一结论对目前各汽车生产厂家组织稀薄燃烧的研究工作具有重大意义。

随着国内民众对环保的重视程度越来越高，汽修行业对汽车尾气的检测也成为了一项日常工作。要做好尾气的检测与调整，就必须弄懂空燃比和排气成分的关系。

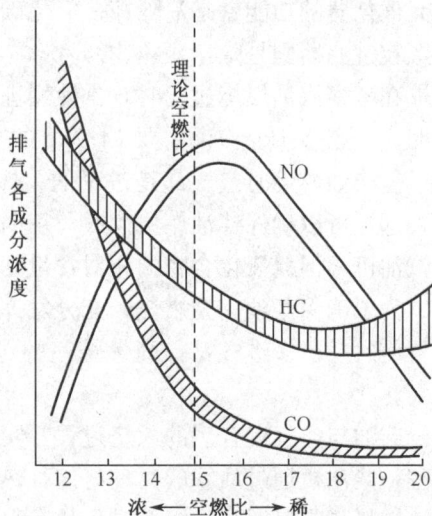

图 5-5　空燃比和排气成分的浓度关系

（二）柴油燃烧分析

目前，我国柴油分轻柴油、重柴油和重油三种。轻柴油用于高速柴油机，重柴油用于中低速柴油机，重油用于大型柴油机。

轿车上装备的都是高速柴油机，必须使用

轻柴油。

柴油和汽油一样，都是石油精细提炼后的液体产品，除去其中极少量的杂质（硫、磷）外，其余全都是碳氢化合物。柴油的燃烧过程也和汽油类似。

柴油发动机工作时排出的尾气成分如图 5-6 所示，含量较高的是氮气（N_2）、二氧化碳（CO_2）、水蒸气（H_2O）、氧气（O_2），含量较少的是二氧化硫（SO_2）、颗粒物（PM）、未燃碳氢化合物（HC）、氮氧化合物（NO_x）和一氧化碳（CO）。

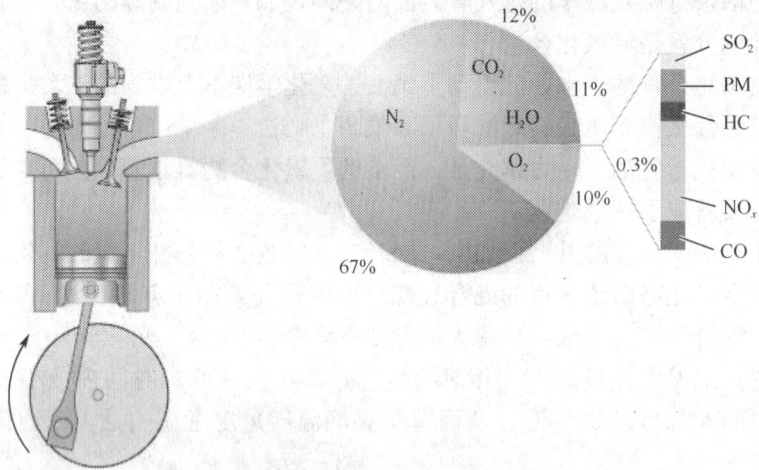

图 5-6　柴油机尾气的成分

从图 5-6 所示可以看出，尾气中的有害物质约占 0.3%。

尾气中的有害物质主要的有四种，分别是一氧化碳、未燃碳氢化合物、氮氧化合物和颗粒物。如果石油中的硫成分去除不彻底，排气中还会有少量的二氧化硫。汽车上的三元催化器的功能就是消除掉一氧化碳、未燃碳氢化合物、氮氧化合物三种有害物质，而颗粒过滤器则是除掉颗粒物。

在考察汽油燃烧过程时，常使用理论空燃比这一名词，汽油的理论空燃比为 14.7，表明为了燃烧 1kg 汽油需要 14.7kg 的空气。

但柴油燃烧时空气都是过量的，即吸入的新鲜空气量远大于柴油燃烧所需的空气量，这样可以确保柴油燃烧彻底。正因为如此，柴油机的尾气中碳氢化合物的含量远小于汽油机，但氮氧化合物的相对含量则比汽油机高出数倍。

为了确保柴油完全燃烧，充分发挥燃油经济性，现代柴油机基本都采用了涡轮增压装置使发动机多进气，提高燃烧室的过量氧气浓度，这也造成了氮氧化合物的生成量提高。

柴油与空气混合后的燃烧过程，实质是燃料和氧气化合，生成化合物并放出热量的过程，柴油机通过活塞的运动将这种热能转变成机械能。

燃料与空气混合的燃烧过程是在很短的时间内发生的，一般只需 3～5ms，相对曲轴转角 25°～35°。要想使柴油机工作在最佳状态，主要是控制喷油量和喷油时间，喷油的最佳时间应发生在使爆发的最大压力产生在活塞在上止点后，曲轴转角 6°～8°时。由于柴油从喷油到完全燃烧需要曲轴旋转 25°～35°，因此喷油时刻应发生在上止点前，称为喷油提前角。提前角应随发动机工况的变化而变化，因此，柴油机装有机械或电子喷油提前角调整器，有的用计算机直接调整喷油时间。

如果喷油提前角过早，则最大爆发压力发生在活塞在上止点前，会造成柴油机的机械损失过大，而且易发生爆燃。

如果喷油提前角过小，使爆发压力产生在活塞下行了很长的行程，则柴油机热损失大，燃料的经济性和动力性均下降，还易造成发动机高温。

混合气浓度对柴油机燃烧过程也有很大影响，如果混合气过浓，火焰中心形成后，在高温作用下，燃油分解成黑色碳粒，碳粒排出就形成了黑烟，部分可燃混合气在燃烧后期被点燃，造成发动机油耗偏高。

如果混合气过稀，将造成发动机不易启动，燃烧缓慢，热损失大，发动机易高温。

柴油发动机的燃烧过程可分四个阶段，其燃烧过程中气缸压力与曲轴转角之间的关系如图 5-7 所示。

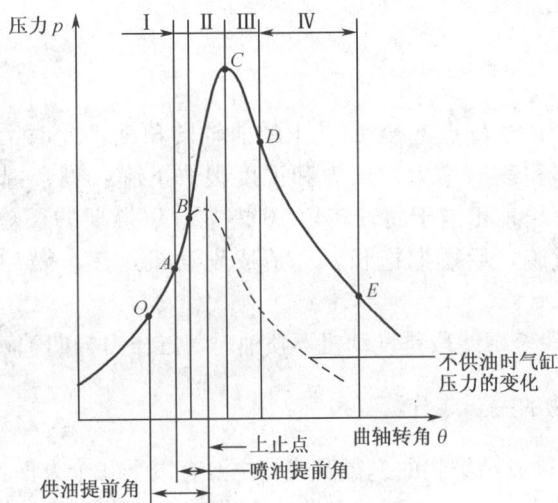

图 5-7　柴油机燃烧过程的四个阶段
Ⅰ—备燃期；Ⅱ—速燃期；Ⅲ—缓燃期；Ⅳ—后燃期

1. 备燃期

柴油喷入气缸后不会立即燃烧，需要雾化、汽化并与空气充分混合后才能自燃，我们把从燃油喷射到雾化、汽化，混合到自燃的这段过程所需要的时期称为备燃期。如图 5-7 中的 AB 段，图中 A 点为开始喷油时刻，B 点为自燃时刻，则 AB 段经历时间称为备燃期。

柴油蒸发汽化的速度决定于气缸压缩形成气体的温度、压力和混合气的浓度。温度高则蒸发汽化的速度快，混合气浓度高则在蒸发和汽化过程中，油粒碰撞的机会多，蒸发也就加快。

2. 速燃期

速燃期又称火焰中心传播期，速燃期气缸压力与曲轴转角特性曲线如图 5-7 中的 BC 段。这一时期混合气在着火延迟期内做了充分的准备，即在第一阶段结束时，可燃混合气已在气缸内各部分形成，所以在几个地方同时燃烧，并且从火焰中心向外扩散，使大部分混合气迅速燃烧，气缸压力迅速升高。

从点火始点 B 至初期燃烧 C 点止，称为直接燃烧的准备阶段，在这一阶段的燃烧应尽量控制其压力，为缓燃期留有余地。

3. 缓燃期

缓燃期是从图 5-7 的 C 点开始至 D 点结束，此阶段是经前期点燃的混合气，使喷油器继续喷入的燃油产生直接燃烧，使气缸压力升至最高，并推动活塞下行，热能大部分转变成机械能。喷油器在 D 点停止喷油，可见喷油器是从 A 点开始喷油，D 点结束喷油。

4. 后燃期

后燃期如图 5-7 中的 D 点起至 E 点止的曲轴转角期，此时活塞已经下行，处于膨胀的后期，气缸容积逐渐增大，压力和温度很快下降，剩余混合气燃烧速度非常缓慢，后燃期时间较长，相当于曲轴转角 50°左右。后燃期的长短与喷油提前角有直接关系，如提前角过晚，后燃期拖长，会造成发动机过热，燃油耗量增加，动力性能差等后果。

图 5-7 中的 AB 段至虚线段是发动机不喷油时气缸压力与曲轴转角特性曲线。

（三）汽车排放污染物的主要成分及其危害

综上所述，汽车排放污染物的途径及成分主要有以下几个方面：

1）从排气管排出的废气。主要成分是一氧化碳（CO）、碳氢化合物（HC）、氮氧化合物（NO_X）及铅化物、微粒物（由碳烟、铅氧化合物等重金属氧化物和烟灰等组成）和硫化物等。

2）曲轴箱窜气。其主要成分是 HC，还有少量的 CO、NO_x 等。

3）从油箱以及油管接头等处蒸发的汽油蒸气，成分是 HC。此外，还有含氯氟烃等各种有害成分，直接或间接危害人类的健康。

1. 一氧化碳（CO）

CO 是汽油烃类成分燃烧的中间产物。理论上当混合气空燃比为 14.7∶1 时，即在氧气充足情况下，排气中将不含 CO 而代之产生 CO_2 和未参加燃烧的 O_2。但现实中由于混合气的分布并不均匀，总会出现局部缺氧的情况，当空气量不足，即混合气空燃比≤14.7∶1 时，必然会有部分燃料不能完全燃烧而生成 CO。比如发动机在怠速时，燃烧的混合气偏浓，此时发动机工作循环中的气体压力与温度不高，混合气的燃烧速度减慢，就会引起不完全燃烧，使 CO 的浓度增加。发动机在加速和大负荷范围工作或点火时刻过分推迟时也会使尾气中 CO 的浓度增高。同时，即使燃料和空气混合很均匀，由于燃烧后的高温，已经生成的 CO_2 也会有小部分被分解成 CO 和 O_2；另外，排气中未燃烧的 HC 也可能将排气中的部分 CO_2 还原成 CO。

CO 是一种无色、无刺激的气体，是汽车及内燃机排气中有害浓度最大的成分。人体吸入的 CO 很容易和血红蛋白结合并输送到体内，阻碍血红素带氧，造成体内缺氧而引起窒息。

2. 碳氢化合物（HC）

排气中的 HC 由未燃烧的燃油、不完全氧化产物以及燃烧过程中部分被分解的产物所组成。当混合气过稀或缸内废气过多时会出现火焰传播不充分，即燃烧室部分地区由于混合气过稀或缸内残余废气系数过高而不能燃烧，出现断火。这时，排气中的 HC 浓度会显著增加。

碳氢化合物总称烃类，是发动机未燃尽的燃料分解产生的气体，汽车排放污染物中的未燃烃的 20%～25% 来自曲轴箱窜气，20% 来自燃油箱的蒸发，其余 55% 由排气管排出。

单独的 HC 只有在浓度相当高的情况下才会对人体产生影响，一般情况下作用不大，但它却是产生光化学烟雾的重要成分。

3. 氮氧化合物（NO_x）

氮氧化合物主要指一氧化氮 NO 和二氧化氮 NO_2，经由排气管排出。试验证明供给略稀的混合气（空燃比 15.5∶1）会增大 NO_x 的排放量。汽油机排出的氮氧化合物中，NO 占 99%，而柴油机排出的氮氧化合物中 NO_2 比例稍大。高浓度的 NO 能引起神经中枢的障碍，并且容易氧化成剧毒的 NO_2。NO_2 有特殊的刺激性臭味，严重时会引起肺气肿。

HC 与 NO_2 的混合物在紫外线作用下进行光化学反应，由光化学反应形成的过氧化物而形成的黄色烟雾的主要成分是臭氧（O_3），该现象称为"光化学烟雾"。大气中产生的臭氧等过氧化物对人的眼、鼻和咽喉黏膜有较强的刺激作用，引起结膜炎、鼻炎、支气管炎等症状，并伴随有难闻的臭味，严重时可致癌。1998 年曾有北京出现光化学烟雾事件的报道，2001 年也有南宁发生光化学烟雾事件的报道。

4. 微粒

汽油机中主要微粒为铅化物、硫酸盐、低分子物质；柴油机中主要微粒为石墨形的含碳物质（黑烟）和高分子量有机物（润滑油的氧化和裂解产物）。柴油机的微粒量比汽油机多 30～60 倍，成分比较复杂。特别是炭烟，主要由直径 0.1～10μm 的多孔性碳粒构成。它除了会被人体吸入肺部沉淀下来外,还往往黏附有 SO_2 及致癌物质,严重危害人体健康。

5. 硫氧化物

汽车内燃机尾气中硫氧化物的主要成分为二氧化硫(SO_2)。当汽车使用催化净化装置时,即使很少量的 SO_2 也会逐渐在催化剂表面堆积,造成所谓的催化剂中毒。不但危害催化剂的使用寿命,还危害人体健康,而且 SO_2 还是造成酸雨的主要物质。

(四)尾气分析仪的工作原理

汽车排出的尾气中的 CO、HC、NO 和 CO_2 等气体,都分别具有吸收一定波长范围红外线的性质,如图 5-8 所示。

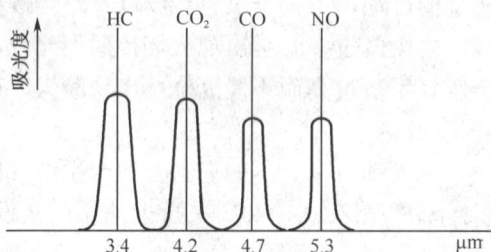

图 5-8　不同气体吸收红外线情况

红外线被吸收的程度与排气浓度之间有一定的关系,不分光红外线分析法就是利用这一原理,即根据检测红外线被汽车排气吸收一定波长范围红外线后能量的变化,来检测排气中各种污染物的含量。在各种气体混在一起的情况下,这种检测方法具有测量值不受混合气体影响的特点。

不分光红外线四气分析仪是一种基于不分光红外线分析法检测原理,能够从汽车排气管中采集气样,对汽油机排放污染物成分(CO、HC、CO_2、O_2)与含量进行连续测量的仪器。不同厂家生产的四气分析仪虽然结构不尽相同,但其检测原理是一致的,本书以 NHA-400 型废气分析仪为例加以详细说明。

NHA-400 型废气分析仪由仪器本体、取样探头、取样管、前置滤清器、短导管等组成,如图 5-9 所示。

采用不分光红外线吸收法原理检测汽油车排气中 CO、HC、CO_2 的浓度,采用电化学电池原理检测排气中 O_2 的浓度,并可根据四气测得成分计算过量空气系数。汽车排气在分析仪内流动路线如图 5-10 所示。

此外,仪器还配备感应式转速传感器和温度传感器,可在检测汽车排气的同时监测发动机的转速和润滑油的温度。

该分析仪仪器本体中的排气分析部分主要由红外线光源,测量室(测定室、比较室)、回转扇片和检测器构成,如图 5-11 所示。

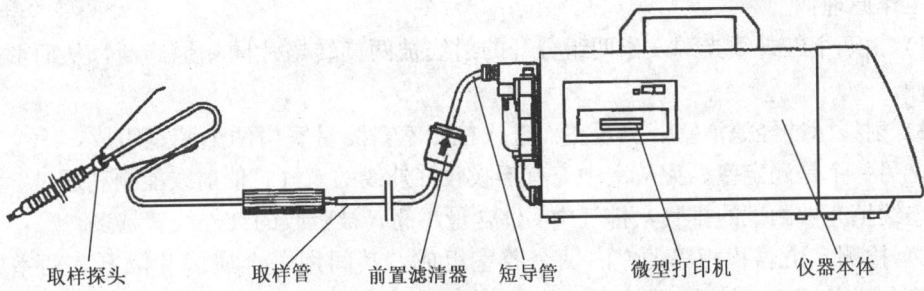

图 5-9　NHA-400 型四气分析仪

取样探头　　取样管　　前置滤清器　短导管　　微型打印机　　仪器本体

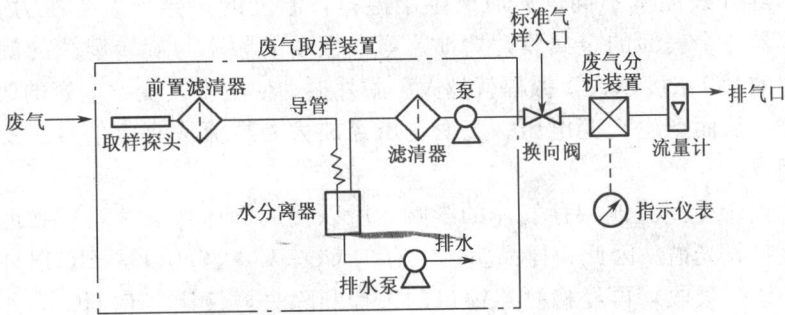

图 5-10　汽车排气在分析仪内流动路线

标准气样入口

废气取样装置

前置滤清器　　导管　　泵　　废气分析装置　　排气口

取样探头　　　　滤清器　换向阀　　流量计

水分离器

排水　　指示仪表

排水泵

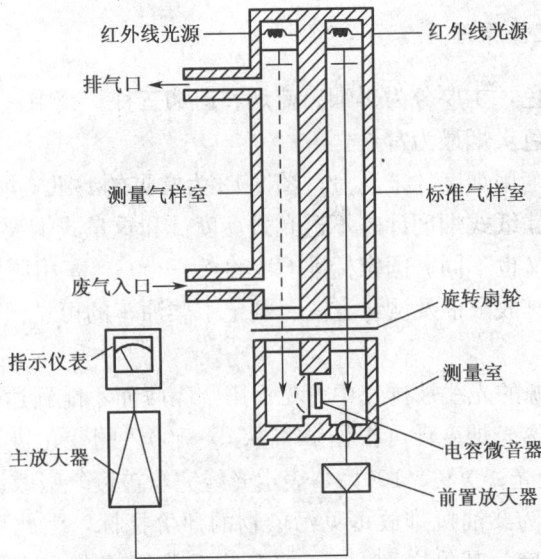

图 5-11　不分光红外线气体分析仪排气分析部分结构原理图

红外线光源　　　　　红外线光源

排气口

测量气样室　　　　　标准气样室

废气入口　　　　　　旋转扇轮

指示仪表　　　　　　测量室

主放大器　　　　　　电容微音器

前置放大器

从采集部分输送来的多种气体共存在排气中，通过不分光红外线分析部分测定气体（CO、HC、CO_2）的浓度，用电信号将其输送到浓度指示部分。

工作原理：

1）由两个红外线光源发出两组分开的射线被两旋转扇片同相地遮断，从而形成射线脉冲。

2）射线脉冲经滤清室、测量室而进入检测室，测量室由两个腔室组成，一个是比较室，另一个是测定室。比较室中充有不吸收红外线的氮气，使射线能顺利通过。测定室中连续填充被测试的排气，排气中CO含量越高，被吸收的红外线就越多。

3）检测室由容积相等的左右两个腔室组成，其间用一金属膜片隔开，两室中充有同摩尔数的CO。由于射到检测室左室的红外线在通过测定室时一部分射线已被排气中的CO吸收，而通过比较室到达检测室右室的红外线并未减少，这样检测室左右两室吸收的红外线能量不同，从而产生了温差，温度的差异导致了压力差的存在，使作为电容器一个表面的金属膜片弯曲。弯曲振动的频率与旋转扇片的旋转频率相符。排气中的CO浓度越大，振幅就越大。膜片振动使电容改变，电容的改变又引起电压的变化，从而产生交变电压。交变电压经放大，整流成直流信号，变为被测成分浓度的函数。

4）HC由于受到其他共存气体的影响，所以使用固体滤光片，巧妙地利用了正己烷红外线吸收光谱。因此，样品室内共存的CO、CO_2、H_2O等HC以外的气体所产生的红外线被吸收，再经检测器窗口的选择和除去，仅让具有HC $3.5\mu m$附近的波长到达检测室内。HC被封入检测器，样品室中的HC吸收能量也就能被检测器检测出来。

（五）不透光烟度计工作原理

柴油车排出的烟色，主要分为黑烟、蓝烟和白烟三种。其中，以柴油机在全负荷和加速工况时排出的黑色炭烟最为常见。

柴油机的排气烟度用烟度计来测量，图5-12为常见的滤纸式烟度计工作简图。

烟度计大致分为滤纸式烟度计、不透光式烟度计和重量式烟度计等几种。使用不同的烟度计，烟度的定义也不同。国家标准GB 3847—2005《车用压燃式发动机和压燃式发动机汽车排气烟度排放限值及测量方法》规定了柴油车的可见污染物应采用不透光烟度计进行测量。

不透光度是指光源的光线被排气中可见污染物吸收而不能到达光电检测单元的百分率，用$N\%$表示。不透光烟度计可根据$N\%$从0～100％的变化进行线性刻度，$N\%=0$，表示被测废气不吸光；$N\%=100\%$，表示光线完全被废气吸收。我国新的排放标准中用光吸收系数K作为柴油机排放可见污染物的评价指标，因此不透光烟度计必须用光吸收系数K进行刻度，其单位为m^{-1}。光吸收系数K是指光束被可见污染物衰减的系数，是排气中单位容积微粒数、微粒在光束方向的法向投影面积和微粒消光率的函数。光吸收系数与不透光度之间有下列关系：

$$K = -\frac{1}{L}\ln(1-N)$$

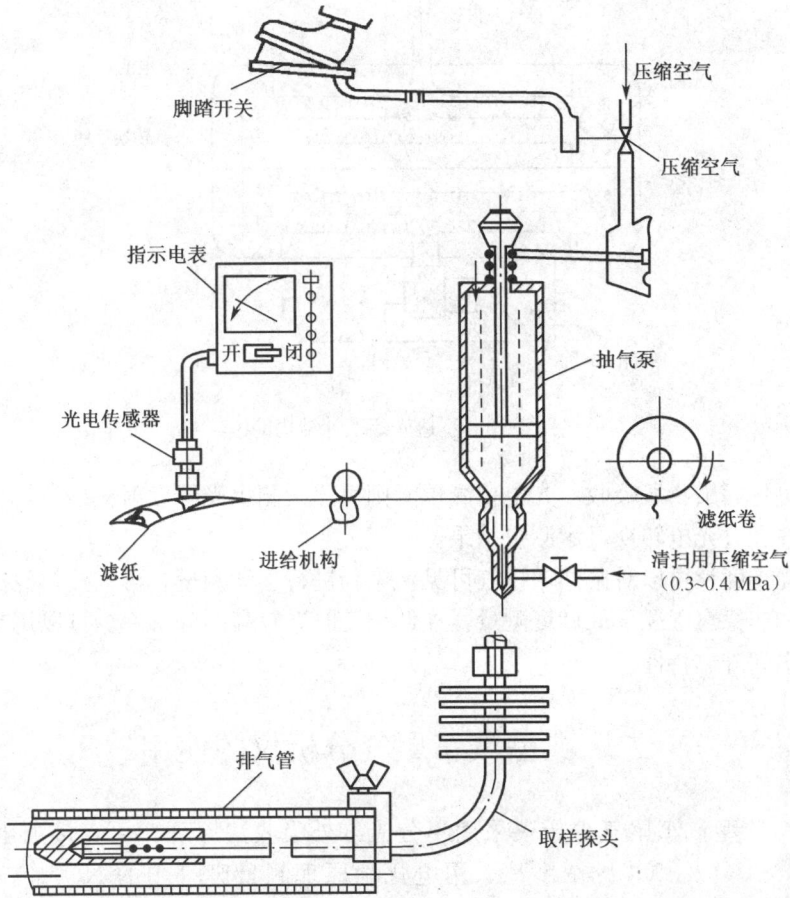

图 5-12　烟度计工作简图

式中，L 为光通道的有效长度（m）。

从公式可知，当 $N\% = 0$ 时，$K = 0$；$N\% = 100\%$ 时，$K = \infty$。因此，用 K 刻度时，范围应为 $0 \sim \infty\,\text{m}^{-1}$，但由于 $K = \infty$ 不可能，通常采用 $N\% = 99.9\%$ 所对应的 K 值进行满量程刻度，如取光通道有效长度为 $0.4\,\text{m}$，则 K 的刻度范围为 $0 \sim 17.3\,\text{m}^{-1}$。两种刻度的范围均以光全通过时为零，全吸收时为满刻度。

不透光烟度计可分为全流式和分流式两类。全流式不透光烟度计测量全部排气的透光衰减率；分流式不透光烟度计是将排气中一部分废气引入取样管，然后送入不透光烟度计进行连续分析。我国排放标准中规定，检测烟度使用分流式不透光烟度计。

不透光烟度计是一种利用透光衰减率来测定排气中可见污染物的仪器，图 5-13 所示为不透光烟度计的结构简图。

测量前，用鼓风机向空气校正管吹入干净空气，旋转转换手柄，使光源和光电池分别置于校正管两侧，做零点校正。然后，再旋转转换手柄，将光源和光电池移至测试管两侧，并把需要测定的一部分汽车排气连续不断地导入测量管，光源发出的光部分地被

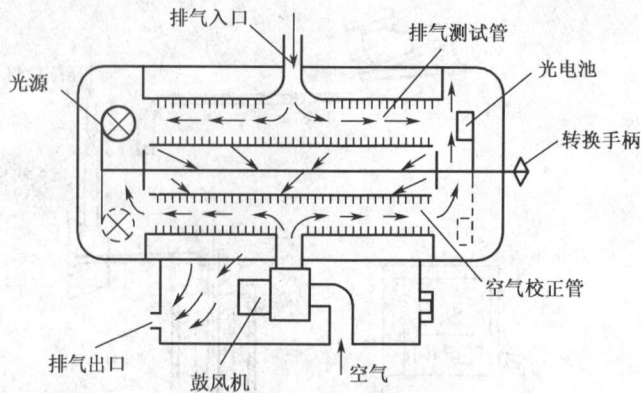

图 5-13　不透光烟度计结构简图

排气中的可见污染物所吸收，光电检测单元则可连续测出光源发射光透过排放气体的透光强度，并通过光电转换显示测量结果。

不透光烟度计可以对柴油车排气可见污染物进行连续测量，可以按排放法规的要求进行稳态和非稳态工况下的烟度测量，在低烟度时有较高的分辨率，可以用来研究柴油机的瞬态炭烟排放特性。

二、典型汽车尾气分析仪的使用

SV-JAC5 型汽车尾气分析仪采用不分光红外吸收法原理，可直接测出机动车尾气中的 HC、CO 及 CO_2 的浓度；采用电化学原理测量废气中的 NO 和 O_2 的浓度，并可根据测得的 CO、CO_2、HC 和 O_2 的浓度计算出过量空气系数 λ。该分析仪电动采样，四层过滤系统，具有通用和双怠速两种测量方式，满足 GB 18285—2005《点燃式发动机汽车排气污染物排放限值及测量方法（双怠速及简易工况法）》的技术要求，并具有 HC 残余检查和泄漏报警功能，自动提示调零，可与计算机按 RS-232 接口联网及模拟接口，内置打印机可打印测量结果，可保存 500 组检测结果，并方便查询。

SV-JAC5 型汽车尾气分析仪的技术参数如表 5-1 所示。

表 5-1　SV-JAC5 型汽车尾气分析仪的技术参数

项　目	内　容	参　　数
使用环境条件	温度	$-5\sim+40℃$
	湿度	$\leqslant95\%$
	大气压力	$70.0\sim106\text{kPa}$
	电源	AC $220\times(1+10\%)$V；$50\text{Hz}\pm1\text{Hz}$

项目	内容	参数
测量范围	HC	$0\sim10000$（$\times10^{-6}$）
	CO	$0\sim20.0$（$\times10^{-2}\%$）
	CO_2	$0\sim10.0$（$\times10^{-2}\%$）
	O_2	$0\sim25.0$（$\times10^{-2}\%$）
	NO	$0\sim5000$（$\times10^{-6}$）
	转速	$0\sim10000$r/min
	油温	$0\sim120℃$
分辨率	CO	0.01%
	HC	1×10^{-6}　　正己烷当量
	CO_2	0.01%
	O_2	0.01%
	NO	1×10^{-6}
	转速	1r/min
	油温	0.1℃
示值允许误差	CO	$\pm0.06\%$或$\pm5\%$相对误差
	HC	$\pm12\times10^{-6}$或$\pm5\%$相对误差
	CO_2	$\pm0.5\%$或$\pm5\%$相对误差
	O_2	0.1%或$\pm5\%$相对误差
	NO	$\pm25\times10^{-6}$或$\pm5\%$相对误差
	转速	±10r/min（$0\sim10000$r/min）或$\pm1\%$测量值（>10000r/min）

1. 仪器的安装

1）将仪器放在平整的桌面上。

2）将取样管一端与取样探头的末端连接，另一端与附件中的前置滤清器的入口相连。然后将短导管一端与前置滤清器的出口相连，另一端与仪器的样气入口相连。检查各连接处，确认连接牢靠，无泄漏。将 1m 长软管接于氧气出口处和氮氧出口。

3）将信号输出接口、油温接口、转速接口连到对应的线上。

4）将接地线连到大地上，接通电源线，打开电源即可使用。

2. 仪器的后部面板

仪器的后部面板如图 5-14 所示。

1）主排气口。排放水分和部分气体。

2）二次滤清器。过滤待测气体的水分。

3）信号。RS-232 通讯口，用于与上位机进行串行通讯。

4）转速。转速测量接口，与转速传感器相连接。

5）油温。油温测量接口，与油温传感器相连接。

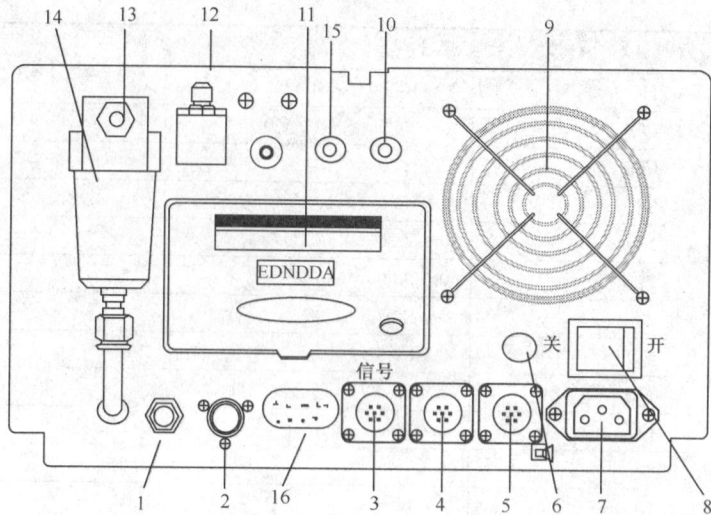

图 5-14　尾气分析仪后部面板

1—主排气口；2—二次滤清器；3—信号；4—转速；5—油温；6—熔管；
7—电源 220V；8—开关；9—冷却风扇；10—氧气出口；11—打印机；
12—标准气口；13—采样；14—油水分离器；15—氮氧出口；16—模拟输出

6）熔管。熔丝盒，内装 2A 熔管。

7）电源 220V。电源插座，用于输入 220V 交流电源。

8）开关。用于接通或断开电源。

9）冷却风扇。从分析仪内向外排风，冷却仪器内部。

10）氧气出口。氧气传感器排气口，排放测量后的尾气。

11）打印机。打印当前或存储的测量数据。

12）标准气口。用于通入标准气，进行校准。

13）采样。与取样管相连，被测车辆排气由此进入仪器。

14）油水分离器。分离待测样气中的油、水，滤去粉尘。

15）氮氧出口。氮氧传感器排气口排放测量后的尾气。

16）模拟输出。与计算机联网模拟输出。

3. 预热

仪器使用前必须进行预热。将电源线插到 220V 交流电源的插座上，连通仪器的电源开关，预热仪器。仪器液晶显示屏下部将出现提示："剩余时间：10min"，并以倒计时方式显示剩下的预热时间，预热时间为 10min。

4. 泄漏检查

仪器在预热完成后会自动进入泄漏检查，如有需要，用户可随时进行泄漏检查。泄漏检查的步骤如下：

1）在主菜单下按"↑↓"选择键，使光标移到"泄漏检查"选项上。按 OK 键确认，仪器将进入泄漏检查。显示屏状态提示："堵住取样探头口，并按 OK 键"。

2）根据显示屏状态提示：用密封帽堵住取样探头的入口，再按 OK 键，40s 后将完成检漏。如果没有泄漏，会出现提示："OK，按 NO 键退出"，按一下 NO 键，可退出泄漏检查。

3）如存在泄漏，将出现提示："堵住取样探头口，并按 OK 键"。用户应仔细检查气路，予以排除。否则仪器将始终显示："堵住取样探头口，并按 OK 键"。排除完毕后，再次进行泄漏检查，直至检查通过。

5. 自动调零

仪器进入自动调零时，显示屏下部将出现提示："调零中"。调零结束后，提示将消失。显示屏进入主菜单。

注意：预热期间请勿将取样探头放在车辆的排气管中，应放在清洁的空气中，以免影响仪器的零位漂移和示值误差。

6. HC 残余检测

调零结束后，仪器自动进行 HC 残余检测。HC 残余超过 20×10^{-6}，提示栏中出现"HC 残余超标"提示。

7. 调零

当仪器使用一段时间后，由于零点漂移，测量数据会有所变化，可能有时会影响测量结果，所以用户在使用一段时间后，需对仪器进行调零（一般每半小时调零一次）。

调零方法：按 NO 键返回主菜单，按"↑↓"键使光标移到"调零"选项，再按 OK 键，仪器自动进入调零程序，显示屏下部状态栏提示："调零中……"，调零完毕，状态栏中的提示消失。

8. 仪器的主菜单

仪器的主菜单如图 5-15 所示。

按"↑↓"选择功能键，使光标移动到所需的选项上，再按一下 OK 键，就可以从主菜单进入该子菜单。反之，无论从哪个项目（子菜单）退出，都会返回到主菜单。

9. 校准

仪器在使用过程中会产生漂移、传感器会老化，因此，仪器使用一段时间后应进行量距校准。由于老化的原因，氧气传感器使用 1 年左右就需要更换。

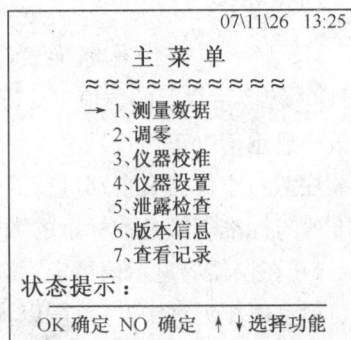

```
                    07\11\26  13:25
              主  菜  单
         ≈≈≈≈≈≈≈≈≈≈≈
       → 1、测量数据
         2、调零
         3、仪器校准
         4、仪器设置
         5、泄露检查
         6、版本信息
         7、查看记录
      状态提示：

   OK 确定  NO 确定  ↑↓选择功能
```

图 5-15 仪器主菜单界面

校准用的标准气体体积分数应在规定的范围之内：CO 体积分数 1.2%～1.8%；CO_2 体积分数 7.2%～10.0%；HC 体积分数 800×10^{-6}～1200×10^{-6}。

校准和使用前，氧气传感器徘气出口应接上 1m 的排气管（附件中配有），否则，氧气传感器可能受到外界空气的影响而导致测量不准确。

校准步骤如下：

1）调零。仪器在校准前，应进行零位校准。

2）在主菜单下按"←"、"→"、"↑↓"选择功能键，使光标移动到校准选项上，再按一下 OK 键，进入"仪器校准"子菜单，如图 5-16 所示。

3）这时用户可以将标准气瓶与标准器口连接，通入标准气。标准气入口是一个单向阀门装置，在向仪器通入标准气时，应将仪器配套的标准气瓶的喷嘴对准标准气入口，稍稍用力压下，阀门即打开，标准气随即进入仪器内部。

按下 OK 键，光标将会在 CO 的最高位闪动，此时可按"↑↓"键增减当前位数字，但是并不改变其他位，按"←"、"→"键可移位，使之改变下一位（或下一参数）的数字。全部更改完毕后，按 OK 键进行保存。

再按下 OK 键开始校准，如图 5-17 所示。

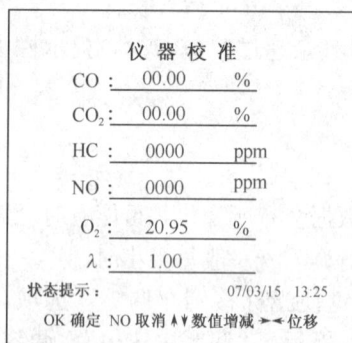

仪 器 校 准		
CO：	00.00	%
CO_2：	00.00	%
HC：	0000	ppm
NO：	0000	ppm
O_2：	20.95	%
λ：	1.00	
状态提示：		07/03/15 13:25
OK 确定 NO 取消 ↑↓数值增减 ←→位移		

图 5-16 "仪器校准"子菜单

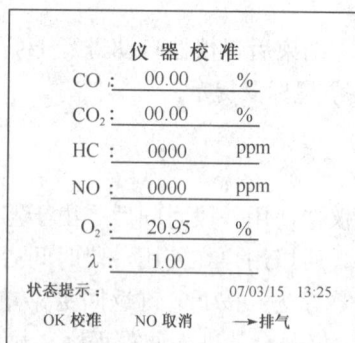

仪 器 校 准		
CO：	00.00	%
CO_2：	00.00	%
HC：	0000	ppm
NO：	0000	ppm
O_2：	20.95	%
λ：	1.00	
状态提示：		07/03/15 13:25
OK 校准 NO 取消 →排气		

图 5-17 校准操作

在对 CO、CO_2、HC、NO 进行校准时，其校准值与标准气罐上标示的数值相同（≤±2%误差）。

HC 显示值应当是标准气罐标示的 C_3H_8 值乘以仪器铭牌所标示的（$n\text{-}C_6H_{14}/C_3H_8$）转换系数后的数值（±2%范围以内），即：气罐标准值×仪器铭牌标示的换算系数＝显示值（正乙烷）

注意： 本仪器有自动进行丙烷与正乙烷的换算功能，因此在对 HC 进行校准时，其校准值与标准气罐上的标示的数值相同（≤±2%误差）。

4）在仪器的显示值稳定后，用户可将结果与标准气瓶的标示值相比较，如果显示值与标示值相近（±2%范围以内），可按 NO 键退出，并进行一次调零，否则可按 OK 键继续进行数据校准。

5）如果用户想再次通入标准气，以验证校准后的准确性，步骤如下：先排气，然后再通入标准气，检查仪器显示数值和标示值是否相同。

10. 仪器设置

(1) 亮度调节

调节显示屏上文字、图形的对比度，用户可根据需要，调节到观察得最清晰为止。数字越大，显示越清晰（图5-18）。按OK键确认保存当前所设定值，按NO键不保存当前设定值。

(2) 串口设置

本仪器具有微型打印机和与计算机通信功能，因此，用户可根据需要选择设置串口功能（图5-19）。当设置为"微型打印机1"时，可以打印数据；当选择"与计算机通讯"后，进入测量数据界面（图5-20），此时，可接受计算机发来的信号。要退出与计算机通讯时，按NO键，再次进入串口设置，选择微型打印机1即可。

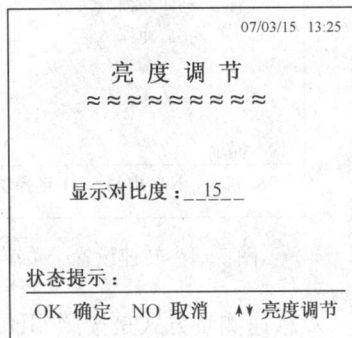

图5-18　亮度调节

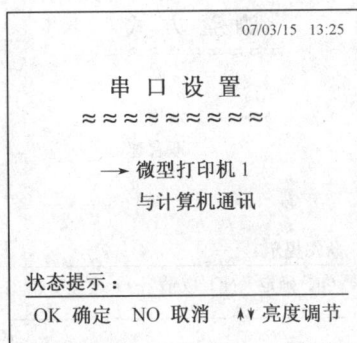

图5-19　设置串口功能

图5-20　测量数据界面

(3) 转速设置

为了能够满足多种汽车冲程不同的需要，这里设定了发动机冲程和气缸数，本仪器设立了"转速设置"子菜单（图5-21）。

根据用户不同的需要可按"↑↓"选择功能键，选择冲程，再按一下OK键，进入该子菜单，可选择气缸数。四冲程子菜单如图5-22所示，两冲程菜单如图5-23所示。

用户必须选择与被测车辆一致的发动机冲程数和气缸数，否则测量数据将不正确。出厂时，仪器以将发动机冲程默认设置为"四冲程、四气缸"。

(4) 测量方式

本仪器有两种测量方式：通用测量和双怠速测量。

通用测量以不断显示即时测量数据的方式工作，适用于观察或机动车排放的实时值。

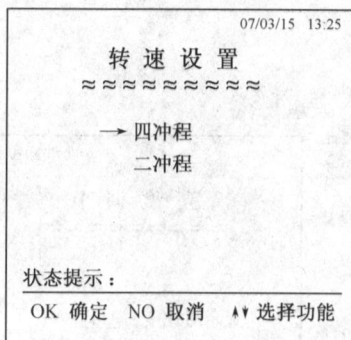

图 5-21　转速设置子菜单

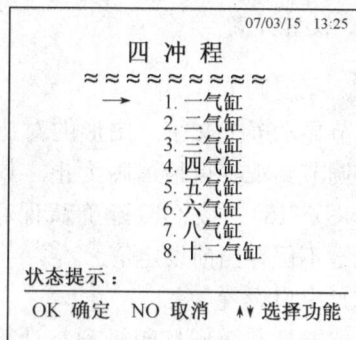

图 5-22　四冲程子菜单

双怠速测量方式是按照 GB 18285—2005《点燃式发动机汽车排气污染物排放限值及测量方法（双怠速及简易工况法）》中双怠速排放测量程序的规定编排的。

测量方式的设置步骤如下：

在"仪器设置"子菜单下，按照显示屏上部的提示，用"↑"或"↓"键使光标移到测量方式前，按 OK 键，出现"测量方式"子菜单（图 5-24）。

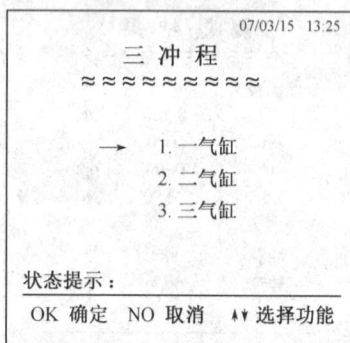

图 5-23　两冲程子菜单

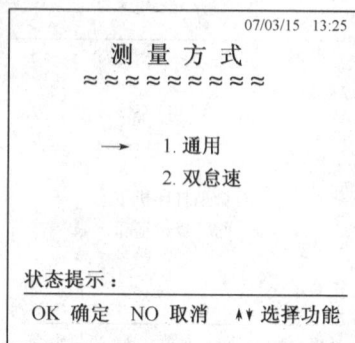

图 5-24　"测量方式"子菜单

在此菜单下，按"↑↓"键可使光标在"通用"、"双怠速"前移动，按 OK 键选择用某种测量方式，按 NO 键取消该测量方式选择，保留设置以前的测量方式。

出厂时，仪器已将测量方法默认设置为"通用"。

（5）燃料选择

可以通过"↑↓"键选择燃料。

（6）时间设置

设置系统时间。

（7）版本信息

显示版本信息和制造厂家的相关信息。

11. 查看记录

本仪器可对仪器内已存储的记录进行查询和浏览。在主界面中选择"查看记录"选项，按 OK 键可看到已存储的结果，如图 5-25 所示。如果没有记录则显示"无记录"并且返回上一层。按"↑↓"可翻页选择查看测量结果，按"←"则删除所有记录。

12. 测量操作

（1）准备工作

1）将油温探头插入发动机的润滑油标尺孔中，一直插到探头接触到润滑油为止。

2）将转速表插好后，对准发动机火花塞高压线。将转速表波动开关拨至右端（与仪器通信）。

3）输入汽车车牌照编号。在主菜单下，按"↑↓"选择功能键，使光标移到"测量数据"选项上，按 OK 键，仪器便进入待测车车牌照输入菜单，如图 5-26 所示。

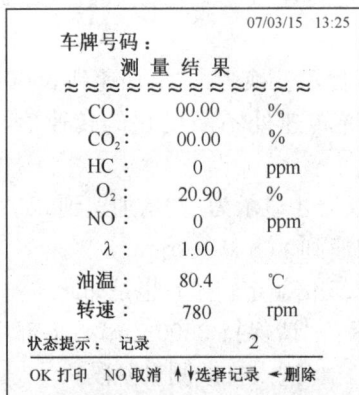

```
                   07/03/15  13:25
车牌号码：
      测 量 结 果
≈≈≈≈≈≈≈≈≈≈≈≈
   CO：    00.00    %
   CO₂：   00.00    %
   HC：       0     ppm
   O₂：    20.90    %
   NO：       0     ppm
   λ：      1.00
   油温：   80.4     ℃
   转速：    780     rpm
状态提示：记录         2

OK 打印  NO 取消 ↑↓选择记录 ←删除
```

图 5-25　查看记录

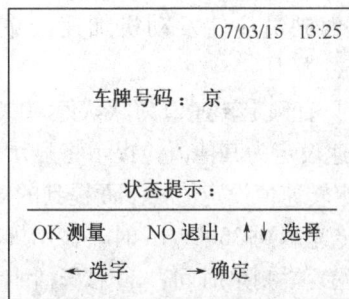

```
              07/03/15  13:25


   车牌号码：京

   状态提示：

OK 测量   NO 退出  ↑↓ 选择
   ←选字    →确定
```

图 5-26　车牌照输入菜单

（2）通用测量操作

如将测量方式选为"通用"测量。进入测量界面后，仪器将运行通用测量模式，如图 5-27 所示。

进入测量菜单后，按 OK 键，仪器开始进行测量工作，仪器的气泵将起动。这时应把取样探头插入被测车辆的排气管中，插入深度为 400mm 左右，显示屏将实时显示出排气中 HC、CO、CO₂ 和 O₂ 的实时数值。如果已安装好转速测量探头和油温测量探头，显示屏上还将实时显示出转速和机油温度的实时值。

如果要停止测量，按"→"键，仪器的气泵将停止工作。如果想退出该子程序，可按 NO 键，显示屏将返回到主菜单。

本仪器配有微型打印机，如果想打印数据，可按"←"键，即可打印测量数据。

（3）双怠速测量

将测量方式选为"双怠速"测量，进入测量界面后，仪器将运行双怠速测量模式，如图 5-28 所示。

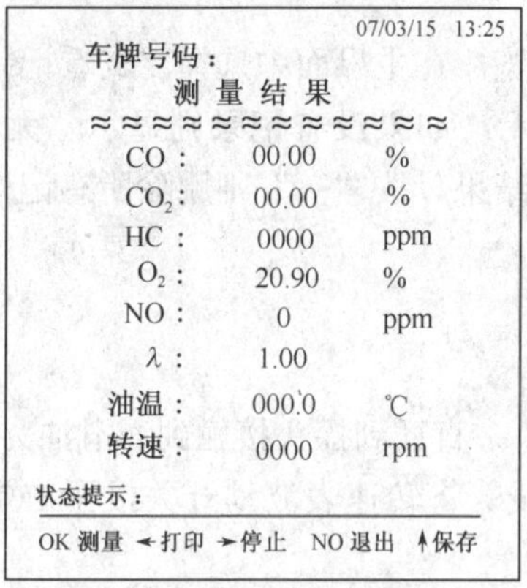

	07/03/15　13:25
车牌号码：	
测　量　结　果	
≈≈≈≈≈≈≈≈≈≈≈≈≈≈≈≈	
CO：	00.00　　%
CO_2：	00.00　　%
HC：	0000　　ppm
O_2：	20.90　　%
NO：	0　　ppm
λ：	1.00
油温：	000.0　　℃
转速：	0000　　rpm
状态提示：	
OK 测量　◄打印　►停止　NO 退出　↑保存	

图 5-27　通用测量模式界面

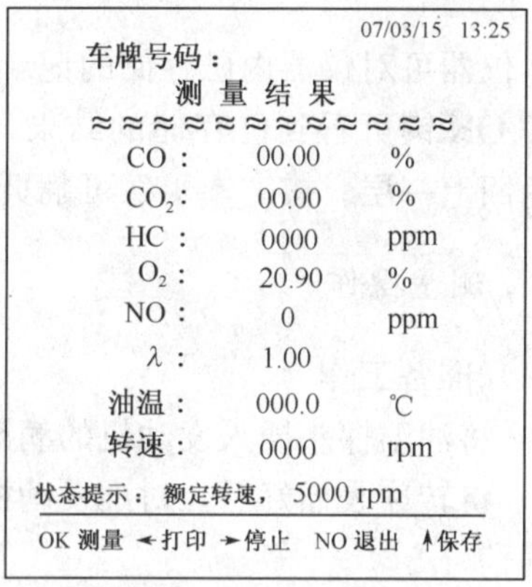

	07/03/15　13:25
车牌号码：	
测　量　结　果	
≈≈≈≈≈≈≈≈≈≈≈≈≈≈≈≈	
CO：	00.00　　%
CO_2：	00.00　　%
HC：	0000　　ppm
O_2：	20.90　　%
NO：	0　　ppm
λ：	1.00
油温：	000.0　　℃
转速：	0000　　rpm
状态提示：　额定转速，5000 rpm	
OK 测量　◄打印　►停止　NO 退出　↑保存	

图 5-28　运行双怠速测量模式

1）用户需在此界面输入待测车辆发动机的额定转速（↑↓修改数值←→进行移位），按 OK 键确认。

2）确认完毕后，进入发动机预热阶段，显示屏提示变换为："请加速到 3500rpm"。见此提示后驾驶员应使发动机加速，并注视显示屏转速处不断变化的转速值，直到 3500r/m 左右为止。

注意：只有额定转速值为默认值 5000r/m 时，仪器才显示为："请加速到 3500r/m"。如果额定转速设定为其他值，提示将显示为："请加速到××××rpm"，××××等于0.7 倍的额定转速值设定值，下面提到的 2500r/m（0.5 倍额定转速）也是如此。

3）当转速达到 3500r/m 时，显示屏将出现提示："请保持 3500r/m"，下部则以倒计时方式显示："剩余时间：30 秒"，倒计时完成后，将进入排放测量阶段。

4）发动机预热结束后，将进入高怠速下的排放测量阶段，显示屏将出现提示："请减速到 2500r/m"。见此提示，驾驶员应将发动机减速，同时注释显示屏中转速处不断变化的转速值，直到转速值下降到 2500r/m 为止。这时，显示屏的提示将改变为："请保持 2500r/m"，下部将显示："请插入取样探头 OK 确定，NO 退出"。见此提示后，驾驶员应将转速保持在 2500r/m 左右。与此同时，操作人员要将取样探头插入排气管中，插入深度为 400mm。插入探头后，按 OK 键确定。

5）确定后，显示屏提示栏处将继续提示："请保持 2500r/m"，下部的提示将变为："正在取样……45s"（倒计时，总共 45s，前 15s 为预备阶段，后 30s 为实际取样阶段）。

6）取样倒计时结束时高怠速下的排放测量完毕，将进入怠速下的排放测量阶段。这时显示屏下部的提示消失，上部将显示："请减速至怠速"。

7）测量怠速下的排放，显示屏上部显示："请减速至怠速"的同时，驾驶员应将车辆减速至怠速。此时，显示屏上部的提示会变为："请保持怠速"，下部将显示"正在取样……45s"（倒计时，总共 45s，前 15s 为预备阶段，后 30s 为实际取样阶段）。

8）取样倒计时结束时，怠速下的排放测量完毕，这时显示屏将转换为"测量完成"

界面。此时，按"←"键可以打印双怠速测量结果。

9）读取高怠速排放的测量数据，按"↑↓"选择键将光标移到高怠速处，再按 OK 键，显示屏将转换为高怠速数据界面，显示高怠速工况下的 HC、CO、CO_2、NO、O_2 和转速的平均值以及 λ 和油温的数值。按←键可打印测量结果，按↑键可保存测量结果，按 NO 键返回上一菜单（图 5-29）。

10）读取怠速排放的测量数据，按"↑↓"选择键将光标移到低怠速处，再按 OK 键，显示屏将转换为怠速数据界面，显示怠速工况下的 HC、CO、CO_2、NO、O_2 和转速的平均值以及 λ 和油温的数值。按←键可打印测量结果，按↑键可保存测量结果，按 NO 键返回上一菜单。

```
                            07/03/15  13:21
 车牌号码：
          高怠速数据
 ≈≈≈≈≈≈≈≈≈≈≈≈≈≈≈
     CO ：   00.00      %
     CO₂：   00.00      %
     HC ：       1      ppm
     O₂ ：   20.90      %
     NO ：       0      ppm
      λ ：    1.00
    油温 ：     0.0      ℃
    转速 ：     800      rpm
 状态提示：

 OK 打印     NO 退出    ↑保存
```

图 5-29　读取高怠速测量数据

注：仪器有自动存储测量结果的功能，用户不必每次测量完后均存储测量结果。

（4）尾气检测结果分析

经测定，汽油发动机怠速污染物超过标准时，其主要原因是汽油发动机供油系调整不当所致。除发动机供油系的调整对排气污染物的成分、浓度有影响外，点火系和冷却系工作状态及曲柄连杆机构技术状况对排气中 CO、HC 的浓度也有影响。表 5-2 列举了汽油发动机排气污染物量的变化趋势与发动机故障的关系。

表 5-2　汽油发动机污染物量的变化趋势与发动机故障的关系

CO	HC	CO_2	NO	故障原因
低	很高	低	低	点火系统故障，气缸压力低
很高	很高/高	低	低	混合气浓
很低	很高/高	低	很高/高	混合气稀
高	低	正常	正常	点火过迟
低	高	正常	正常	点火过早
变化	变化	低	正常	ECR 阀泄漏

思考与练习

1. 汽车发动机尾气中都有哪些有害成分？
2. 简述氮氧化合物产生的过程并说明其对环境的危害。
3. 光化学烟雾是如何产生的？对环境、对人体健康有哪些危害？
4. 简述尾气分析仪的校准过程。
5. 如果柴油发动机的烟度检测超标，请分析排气中的黑烟、蓝烟、白烟产生的原因。

6. 简述不分光红外线尾气分析仪的工作原理。

学习检测

奥迪轿车尾气检测

准备一台奥迪轿车,用尾气分析仪完成表 5-3 的检测任务。

表 5-3　奥迪轿车尾气的检测表

项目	技术要求	配分	评分细则	评分记录
检测前实训场地准备	1) 检查实训场地的通风、照明是否良好 2) 准备好维修保护四件套和必要的维修工具,在奥迪车上使用维修保护四件套	10	错、漏一项均扣 5 分	
检测仪器的准备	1) 接通尾气分析仪的电源,对仪器进行 30min 的预热 2) 预热完成后,对仪器进行泄漏检测、校准,确保仪器工作正常	20	错、漏一项均扣 5 分	
发动机的准备	1) 启动发动机,预热发动机到正常工作温度; 2) 检查确认发动机点火正时正常,怠速平稳	10	错、漏一项均扣 5 分	
发动机尾气检测操作	1) 发动机由怠速工况加速至 3 000r/min,维持 60s 后降至怠速状态 2) 发动机降至怠速状态后,将取样探头插入排气管中,深度等于 400mm,并固定于排气管上 3) 发动机在怠速状态维持 15s 后开始读数。读取 30s 内的最高值和最低值,其平均值即为测量结果 　如果所测车型为多排气管发动机,取各排气管测量结果的算术平均值。 4) 拔下制动真空助力器的软管,记录下变化的数据后将软管装复 5) 测量工作结束后,把取样探头从排气管里抽出来,让其吸入新鲜空气 5min,待仪器指针回到零点后再关闭电源	40	操作错误一项扣 5 分	
实验报告	填写实验报告,并对制动真空助力器软管被拔下后产生的变化结果进行分析	10	根据实验报告的完成情况酌情给分	
安全文明生产	检测完毕,尾气分析仪归位,车辆驶离,打扫卫生,归还工具及设备	5	工具损坏或违反安全操作不得分	
工时	60min	5	实操时间____ min	
备注				

项目 6

汽车电控系统性能检测

教学目标

学习本项目学生可以掌握汽车电控系统的相关知识和检测仪的使用方法，并学会检测汽车各个电控系统，同时完成必要的调整、维修工作。

技能要求

1. 掌握了一定的汽车电工电子基础知识，学习过汽车构造、汽车发动机维修等基础课程。

2. 有一定的汽车实训经验，会操作汽车维修车间日常使用的维修设备，如举升机、气泵、通风和照明用具等。

3. 具备了一定的观察、故障判断和逻辑思维能力。

相关知识与技能点

汽车计算机、传感器、执行器、自诊断、诊断插座、故障码、数据流、编程、执行元件诊断。

工作任务

汽车数据流检测

任务目标

对汽车各个电控系统进行检测,确保汽车电控系统工作正常。

安全规范

1. 穿好工作服及必要的防护用具,不要佩戴首饰。

2. 使用汽车电控系统检测仪时,应保证检测仪远离火花塞或点火线圈,防止外部干扰而产生错误。

3. 断开任何控制模块之前,应将点火开关置于 OFF 位,否则可能损坏模块。

一、奥迪 A6 轿车 01V 自动变速器数据流检测

实验用品:装备 01V 自动变速器的奥迪 A6 轿车一台,专用型检测仪 V.A.G1551 一台,在实训场完成本项实验,实训场必须有举升机、通风和照明设备。

实验步骤如下:

1)将汽车用举升机举起,前轮离地约 20cm。

2)连接 V.A.G 1551 检测仪到汽车的诊断插座,操作检测仪进入自动变速器电控系统。

3)读取自动变速器电控系统的故障码,确认无故障码存储;如果存有当前故障码,请先排除故障码指示的故障。

4)启动发动机,并将变速杆分别挂入 R、N、D 各个挡位,读取自动变速器电控系统的数据流,并用打印机打印。

5)01V 自动变速器电控系统的数据流及说明如表 6-1 所示,将读取的数据流与表 6-1 中的参数比较。

表 6-1　01V 自动变速器数据流

数据流组号	区号	数据流内容			检测条件	V. A. G1551 输出参数
001	1	挡位开关信号			点火开关打开，置 P 挡	P
					置 R 挡	R
					置 N 挡	N
					置 D 挡	D
					置 3 挡	3
					置 2 挡	2
					置 1 挡	1
	2	节气门位置信号			怠速	0.15～0.8V
					节气门全开	3.5～4.7V
	3	加速踏板数值			怠速	0～1%
					踩到底	99%～100%
	4		1	制动开关信号	踩下制动踏板	1
					松开	0
			2	牵引控制系统	已激活	1
					未激活	0
			3	忽略	—	—
			4	换挡信号	挡位变换	1
					挡位不变	0
			5	挡位开关 F_{125}	变速杆在 R，N，D，3，2	1
					P，1	0
			6		P，R，N，D	1
					N，D，3	0
			7		P，R，N，D	1
					3，2，1	0
			8		P，R，N	1
					D，3，2，1	0
002	1	电磁阀实际电流			怠速，变速杆置 N	1.1A
					节气门全开	0.0A
	2	电磁阀额定电流			怠速，变速杆置 N	1.1A
					节气门全开	0.0A
	3	蓄电池电压			怠速	12.0～14.5V
	4	车速传感器信号			行驶	2.2～2.5V

数据组组号	区号	数据流内容	检测条件		V. A. G1551 输出参数
003	1	车速	行驶		与车速表相同（km/h）
	2	发动机转速	发动机运转		与转速表相同（r/min）
	3	挡位信息	N 挡行驶		0
			倒挡		R
			1 挡液压		1H
			1 挡机械		1M
			2 挡液压		2H
			2 挡机械		2M
			3 挡液压		3H
			3 挡机械		3M
			4 挡液压		4H
			4 挡机械		4M
	4	加速踏板开度	怠速		0～1%
			踩到底		99%～100%
004	1	电磁阀状态 0 为关，1 为开 第一位：N_{88} 第二位：N_{89} 第三位：N_{90} 第四位：N_{91} 第五位：N_{92} 第六位：N_{93}	P 挡		101000
			R 挡行驶		001000
			N 挡行驶		101000
			D 挡行驶	1H，1M	001000
				2H，2M	011000
				3H，3M	000001
				4H，4M	110001
			3 挡行驶	1H，1M	001000
				2H，2M	011000
				3H，3M	000001
			2 挡行驶	1H，1M	001000
				2H，2M	011000
			1 挡行驶	1H，1M	001000
	2	挡位信号	N 挡行驶		0
			R 挡行驶		R
			1 挡液压		1H
			1 挡机械		1M
			2 挡液压		2H
			2 挡机械		2M
			3 挡液压		3H
			3 挡机械		3M
			4 挡液压		4H
			4 挡机械		4M

数据组组号	区号	数据流内容		检测条件	V.A.G1551 输出参数
004	3	变速杆位置		P挡	P
				R挡行驶	R
				N挡行驶	N
				D挡行驶	D
				3挡行驶	3
				2挡行驶	2
				1挡行驶	1
	4	车速		行驶	与车速表相同（km/h）
005	1	ATF温度		热车怠速	60～80℃
	2	换挡器输出	1	行驶，点火正时调节作用	1
				行驶，正时调节不作用	0
			2	行驶，点火正时调节作用	1
				行驶，正时调节不作用	0
			3	换挡锁止电磁阀接通	1
				换挡锁止电磁阀关闭	0
			4	换挡锁止电磁阀接通	1
				换挡锁止电磁阀关闭	0
			5	巡航控制接通	1
				巡航控制关闭	0
			6	空调关/空调开	1/0
			7	变速杆在P，N位置	1
				置R位	0
				置D，3，2，1位	1/0（可忽略）
	3	挡位信号		和004组的2区内容相同	
	4	发动机转速信号		发动机运转	与转速表相同（r/min）
007	1	挡位信号		和004组的2区内容相同	
	2	变矩器锁止离合器打滑		行驶	0…失速
				锁止离合器关闭，在机械挡位，转速2000～3000r/min	0…130r/min
	3	发动机转速		发动机运转	
	4	加速踏板位置		怠速	0～1%
				踩到底	99%～100%

二、别克君威发动机电控系统数据流检测

实验用品：装备自动变速器和V6发动机的别克君威轿车一台，专用型检测仪TECHⅡ或通用型检测仪一台，在实训场完成本项实验，实训场必须有举升机、通风和

照明设备。

实验步骤如下：

1）将汽车用举升机举起，前轮离地约 20cm。

2）连接检测仪到汽车的诊断插座，操作检测仪进入发动机电控系统。

3）读取发动机电控系统的故障码，确认无故障码存储；如果存有当前故障码，请先排除故障码指示的故障。

4）启动发动机，踩下节气门踏板，控制发动机转速升高/降低，读取发动机电控系统的数据流，并用打印机打印。

5）别克君威发动机电控系统的数据流及说明如表 6-2 所示，将读取的数据流与表 6-2 中的参数比较。

表 6-2 别克君威发动机电控系统的数据流

数据流内容	显示的单位	典型数据值
3X 曲轴传感器	r/min	与发动机转速相同，急速时约 650
24X 曲轴传感器	r/min	与发动机转速相同，急速时约 650
对非正常使用的管理	启动/未启动	未启动
A/C 高侧	V	根据制冷剂温度的变化
A/C 断开，节气门全开（WOT）	是/否	否
A/C 压力中止	是/否	否（是表示 A/C 制冷剂压力低或高）
A/C 请求	是/是	否（是表示 A/C 接通）
实际 EGR 位置	%	0%
空燃比	比例	14.2：1～14.7：1
气压计	V/kPa	65～110（取决于海拔高度和气压计压力）
制动器开关	施加/释放	释放
凸轮信号存在	是/否	是
指令 A/C	接通/断开	断开（接通表示请示 A/C）
指令燃油泵	接通/断开	接通
指令发电机	接通/断开	接通
巡航控制模式	接通/断开	断开
当前挡位	1/2/3/4	1
减少燃油模式	启动/未启动	未启动
所需 EGR 位置	%	0%
所需急速	r/min	PCM 指令急速（根据温度变化）
发动机冷却液温度（ECT）	℃	85～105℃（随温度变化）
空气质量流量（MAF）	g/s	4～6g/s，急速 13～16g/s，2500r/min
MAF 频率	Hz	1200～8000（取决于发动机负载和大气压力）

数据流内容	显示的单位	典型数据值
MIL	接通/断开	断开
支管绝对压力（MAP）	kPa/V	25～48kPa/1～2V（取决于发动机负荷和大气压力）
总计失火故障	计数	0
失火电流♯1、♯6	计数	0～4
以往失火♯1、♯6	计数	0
总计失火通过数	计数	0
非易失内存	通过/失败	通过
（混合气加浓）动力增强	启动/未启动	未启动
短期燃油微调（FT）	%	－10%～10%
点火提前角	(°)	20°（可变）
启动发动机冷却液温度（ECT）	℃	取决于启动时发动机冷却液温度
启动进气温度（IAT）	℃	取决于启动时进气温度
TCC接合	接合/断开	否
总计失火电流计数	计数	0～5
（节气门位置）TP角度	%	0
TP传感器	V	0.20～0.74
变速器挡位	驻车/空挡、倒挡、4、3、2、L	驻车
变速器挡位（TR）开关PABC	低/高	低/低/高/高
TWC保护	启动/未启动	未启动
车辆速度	千米/小时，km/h	0
车辆防盗（VTD）燃油中止	启动/未启动	未启动
EGR阀枢轴关闭	V	0.14～1.0
EGR载荷循环	%	0%
EGR反馈	V	0.14～1.0
EGR位置故障	%	0～9%
EGR流量测试计数	计数	0～10
发动机负荷	%	急速时2%～5%；2500r/min时7%～10%
发动机运转时间	h：min：s	取决于从启动以来的时间
发动机转速	r/min	从所需急速±100r/min
EVAP碳罐清污	%	0～25%（可变）
风扇低速/风扇高速	接通/断开	断开（接通表示低速风扇运转）

续表

数据流内容	显示的单位	典型数据值
燃油微调单元	单元#	0
燃油微调显示	中止/启用	启用
发电机指示灯	接通/断开	断开
HO2S 传感器 1	未就绪/就绪	就绪
HO2S 传感器 1	mV	0～1000 恒定变化
HO2S X 计数	计数	变化
热模式	接通/断开	断开
IAC 位置	计数	10～40
IAT	℃	随环境空气温度变化
点火模式	IC/旁路	IC 以点火控制模块（ICM）控制正时/按固定正时旁路
喷油器状况	正常/卡在高位/卡在低位	正常
喷油器脉宽	ms	1.5～3.5（随发动机负荷变化）
爆燃滞后	(°)	0°
长期燃油微调（FT）	%	－10%～10%
反馈状态	打开/关闭	关闭
低机油灯	接通/断开	断开

知识探究

汽车电控系统

现代汽车上电子控制装置越来越多，大到发动机、自动变速器和空调，小到音响和刮水器，都从传统机械、简单的电气装置向智能化方向发展。在轿车上，目前可以见到的车载电控系统如图 6-1 所示。

汽车电控系统包括三大部分，即产生输入信号的传感器组件图 6-1、控制计算机和接收输出控制的执行器组件。

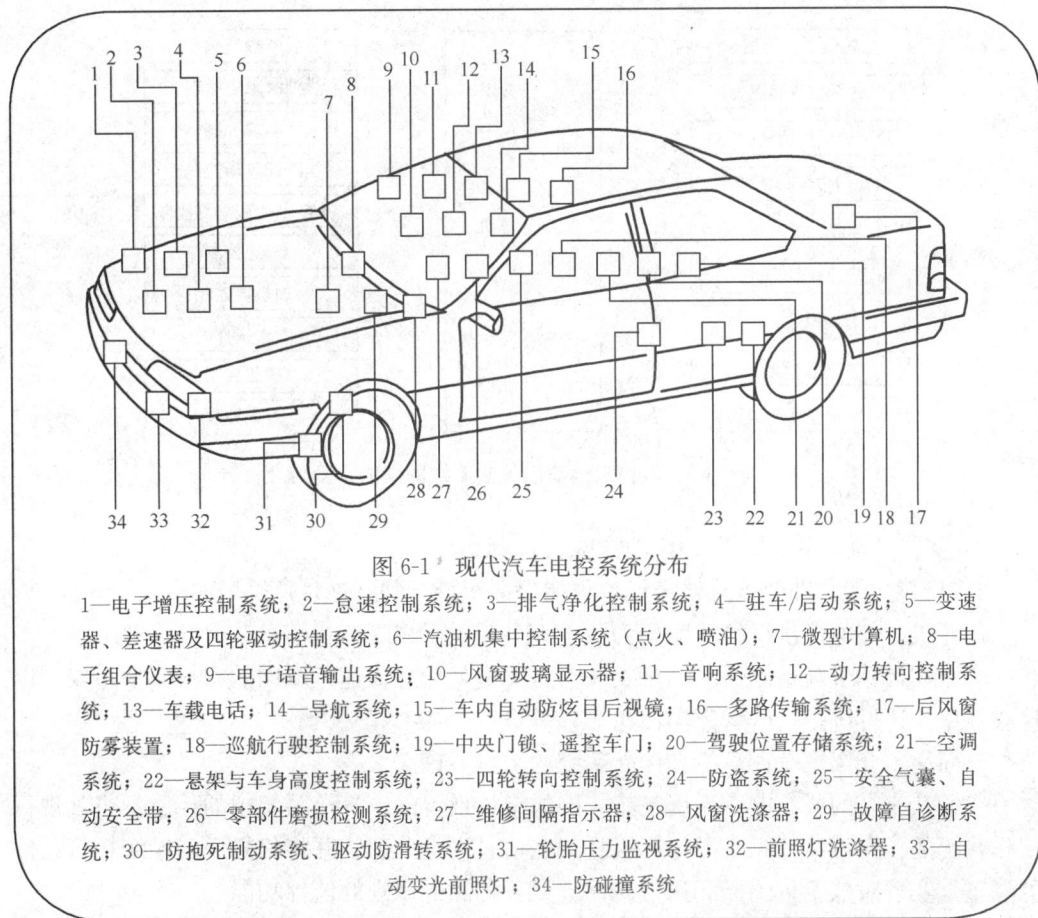

图 6-1 现代汽车电控系统分布

1—电子增压控制系统；2—怠速控制系统；3—排气净化控制系统；4—驻车/启动系统；5—变速器、差速器及四轮驱动控制系统；6—汽油机集中控制系统（点火、喷油）；7—微型计算机；8—电子组合仪表；9—电子语音输出系统；10—风窗玻璃显示器；11—音响系统；12—动力转向控制系统；13—车载电话；14—导航系统；15—车内自动防炫目后视镜；16—多路传输系统；17—后风窗防雾装置；18—巡航行驶控制系统；19—中央门锁、遥控车门；20—驾驶位置存储系统；21—空调系统；22—悬架与车身高度控制系统；23—四轮转向控制系统；24—防盗系统；25—安全气囊、自动安全带；26—零部件磨损检测系统；27—维修间隔指示器；28—风窗洗涤器；29—故障自诊断系统；30—防抱死制动系统、驱动防滑转系统；31—轮胎压力监视系统；32—前照灯洗涤器；33—自动变光前照灯；34—防碰撞系统

一、汽车电控系统和电控系统检测仪

（一）汽车电控系统检测基础

图 6-2 所示为汽油发动机电控汽油喷射控制系统的组成框图。

发动机的各类参数由传感器感知，转换成电信号送给计算机，这些参数包括曲轴位置、凸轮轴位置、汽车车速、冷却液温度、进气温度、排气中的氧浓度、蓄电池电压、进气流量和节气门开度等。

各种传感器的信号送给计算机后，计算机按着预先给定的程序，计算出最佳汽油喷射量、最佳喷射正时、点火顺序、点火正时、怠速控制转速控制数据。

最后，计算机控制喷油器、点火器、继电器等执行元件工作。

汽车控制的电子化，在提高汽车乘坐的舒适性、安全性的同时，也给汽车故障的检测与维修工作带来了困难，同时对汽车维修人员素质的要求也越来越高。

计算机控制的车辆各系统有以下特点：

1）连续不断地对传感器的信号、计算机以及执行元件的功能进行监控。

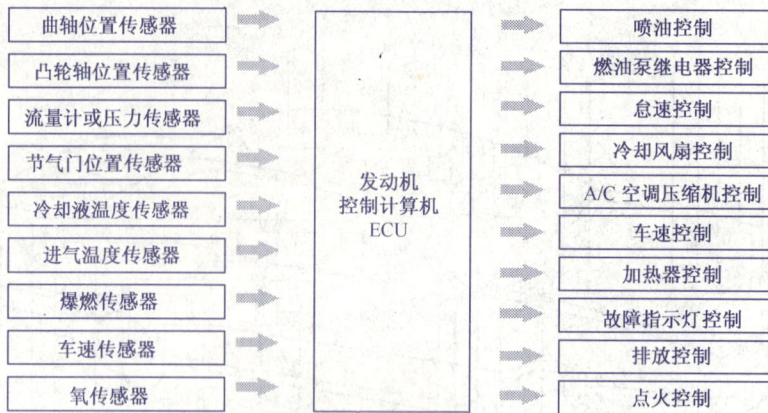

图 6-2 电控汽油喷射控制系统的组成框图

2）保护功能，可防止发动机功能障碍。

3）代替功能，即使传感器损坏，也能保证车辆行驶到修理厂。

计算机存储的已出现的故障，为技术人员提供了故障查找信息。

车上的计算机与检测仪之间可实现信息传递，信息传递是双向的，检测仪不仅可以接收数据，还可以把指令和数据传送给计算机。

下面简单介绍汽车计算机自诊断系统的工作原理。

一辆汽车上的所有电控系统是按相同的结构设置的。汽车系统中的传感器将其现行工作状况的信息传给计算机，计算机将这些信息进行处理，并将信号用于系统执行元件的调整，实现对数字传感器和执行元件进行各种测试规则的监控功能。

为使冷车启动效果好、燃烧过程充分且怠速稳定，计算机就需要现时发出发动机温度的信号。冷却液温度传感器的作用就是及时把发动机的温度信息传递到计算机，计算机根据发动机的温度确定最佳点火提前角、喷油时间和怠速稳定值，这将这些数值给执行元件。

另外，以下系统功能也需要发动机温度信号：爆燃控制、停车加油控制、氧传感器调节、油箱通风系统等。

冷却液温度传感器内的测量元件是一个半导体式的电阻，具有负温度系数特性，其阻值随着温度的升高而下降，温度越高，提供的电压值越小，每一个电压值都对应一个温度值。

计算机中的软件将温度范围确定在 $-35 \sim +120$℃之间，若超过或低于这个范围，计算机便能判断出信号出现错误或信号不清楚，并将故障存入计算机故障记忆系统中。

故障原因和故障类别被同时存入计算机的故障记忆系统中。故障原因通过代码指示出故障元件。一旦计算机判断出故障，故障类别将以文字方式给出所出现的故障类型。

如果计算机发现温度信号中断，为保证系统正常工作，便使用一个代替值（如80℃），发动机仍能运转，但在冷启动和暖机运行中会感觉到发动机运行明显不稳。

如果出现的故障是暂时的，则这个故障被作为偶发故障显示出来；若错误信号的存在超过一定时间，那么这种错误就作为永久故障被显示出来。

计算机的故障记忆系统中没有故障的文字说明，而仅有故障原因和故障类别的一个确定的代码，检测仪调出计算机的故障记忆系统中的故障代码，并把代码转化成文字说明，然后显示到屏幕上。

例如，捷达冷却液温度传感器的故障文字，在屏幕上显示如下所示：

> 冷却液温度传感器-G62
> 断路/短路到正极

或：

> 冷却液温度传感器-G62
> 短路到负极

发动机冷却液温度传感器的原理电路如图 6-3 所示。

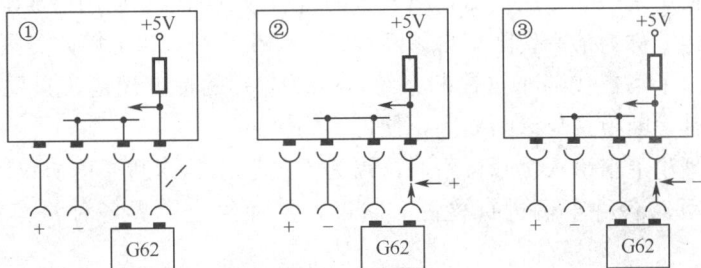

图 6-3 冷却液温度传感器原理电路

输入计算机的温度传感器上的电压为 5V，这相当于一个低于−35℃的温度值。当传感器输入端线路断路时（图 6-3），传感器输入端在计算机内部接线中的电压值为 5V；当传感器正极短路时，输入端上的电压同样为 5V，计算机对这两种故障类别是区分不开的。

当传感器的输入端对地短路时，输入计算机的温度传感器上的电压为 0V，这相当于一个低于 120℃的温度值。

由于计算机不直接与受检查的零部件相连，而是通过导线和插头与这些零件相连，所以当故障出现时，仅通过更换零件不一定能够排除故障。当线束或插头中存在故障时，计算机也会将传入的错误信号判断成故障，所以检测仪显示出来的故障只能作为故障诊断的参考依据。

(二) 检测仪

早在 20 世纪的 80 年代初，国外的汽车大公司就研制了专用的故障诊断检测仪，利用这种仪器，可以诊断、检测观察电控系统的工作情况。如美国福特汽车公司的 EFC—Ⅱ检测仪、德国大众公司的 V. A. G1551 故障阅读器，可用于记录故障代码，监测电控系统的信号，并找出故障部位。

这些专用仪器功能较少，成本高，使用时对操作人员的要求较高。

20 世纪 80 年代后期，出现了车载诊断系统（OBD），该系统利用电控单元对电控系统的各部件进行检测和诊断，可以自行找出电控系统存在的故障，故称为故障诊断系统。最初的故障自诊断系统要求车辆以一定的测试规范运行，系统才能记录下故障代码，从而找出故障的部位。几年后又出现了一种可以对车辆电控系统参数实行连续监控的自诊断系统，该系统能记录电控各系统的间歇故障。因此可以减少专用仪器的使用，降低维修费用，而且查找故障及时又方便，得到了广泛的应用。但是，受到当时电控单元内存容量的限制，其诊断项目也受限制，不能诊断较为复杂的故障。为了扩充随车自诊断的诊断信息与诊断功能，一些公司还研究出不少多功能车外诊断仪，对电控系统进行检测和诊断。这些诊断仪的功能较齐全，可以诊断电控系统的许多故障，但由于价格较贵，有一定的专业技术要求，且标准均不统一，故使用受到限制。

在 1993 年以前的电控汽车上的故障自诊断系统自成体系，不具有通用性，且种类繁多，不利于使用统一的专用仪器，给汽车的售后服务和维修使用造成不便。这种自诊断系统按美国标准称为第一代随车自诊断系统（OBD Ⅰ）。1994 年，美国汽车工程师协会（SAE）提出了第二代随车自诊断系统（OBD Ⅱ）的标准规范，只要各汽车厂执行该标准规范，其诊断模式与诊断插座，便可得到统一。

这样，从理论上来说（实际行不通，因为不同厂家的诊断通信协议不一样），只要用一台仪器即可对各种车辆进行检测和诊断，从而给全世界各种汽车的维修带来了方便。

按检测的车型划分，可以将检测仪分为专用型和通用型两类。

1. 专用型检测仪

每一个汽车厂家都有自己的专用检测仪。

（1）奔驰公司的 HHT 和 STAR

HHT（hand hold tester）的中文含义是手持测试仪，在国内也有以译音称呼的，称做"哈哈提"。

HHT 是奔驰公司早期的检测仪器，这是一台专用型检测仪，因为产量少，所以价格极其昂贵，一般的小修理厂根本不敢问津。HHT 在 20 世纪末让位于新一代奔驰仪——STAR 2000（图 6-4）。

STAR 2000 是奔驰公司全新一代的检测仪器，与 HHT 在硬件结构上截然不同。STAR 2000 是在 IBM 笔记本式计算机的基础上改造而成，这就大幅度降低了制造成本。

可测试奔驰车系所有诊断系统：发动机、自动变速器、SRS、ABS&ASR、防盗、巡航、空调、EWS、LKE、BUS 系统等。

测试功能与分析：读故障码、清故障码、动态数据流、元件测试、计算机编程、匹配诊断、在线维修帮助等。

图 6-4 STAR 2000 及其附件

（2）宝马公司的 MODIC 和 GT-1

MODIC 是宝马公司早期的检测仪器，和奔驰公司的 HHT 类似，这是一台专用型检测仪，因为产量少，价格昂贵。和 HHT 的命运一样，MODIC 在 20 世纪末让位于新一代检测仪 GT-1（图 6-5）。

图 6-5 GT-1 及其附件

GT-1 是宝马新一代的移动式原厂检测仪，可诊断所有宝马车系的各个系统，其集合了网络功能（通过网络诊断、升级与原厂技术支持）、维修资料的查询（维修数据、拆装方法、售后信息）和测量系统（可测量电流、电源、波形、点火、万用表组）。

可测试宝马车系所有系统及 OBD-II 诊断系统，如：ENGINE、自动变速器、SRS、ABS、巡航、空调、EWS、LKE、BUS 系统等。

测试功能与分析：读码、清码、动态数据流、元件测试、计算机编程、匹配诊断、维修步骤等。

（3）大众汽车公司的 V. A. G1551、V. A. G1552 和 V. A. S5051、V. A. S5052、

V. A. S5053

大众公司早期的检测仪有 V. A. G1551 和 V. A. G1552，V. A. G1551 只比 V. A. G1552 多了一个整合的打印机，其他功能相同。

V. A. G1551、V. A. G1552（图 6-6）都是专用型检测平台，生产新车型后升级不方便，也因为计算机的运算速度较慢，因而近年来让位于 V. A. S5051。

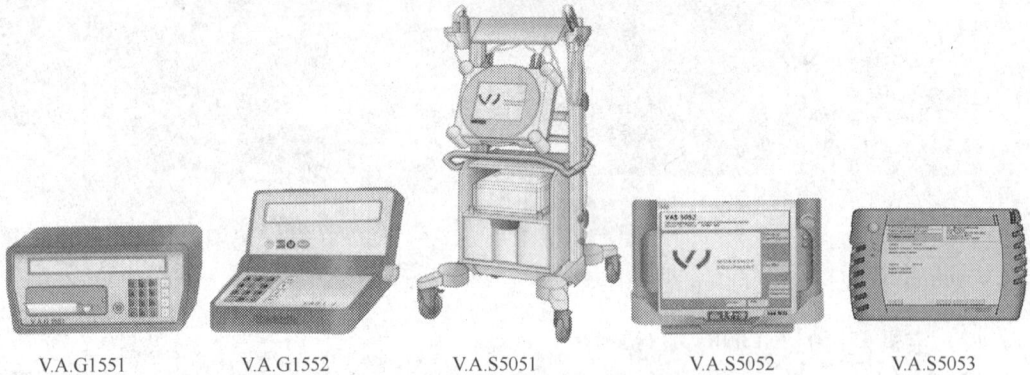

| V.A.G1551 | V.A.G1552 | V.A.S5051 | V.A.S5052 | V.A.S5053 |

图 6-6 大众公司的检测仪各种检测仪

V. A. S5051 是在通用型台式计算机的平台上建立起来的综合检测系统，可测试大众旗下四个公司（德国大众车系、奥迪车系、西班牙西亚特和捷克斯柯达）的所有车型。

后来又陆续推出了 V. A. S5052 和 V. A. S5053。

2. 通用型检测仪

（1）国外通用型检测仪

在中国，对于中年的汽车维修人员来说，对两种检测仪的印象是极为深刻的，这就是红盒子和 OTC。

1）SNAP-ON（施耐宝）的红盒子。红盒子检测仪（图 6-7）的"大名"为 MT2500 SCANNER，其中 MT2500 是产品型号，"SCANNER"是扫描仪的意思。MT2500 SCANNER 由美国的施耐宝公司生产。施耐宝公司的产品在 20 世纪 90 年代初进入中国市场，选择了台湾的笛威公司作全权代理，笛威公司根据 MT2500 的外观特点，为其起了一个很中文化的"小名"：红盒子。

早期的红盒子全是英文版的，因为前些年中国的汽车维修人员文化素质普遍偏低，英文基础差，英文版的红盒子使用不便，所以后来又开发了中文版。和英文版的红盒子相比，中文版的红盒子更易于操作使用，但由于存储空间的限制，不得不对信息容量作了"精简"，因而缺少了许多检测项目。

2）OTC 检测仪。其实 OTC 检测仪英文全称的原意是欧瓦顿勒工具公司（OWDL Tools Company）。继红盒子之后，这是进入中国汽修市场的第二大汽车电控系统检测仪。

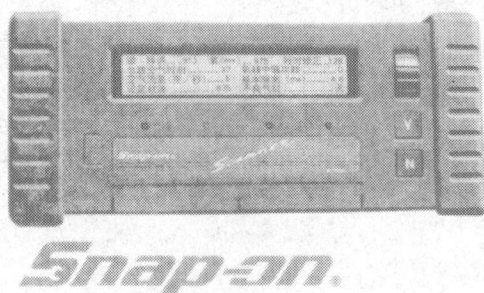

图 6-7　MT2500 SCANNER（红盒子）

OTC 检测仪及其附件如图 6-8 所示。

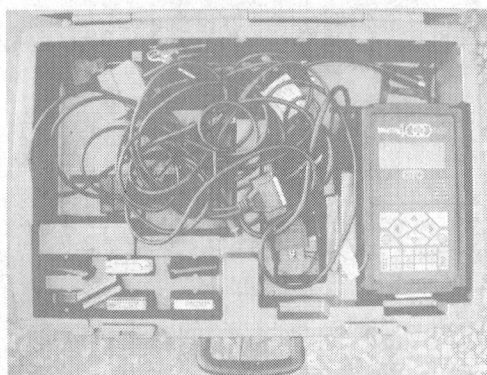

图 6-8　OTC 检测仪

OTC 检测仪在液晶显示屏上以菜单形式显示检测内容。测试时，操作控制按键选择菜单项目即可，使用简便，显示明了。与故障诊断插座相连的诊断数据传输线缆配有多个接口，适用于连接各种车型故障诊断插座。

检测仪下部有诊断卡插座，测试不同车型时，插入不同的诊断卡，有适用于克莱斯勒、福特、通用和亚洲车系的诊断卡，因此可适用不同年代出厂的各种车型。

（2）国内通用型检测仪

国内知名的检测仪生产厂家有十几个，排在前三位的是元征、威宁达和金奔腾。

1）元征系列。深圳市元征科技股份有限公司于 1992 年创立，是我国最早的检测仪生产厂家。

元征早期的产品是引进美国 OTC 技术生产的"电眼睛"系列（图 6-9），因为技术水平所限，很多车型仅限于故障码的读取、清除操作，也因而有了"解码器"的称号。如今中国的许多维修人员还习惯于把各种检测仪统统称做

图 6-9　431ME 电眼睛检测仪

"解码器"，在这方面元征公司功不可没。

元征公司当前市场上销量最大的检测仪产品是 X431，其使用方法在本节的后面有介绍。

2）金德系列。深圳市威宁达实业有限公司是国内专门从事现代汽车检测、诊断设备的开发与生产的高科技企业，金德仪器系列产品包括：K60 手提式解码器、K8 多功能诊断仪等（图 6-10）

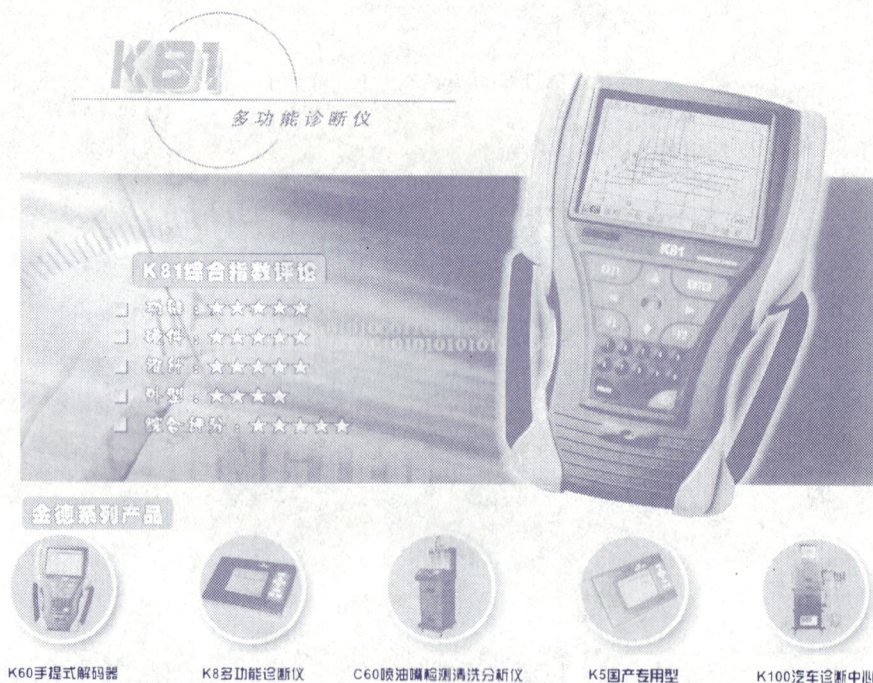

图 6-10 金德系列产品

图 6-11 金奔腾彩圣检测仪

威宁达公司在汽车检测仪领域创造了许多第一，包括第一个在国内实现快速码检测模式 OBDI；第一个在国内突破久攻不克的难题 OBDⅡ；第一个将示波器与解码器集成一体；第一个将故障检测系统移植到 PC 平台；第一个实现以软件升级代替硬件升级。

3）金奔腾检测仪。北京金奔腾汽车科技有限公司生产金奔腾系列的检测仪，功能最强大的是金奔腾"彩圣"，如图 6-11 所示。

"彩圣"检测仪不但能对汽车上的各个电控系统进行检测，还具有强大的帮助功能，帮助维修人员快速判断、排除汽车电控系统的故障。

二、汽车电控系统的检测项目

以大众汽车公司的检测仪为例，汽车电控系统的检测项目通常包括：读取计算机版本（01）；清除故障码（05）；阅读单项数据（09）；保养归零；读取故障码（02）；结束测试输出（06）；匹配调整（10）、配钥匙；执行元件诊断（03）；计算机编码（07）；登录（11）；基本设定（04）；阅读测量数据块（08）；就绪代码状态（15）。

在上述功能中，最常用到的是故障码读取/清除操作、数据流读取和执行元件测试。

（一）故障码操作

汽车计算机用代码记忆故障并将其存入计算机中的存储器中，这种代码通常是阿拉伯数字或英语字母或其组合，称为故障码。

故障码的含义随车型的不同而异，不同车型的故障码形式和内容会有不同。维修人员可在相应车型的维修手册中查询。

用检测仪与车载计算机的诊断接头相连（图 6-12），按操作程序读取，检测仪能解释故障码的含义，维修人员不必再去翻书。

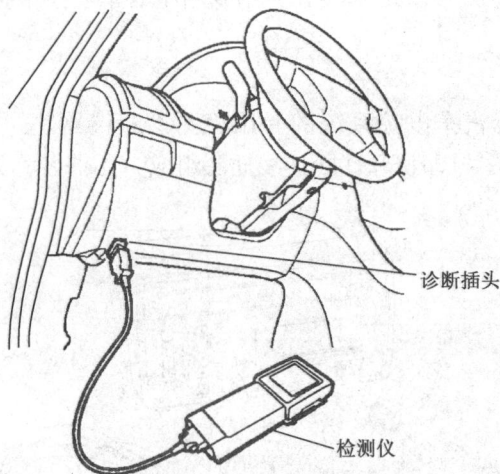

诊断插头

检测仪

图 6-12　将检测仪与车载计算机的诊断插头相连

故障码读完后要及时清除，否则维修人员可能分不清是当前故障还是历史故障。使用检测仪向计算机发出清码指令，故障码就被清除了。

（二）数据流操作

计算机将传感器的输入信号、执行元件的控制信号以及蓄电池电压等信息通过诊断线路发送到检测仪，检测仪在显示屏上以数据的方式连续显示出来，就是数据流。

多数 20 世纪 90 年代中期以前生产的车型大多没有数据流的功能，系统有故障只能通过故障码诊断。一个故障码的出现可能是因为某一元件的故障引起，可能是由于该元件的配线引起的，也可能是由于计算机本身故障所造成，还可能是由于其他有关系统的故障所引起。因此，要想快速、有效地判断和排除故障，必须通过检测和读取数据流进行分析和比较，最后确定故障原因，加以排除。

当前生产的汽车上，汽车计算机都具备了数据流的输出功能。

（三）元件测试操作

对于计算机所能控制的继电器、电机、电磁阀和指示灯等元件，可以通过检测仪向计算机发出测试指令，在车辆静止或运行的条件下进行测试，观察其动作是否正常。

三、典型汽车电控系统检测仪的使用

（一）专用型检测仪的使用

目前在国内最常见的车型是德国大众系列的捷达、桑塔纳和奥迪等，下面就以大众汽车公司专用检测仪 V. A. G1551 为例，介绍专用型汽车电控系统检测仪的使用。

1. V. A. G1551 简介

V. A. G1551 是大众汽车电控系统的专用检测诊断仪器，如图 6-13 所示，从正面看，由显示屏幕、键盘、打印机和诊断连线插头组成，元件名称如表 6-3 所示。

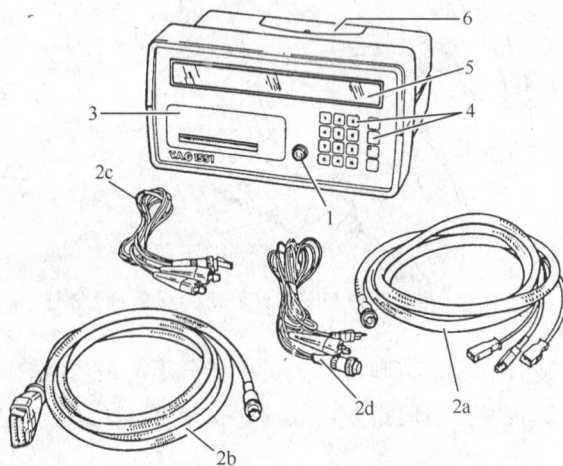

图 6-13　V. A. G1551 检测仪（图中编号注释见表 6-3）

表 6-3　V. A. G1551 检测仪元件名称

编号	名　称	编号	名　称
1	诊断连线插头		键盘
2	诊断连线 2a：V. A. G1551/1，用于 2 项扁插头的车辆 2b：V. A. G1551/3，用于 16 端子插头的车辆 2c：V. A. G1550/1，用于 1 项扁插头的车辆 2d：V. A. G1550/2，用于插头在燃油泵继电器的车辆	4	按键 0～9 用于数字输入 　C 用来清除输入，退回到上个操作步骤或终止程序运行 　→程序继续运行或翻页 　HELP 调出操作说明 　PRINT 接通或关闭打印机，打印机接通时，指示灯亮
		5	显示屏幕
3	打印机	6	程序卡安装槽

　　显示屏幕可显示 40 个字符长度的两行，字符高度为 13mm，由于对比度好，几米外即可看清。显示屏幕可以为使用者输出各种信息且提供各种功能的操作说明。

　　控制元件由压力接触键盘组成。

　　40 字符热敏打印机用于提供故障说明、测量数据及操作说明的资料，打印指令由按键“PRINT”完成。

　　检测仪还可在不同功能状态下提供辅助文字说明，以方便使用者在某一功能下的工作，辅助文字说明可通过按下“HELP”键，由打印机打出。

　　插头及诊断连线可提供电压供给及与车上诊断座连接。

　　仪器的全部功能存在一个易于更换的程序卡中，该程序卡可由计算机软件升级。程序卡的安装槽位于仪器后上半部，由一个盖板盖住，程序卡可提供不同的语言形式。

　　在仪器的背面还有一个连接交叉点，通过此点可利用交叉分配器将其他检测设备的测量数据经打印机打印出来。

2. 检测仪的连接

　　检测仪配有一个供给电压极性变换的保护装置，当供给电压正确接通时，输入和输出极的安全保护装置才会发挥作用。

　　早期的车型装备 2 项扁平的诊断座（图 6-14），使用诊断连线 V. A. G1551/1 的时候，先将用于电压供给的黑色插头连接到中央电器盒内的黑色扁平插座上。

　　屏幕上显示如下：

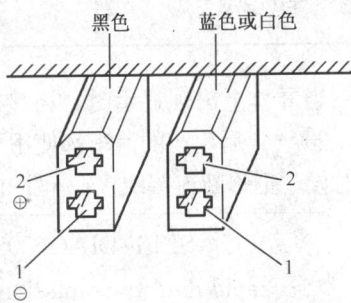

图 6-14　2 项扁平诊断座

```
V. A. G—SELF-DIAGNOSIS
1—rapid data transmission*
2—flash code readout*
```

> V. A. G—自诊断
> 1—快速数据传递*
> 2—闪光码输出*

屏幕显示中的*：因为屏幕一次只能显示两行，所以1与2交替显示。

如果屏幕上没有内容显示，检查车上扁平插座（图6-15）A上的电压并同时检查电极性，供给电压至少达到10V，必要时给蓄电池充电。

如电压正常，则根据图6-15所示，并参考表6-4，检查诊断连接线 V. A. G1551/1 是否导通。

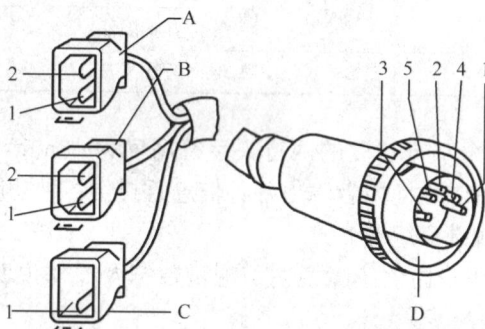

图6-15　V. A. G1551/1 连接线（图中编号注释见表6-4）

表6-4　V. A. G1551/1 连接线端子对应

接汽车诊断座的一侧		接仪器的一侧，插头 D
扁平插头	端子	
黑色 A	1	3（蓄电池负极）
	2	2（蓄电池正极）
白色或蓝色 B	1	4（L 连线）
	2	1（K 连线）

当屏幕上出现显示时，再接通白色或蓝色插头。

2000年后生产的汽车都使用了16端子的OBDII诊断座，使用诊断连线 V. A. G1551/3 的时候，把诊断连接线接在车上中央电器盒的插座上，注意屏幕显示内容。

> V. A. G—SELF-DIAGNOSIS
> 1—rapid data transmission*
> 2—flash code readout*

> V. A. G—自诊断
> 1—快速数据传递*
> 2—闪光码输出*

屏幕显示中的＊：因为屏幕一次只能显示两行，所以 1 与 2 交替显示。

如果屏幕上没有显示，如图 6-16 所示，检查车上诊断插座上的电压及电极性，供给电压至少达到 10V，必要时给蓄电池充电。

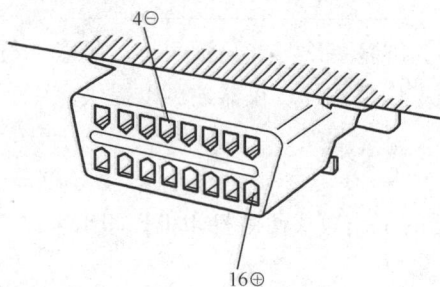

图 6-16　16 端子诊断座

如果电压正常，则根据图 6-17 所示，参考表 6-5 所示，检查诊断连接线 V. A. G1551/3 是否导通。

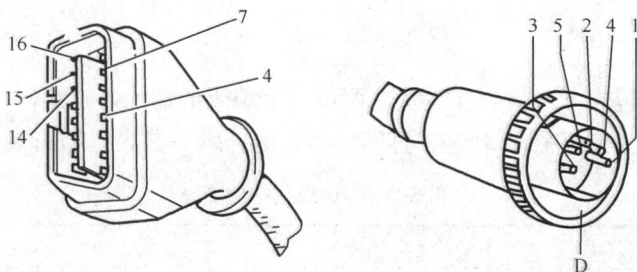

图 6-17　V. A. G1551/3 连接线（图中编号注释见表 6-5）

表 6-5　V. A. G1551/3 连接线端子对应

接车的一侧端子	接仪器的一侧端子
4	3（蓄电池负极）
7	1（K 连线）
14	5（照明灯线）
15	4（照明灯线）
16	2（蓄电池正极）

3. 检测仪 V. A. G1551 的操作

接通检测仪后，可用按键来选择所希望的工作模式。

V. A. G—SELF-DIAGNOSIS

1—rapid data transmission*

2—flash code readout*

> V. A. G—自诊断
> 1—快速数据传递*
> 2—闪光码输出*

屏幕显示中的＊：因为屏幕一次只能显示两行，所以1与2交替显示。

除上述两种可替换的工作模式外，仪器还可以提供：

3—自我测试

4—维修服务站代码

按下HELP键，仪器的工作模式便由打印机打印出来。

（1）快速数据传递

> Rapid data transmission   HELP
> Enter address word××

> 快速数据传递   帮助
> 输入地址码××

在这种工作模式下，检测仪等待着两位数字编码的输入，这编码构成了不同系统控制单元的地址码。按下HELP键，打印机会将地址码一览表打印出来，如表6-6所示。

表6-6 地址码一览表

地 址 码	电 控 系 统
01	发动机电控系统
02	变速器电控系统
03	制动电控系统
14	电控悬架系统
24	驱动防滑电控系统
34	四轮转向系统
15	安全气囊系统
17	仪表板电控系统
08	暖风/空调电控系统
00	整车电控系统自动故障查询（查询所有电控系统的故障记忆系统，并打印出结果）

输入地址码后，按下Q键予以确认，显示屏幕上便会显示出该系统的地址码及其名称。输入指令可以通过C键来更正。

如果输入00号地址码，可进行整车各系统的自动故障查询。

按下Q键，检测仪会逐次向各控制单元输出地址码，相关控制单元答复后，显示屏上显示该控制单元，打印机会将显示文字打印出来，直到对所有控制单元完成检测。

```
Rapid data transmission                    HELP
00—automatic test sequence
```

```
快速数据传递                               帮助
00—自动顺序查询
```

以发动机和变速器控制单元的输出结果为例：

```
Carl bondlbauer
Kurfurstendamm 106/1000Berlin 31
443907401A      发动机
编码：1
发现 2 个故障！
00513      2111
发动机转速传感器-G28
无信号输入
00516      2121
怠速开关-F60
信号输入正极
095927731      DIGIMAT
编码：111            WSC12345
```

如果检测仪与控制单元间无信息传递（诊断连线断开或控制单元损坏），则不会输出结果。阅读完故障记忆系统后，检测仪回退到接通电压时的工作状态。

输入 01，与发动机控制单元进行数据传递：

```
Rapid data transmission                    Q
01—Engine electronics
```

```
快速数据传递                               Q
01—发动机电气系统
```

按下 Q 键，就建立起检测仪与控制单元间的数据传递。

```
Rapid data transmission
Tester sends address word 01
```

```
快速数据传递
检测仪输出地址码 01
```

如果控制单元予以确认，则显示：

> 4439041A MOTOR   →
> Code 1

按下→键后，工作模式"快速数据传递"下的每个功能都可以选择，单个功能：

> Rapid data transmission   HELP
> Select function ××

> 快速数据传递   帮助
> 选择功能××

如果按下 HELP 键，可打印出可执行的功能，如表 6-7 所示。

表 6-7　检测仪固定指令代码

固定指令码（适用于各个子系统）	功能
01	查询控制单元型号
02	查询故障记忆系统中的信息
03	诊断终端执行元件
04	基本调整
05	清除故障记忆系统中的信息
06	结束输出
07	控制单元编码
08	阅读测试数据块
09	阅读单个测试数据块
10	匹配
11	登录

如果所选择的功能不存在控制单元内，或目前运行状态下此功能无法执行，检测仪则答复：

> Function not recognized or   →
> Not currently available

> 功能未知或   →
> 目前无法执行

固定指令码的详细说明如下。

1）查询控制单元类型——01。信息一旦确定后，控制单元的判断内容就显示出来。

> 443907401A MOTOR   →
> Code ×××   WSC ×××××

```
443907401A 发动机                      →
编码×××                WSC×××××
```

上一行显示控制单元所具有的部件编码，系统名称和存在控制单元内的技术数据。

下一行显示控制单元目前的编码，控制单元存储编码（见功能 07）除了显示自身编码外，还显示服务站代码（WSC）。此代码表明由哪一家最后对控制单元编制了代码。

2）查询故障记忆系统——02。故障源及故障点（上一行文字）和故障类型（下一行文字）的文字说明可用 40 个字符加以叙述。在某种情况上，文字必须缩短。

检测仪从控制单元调出故障记忆系统并首先显示所出现的故障数量。

```
3 faults recognized!                   →
```

```
发现了三个故障!                        →
```

按动"→"键，每个故障的文字说明都单独出现在显示屏幕上。

```
Engine speed sensor—G28
No signal                        /SP
```

```
发动机转速传感器—G28
无信号                           /SP
```

下一行显示的故障类型上带有/SP 字样，表明此故障为偶发性故障。如果接通打印机，故障文字通过打印机打印出来，为使显示出的故障容易同维修资料上的故障表正确对应，每个故障均为五位数的代号，称为故障码。

```
00513 2111
Engine speed sensor—G28
No signal                        /SP
```

```
00513 2111
发动机转速传感器—G28
无信号                           /SP
```

3）诊断终端执行元件——03。通过对执行元件的诊断，可检查每一个执行元件的电路状况。对终端执行元件进行诊断是电控系统检测的一个重要部分，检测仪要求控制单元对每个终端执行元件进行动态检测。

```
Final control element diagnosis        →
Cyl. 1 injection valve 1—N30
```

```
终端执行元件诊断                              →
1缸喷油器—N30
```

通过"→"键，发出对下一个执行元件进行诊断的指令。执行元件的诊断顺序由控制单元决定，如果某个执行元件在显示屏幕上显示出不工作，则必须对元件进行检查，是否在插头上、线束上、电气元件或机械部分存在故障。

4）基本调整——04。对某些系统，在维修或保养时必须进行基本调整。在基本调整过程中，控制单元的运行工况达到固定的基本值。例如对点火正时的调整属于对此系统的基本调整。

基本调整只能在规定的车辆运行工况下才能进行调整（如机油温度超过80℃）。因此，一些控制单元输出一些内存的数据值用以进行基本调整。

在选择该功能后，首先要输入一个小组编号，用Q键予以确认。

```
Initiate basic set-up
Enter display group number ××
```

```
基本调整
输入显示组号码××
```

测量值以物理量形式输出，所选择的显示组编号在显示屏幕的上一行一起显示。

```
System at basic setting                    3 →
85℃        850r/min      23℃      13.70V
```

```
系统正在进行基本调整                        3 →
85℃        850r/min      23℃      13.70V
```

另一组测量值的显示可通过按C键，并输入所希望的显示组编号来进行。

不以物理量测量值的输出通过显示组编号00来进行。

```
System at basic setting                       →
12   25   43   18   32   127   255   255   2   67
```

```
系统正在进行基本调整                          →
12   25   43   18   32   127   255   255   2   67
```

显示组中的数字将在自诊断部分给予说明。

5）清除故障记忆系统——05。在修理之后，必须清除控制单元的故障记忆系统，在输入清除指令之前，必须首先检查检测仪故障记忆系统。

```
Rapid data transmission            →
Fault memory erased!
```

```
快速数据传递                              →
故障记忆已被清除
```

若在故障记忆系统被清除后有如下显示，则表明还有新的故障存在，需要进一步修理。

```
Rapid data transmission                  →
Fault memory no erased!
```

```
快速数据传递                              →
故障记忆未被清除
```

6）结束输出——06。结束输入到控制单元的数据传递，检测仪进入可输入新的地址码的工作区域。

```
Rapid data transmission              HELP
Enter address word ××
```

```
快速数据传递                            帮助
输入地址码××
```

7）控制单元编码——07。控制单元内存储内容可通过此功能加以更改，控制单元的工作方式可以更换，以适应不同的发动机、变速器或适应不同国家的有关法律规定。

```
Encode control unit
Enter code number×××           (000-127)
```

```
控制单元编码
输入编码×××                      (000-127)
```

编码数值介于 000～127 之间，必须是三位数，用 Q 键确认输入指令，输入编码后，控制单元便会显示现在的控制单元代码和与其对应的服务站代码（WSC）。

```
443907401A   MOTOR                       →
Code 111                      WSC   12345
```

```
443907401A   发动机                      →
编码 111                       WSC   12345
```

8）阅读测量数据块——08。不同的控制单元可传输多种测试数据，这些数值提供了各系统的运动工作，即所连传感器的信息，在多数情况下，传递的测试数据值可帮助诊断并排除故障。

由于这些数据不能同时传递，因此需按各个显示小组划分，每个小组可通过小组编号进行选择。

输入显示组编号后，用 Q 键确认输入指令，测试数据在显示屏幕的下一行显示出来。

Read test data block	→
85℃　　850r/min　　23℃　　13.70V	

读取测试数据块	→
85℃　　850r/min　　23℃　　13.70V	

发动机控制单元内的各测试数据按下列顺序排列：

1—机油温度

2—发动机转速

3—进气温度

4—蓄电池电压

所选择的显示组编号也在显示屏的上一行显示出来，其他数据组的显示可通过按 C 键并输入所需的显示小组编码来进行。

没有物理单位的测试数据的输出必须输入显示小组编码 00。

Read test data block	→
12 25 43 18 32 127 255 255 2 67	

读取测试数据块	→
12 25 43 18 32 127 255 255 2 67	

发动机控制单元内的各测试数据按下列顺序排列：

1—冷却液温度

2—发动机负荷

3—发动机转速

4—氧传感器积分器

5—氧传感器怠速调节

6—氧传感器调节

7—氧传感器调节

8—怠速稳定控制

9—开关输入端

10—点火时刻

9）阅读单独测试数据块——09。此功能可显示单独测试数据块。

Read individual test data
Enter channel number ××

阅读单独测试数据块
输入通道号××

通道号必须用两位数字输入，并按下 Q 键确认输入指令。

```
Read individual test data
Channel　10　test value 1534
```

```
读取单独测试数据块
通道号　10　测量值 1534
```

使用 C 键选择不同的通道号。

10）匹配——10。操作者可通过此功能选择控制单元内车辆的最佳数值（如怠速速度、喷油量）。

```
Adaptation
Enter channel number××
```

```
匹配
输入通道号××
```

阅读匹配值需首先输入两位数字的通道号，并用 Q 键确认输入指令，然后控制单元传出当前所使用的匹配值，同时还显示相应的通道号。

```
Channel　10　　adaptation　　12345　　　　　→
                                          <-13->
```

```
通道号　10　　匹配值　　12345　　　　　→
                                    <-13->
```

利用按键 1（匹配减小）和按键 3（匹配值加 1）可将匹配值以单位步进的方式加以更改，且可以检查控制单元系统的反应。

通过按动→键可输入一个新的匹配值并用 Q 键确认输入指令。

```
Channel　10　　adaptation　12345
Enter adaptation factor ×××××
```

```
通道号　10　　匹配值　　12345
输入匹配值×××××
```

在多数情况下，除了匹配值外，还可监测相应的测试值。

如果某一通道内还有测试数据，此数据将在显示屏的下一行进行显示，测试值的显示方式取决于控制单元的方式。

```
Channel　10　　adaptation　12001　　Q
```

```
通道号　10　　匹配值　　12001　　Q
12 25 43 18 32 127 255 2555 34 67
```

```
Channel    10      adaptation   12001      Q
1575r/min     16％      75＞°      83.0℃
```

```
通道号    10      匹配值       12001      Q
1575r/min     16％      75＞°      83.0℃
```

如果已得到正确的匹配值,必须用 Q 键确认此值。

```
Channel    10      adaptation   12001      Q
Save new factor?
```

```
通道号    10      匹配值       12001      Q
是否存储新的数值?
```

按下 Q 键确认存储指令,匹配值被传递给控制单元加以存储。

```
Channel    10      adaptation   12001        →
New factor has been saved
```

```
通道号    10      匹配值       12001        →
新的数值已存储
```

(2) 闪光码输出

有些老车型的电控系统没有数据通信功能,只可使用闪光码输出,按键"→"即可调出。

```
Flash code readout                    HELP
Start with →key!
```

```
闪光码输出                         HELP
使用→键启动
```

通过按→键使闪光码输出进入工作状态,如按 HELP 键,闪光码输出操作提示通过打印机打出。

只要出现下列显示,则可通过 L 线触发控制单元。

```
Flash code readout                    HELP
Request being processed!
```

```
闪光码输出                         HELP
进入工作状态
```

然后检测仪等待从控制单元输出的闪光码(故障记忆系统的输出)。

```
Flash code ××××
```

```
闪光码××××
```

如果控制单元内的信息完全传递，则与闪光码有关的文字说明在屏幕的第二行显示出来。

```
Flash code 1231
Vehicle speed sensor-G68
```

```
闪光码 1231
车速传感器-G68
```

按下→键，屏幕继续显示故障。

```
Flash code 1231
Flash code readout forward!
```

```
闪光码 1231
闪光码继续输出！
```

当故障记忆系统全部输出后，控制单元传出闪光码0000（输出结束），屏幕上显示文字说明：

```
Flash code readout          →
Is completed!
```

```
闪光码输出                  →
结束！
```

按→键，检测仪回到初始工作状态，在此状态下，可再输出其他控制单元的闪光码。

```
Flash code readout          HELP
Start with →key!
```

```
闪光码输出                  HELP
使用→键启动
```

有些车型的控制单元的闪光码输出可能与上述情况不符，详细原因请参考维修资料中的说明。

在闪光码输出工作模式下，也可进行"清除故障记忆系统"和"诊断终端执行功能"两种功能。不过不同的控制单元，这两种功能的操作可能不同。

（3）仪器的自我检测

该仪器可进行自我检测，检查仪器中的电子元件及诊断连线，按下键3仪器便开始自我检测：

—显示并打印现有的程序卡类型。

—打印出服务站代码。

—控制全部屏幕显示及打印机元件（目视检查）。

—检查现有程序（显示并打印出现有故障）。

—键盘检查，操作各个按键并通过显示器检查（如有故障，显示器显示出来，当一个键上同样错误出现三次时，便打印出故障）

—检查所有输入极和输出极（K 线和 L 线）的接线，接线不能接通（显示器上显示故障）。

—检查所有输入极，显示器上应有电位显示（H/L），否则操作者需检查诊断连线和输入级。

```
Status of input stages                    →
K-wire：H       L-wire：H       lamp wire：H
```

```
输入极情况                                 →
K-连级：H       L-连线：H       照明灯线：H
```

如显示出 H，说明诊断连线，即输入极上有 H 电位（蓄电池电压）。在诊断接线没连上时，也会显示 H 电位（用 P 中间决定的），要检查诊断连线的输入极，相应的插脚必须接地。从 H 到 L（L 相当于接地）的显示交替进行。

按→键，结束自我检测。

（二）通用型检测仪的使用

X-431 电眼睛检测仪是目前汽车维修行业中使用最普遍的通用型检测仪，下面以检测奔驰汽车为例，介绍该检测仪的使用方法。

1. 检测仪的连接

1）将 CF 卡插入 X-431 电眼睛 CF 卡插孔内，注意使印有"X-431"字样的一面朝下，且确保插入到位。

2）将 X-431 电眼睛测试主线的一端插入 SMARTBOX 数据接口内。

3）将 X-431 电眼睛测试主线的另一端与选择的测试接头相连接。

4）将测试接头的另一端插入汽车诊断座。

将检测仪连接到汽车的诊断插座上，如图 6-18 所示。

说明：如果所测汽车的诊断座电源不足或其电源引脚损坏，可通过以下任一方式获取电源。

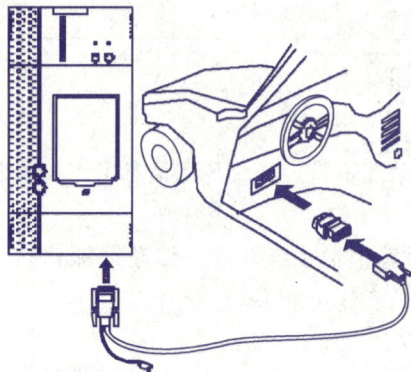

图 6-18　将检测仪连接到诊断插座上

1）通过点烟器：取出点烟器，将点烟器电缆的一端插入汽车点烟器孔，另一端与X-431电眼睛测试主线的电源插头连接。

2）通过单钳电源线：将单钳电源线的电源钳夹在蓄电池的正极，另外一端插入X-431电眼睛测试主线的电源插头。

2. 进入诊断主界面方法

有两种方法：一是当连接完毕后，按POWER键启动X-431电眼睛，启动完成后按HOTKEY键直接进入汽车诊断主界面；二是从"开始"菜单下启动诊断程序，单击"开始"按钮，并在其弹出菜单中选择"诊断程序"汽车解码程序，则进入诊断主界面，如图6-19所示。

注意！进入诊断程序前必须插入包含诊断程序的CF卡。

在诊断主界面下单击"开始"按钮，屏幕显示车系选择菜单，如图6-20所示。单击要检测的车型图标，例如单击第一项，屏幕显示版本号和可测系统等相关信息，如图6-21所示。

图6-19 进入诊断主界面

图6-20 车系选择

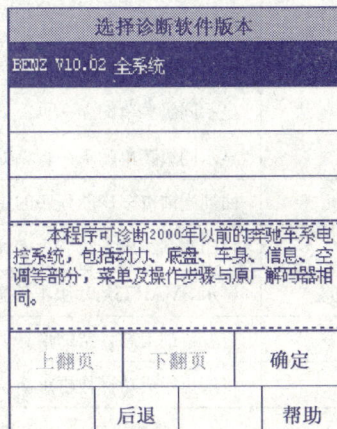

图6-21 信息显示

单击"确定"按钮，X-431将对SMARTBOX进行复位和检测，并从CF卡下载诊断程序。下载完毕，屏幕显示如图6-22所示，都显示成功后，单击"确定"按钮，则进入诊断程序。

3. 检测仪的主要界面按钮功能说明

表6-8列举了操作界面中经常出现的按钮及其说明。

```
┌─────────────────────────────────┐
│     系统及SMARTBOX初始化          │
├─────────────────────────────────┤
│                                 │
│  SMARTBOX复位...        ［成功］  │
│                                 │
│  SMARTBOX检验...        ［成功］  │
│                                 │
│  正在下载诊断软件...    ［成功］  │
│                                 │
│  ┌───────────────────────────┐  │
│  │                           │  │
│  └───────────────────────────┘  │
│                                 │
├─────────────────────────────────┤
│              确定                │
└─────────────────────────────────┘
```

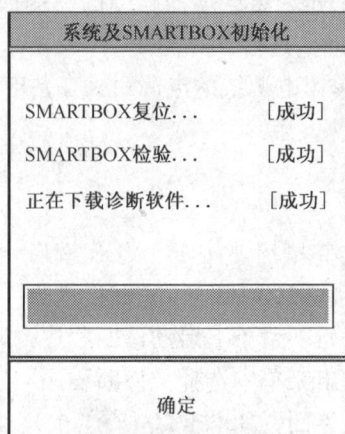

图 6-22 下载程序

表 6-8 操作界面中经常出现的按钮及其说明

后退	返回上一界面
开始	继续执行下一步操作
退出	退出诊断程序
确定	确认并执行
取消	取消当前操作，并返回上一界面
上翻页	显示同级菜单的上一页，如所显示的内容只有一页或当前页为第一页，该按钮变灰不可用
下翻页	显示同级菜单的下一页，如所显示的内容只有一页或当前页为最后页，该按钮变灰不可用
诊断首页	回到当前汽车诊断程序的主菜单
打印	打印测试结果，只有当字体显黑时才可用
BOX 信息	显示 SMARTBOX 版本信息
帮助	查看帮助信息，帮助信息的内容与当前界面的内容相关
重试	将未执行成功操作再重新执行一次

4. 故障码操作

按照界面提示进入系统，显示功能菜单，图 6-23 所示为奔驰动力系统功能菜单。单击"读取故障码"功能，X-431 开始测试故障码，测试完毕，屏幕显示测试结果，图 6-24 所示为某次测试显示的结果。若想打印，在打印机就绪的状态下，可单击"打印"按钮进行打印。

在图 6-23 所示的功能菜单中，单击"清除故障码"选项，X-431 即执行清除故障码功能，如图 6-25 所示。如果清除故障码成功，屏幕显示如图 6-26 所示。

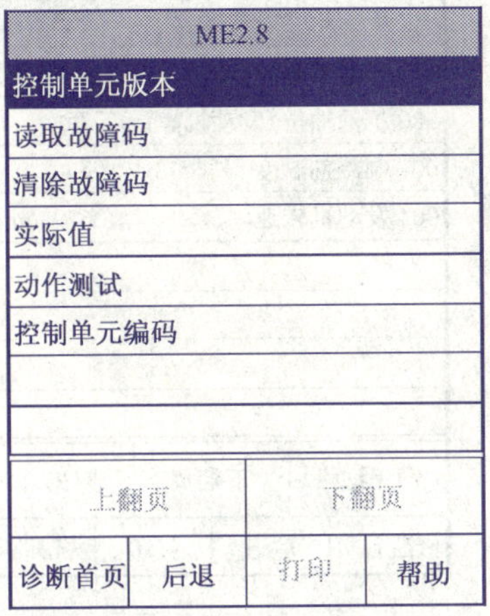

ME2.8
控制单元版本
读取故障码
清除故障码
实际值
动作测试
控制单元编码

上翻页	下翻页

诊断首页	后退	打印	帮助

图 6-23　奔驰动力系统功能菜单

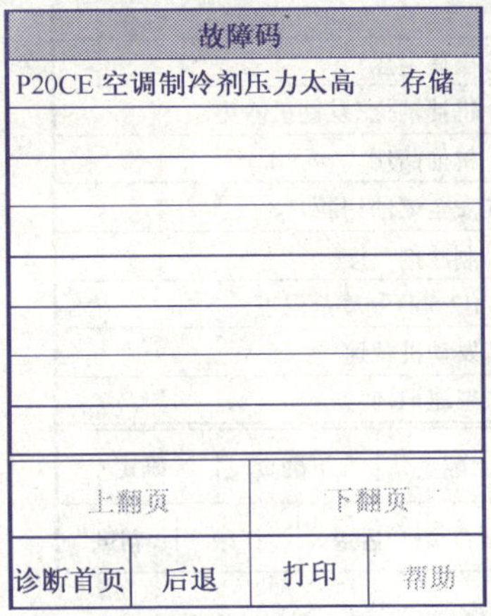

故障码
P20CE 空调制冷剂压力太高　　存储

上翻页	下翻页

诊断首页	后退	打印	帮助

图 6-24　测试故障码

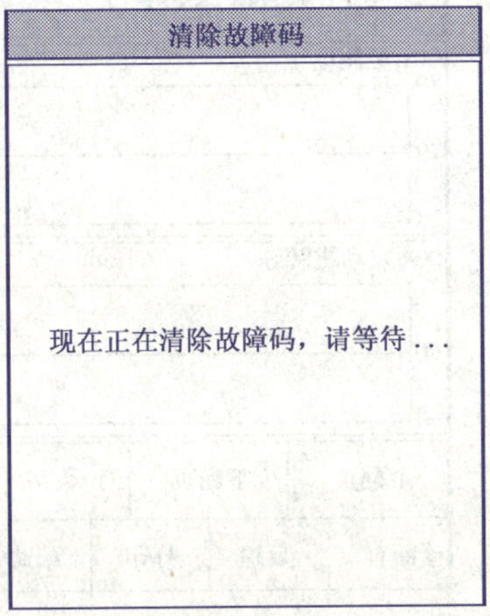

清除故障码
现在正在清除故障码，请等待…

图 6-25　执行清除故障码功能

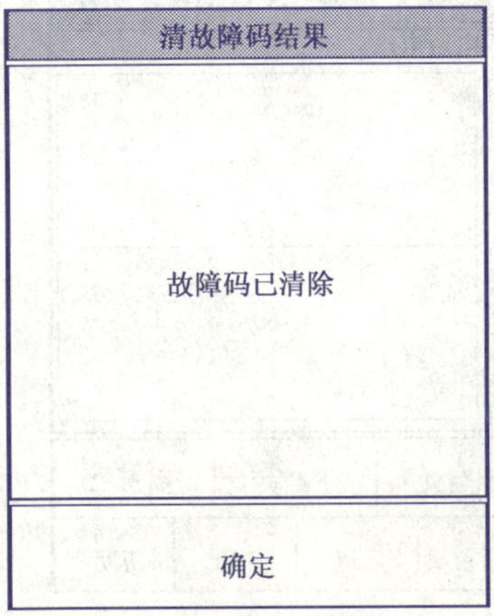

清故障码结果
故障码已清除
确定

图 6-26　清除故障码成功

5. 读数据流并查看相应波形

在功能菜单中，单击"读数据流"功能，屏幕显示数据流项目如图 6-27 所示。

数据流项目有多页，用户可单击"上翻页"和"下翻页"按钮上下翻看。如果要查看某个或多个数据流项目的数值，可在数据流项目菜单中单击相应的选项，然后单击"确定"按钮。例如，单击"电瓶电压"、"机油油位"、"制冷剂温度"和"发动机转速"四个项目后，单击"确定"按钮，屏幕显示这四个项目的即时值，如图 6-28 所示。

在数据流显示界面中，单击"图形 1"按钮，屏幕显示第一个数据流项的波形，如图 6-29 所示。单击"下翻页"按钮，屏幕显示下一个数据流项的波形。在图 6-29 所示的单个数据流项的波形界面中，单击"图形 2"按钮，屏幕显示两个数据流项的波形，如图 6-30 所示。这样便于用户对相关联的数据流项进行实时对比。

选择数据流
016 电瓶电压
380 机油油位(发动机静止)
381 机油品质
055 安全燃油切断
001 制冷剂温度
003 B2/5bl(制冷剂温度)
004 发动机转速
042 怠速识别

上翻页	下翻页	确定
诊断首页	后退	打印	帮助

图 6-27　数据流项目

数据流	
016 电瓶电压	11.2V
380 机油油位(发动机静止)	37mm
001 制冷剂温度	68
004 发动机转速	2679 l/min

上翻页	下翻页	图形-1
诊断首页	后退	打印	帮助

图 6-28　即时值显示

数据流

016 电瓶电压　　V
12.3

12.2

12.1

上翻页	下翻页	图形-2
诊断首页	后退	打印	帮助

图 6-29　数据流波形显示

数据流

001 电瓶电压　　℃
80

79

78

004 发动机转速　　1/min
1

0

−1

上翻页	下翻页	数字
诊断首页	后退	打印	帮助

图 6-30　双数据流项波形

在该界面下，再单击"数字"按钮，屏幕重新显示数据流即时值。"数字"、"图形1"和"图形2"这三种显示方式循环切换。

6. 动作测试

在功能菜单中，单击"动作测试"功能，屏幕显示动作测试项目，如图 6-31 所示。动作测试项目有多页，用户可单击"上翻页"和"下翻页"按钮上下翻看。然后选择一个执行器单击，按照界面的提示进行操作，图 6-32 所示为喷油嘴的测试界面，屏幕显示相关元件的数值及操作提示。

说明：不是所有的车型和系统都具有动作测试功能，是否有此功能由汽车控制计算机决定。

动作测试
1 Y32 (空气泵单向阀), M33 (电动空气泵) (仅 (USA), EUR03, EUR04, D4)
2 Y62 (燃油–喷油嘴) (1缸)
2 Y62 (燃油–喷油嘴) (2缸)
2 Y62 (燃油–喷油嘴) (3缸)
2 Y62 (燃油–喷油嘴) (4缸)
2 Y62 (燃油–喷油嘴) (5缸)
2 Y62 (燃油–喷油嘴) (6缸)

上翻页		下翻页	
诊断首页	后退	打印	帮助

图 6-31 动作测试项目

动作测试
喷油嘴: 1缸
断开: 发动机转速瞬时下降且怠速明显变坏.
发动机转速:　　　　654 /min

上翻页	下翻页
开	关	退出

图 6-32 喷油嘴测试界面

7. 控制单元编码

在功能菜单中，单击"控制单元编码"功能，屏幕显示如图 6-33 所示，单击"确定"按钮，屏幕显示如图 6-34 所示。

控制单元编码
只有新的，没被动过的控制模块才可以安装.
确定

图 6-33 控制单元编码

控制单元编码
1 更换控制单元

上翻页		下翻页	
诊断首页	后退	打印	帮助

图 6-34 编码操作

单击"1 更换控制单元"选项，屏幕显示如图 6-35 所示，按屏幕提示关闭点火开关，单击"确定"按钮，屏幕显示如图 6-36 所示。

更换控制单元后，单击"确定"按钮，屏幕显示如图 6-37 所示，单击"是"按钮，屏幕显示如图 6-38 所示，打开点火开关后，单击"确定"按钮，X-431 开始对控制单元进行编码，编码完毕，单击"确定"按钮返回功能菜单。

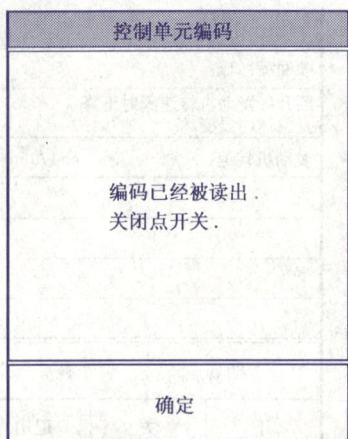

图 6-35 读出旧控制单元的编码

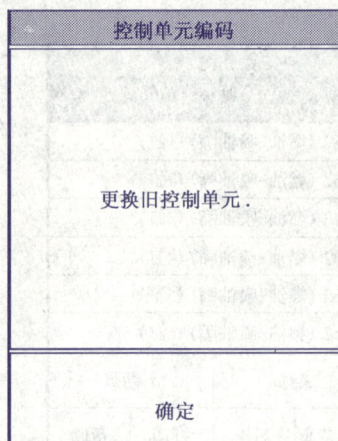

图 6-36 更换旧控制单元

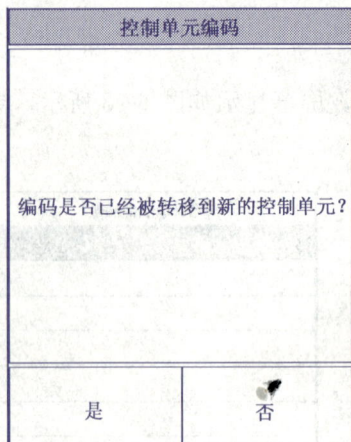

图 6-37 检测仪提示

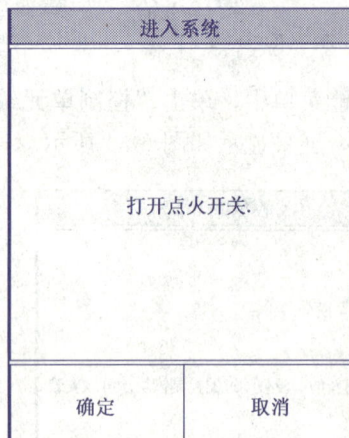

图 6-38 编码操作

思考与练习

1. 利用检测仪通常可以检测汽车电控系统的哪些项目?

2. 使用检测仪检测汽车电控系统电路时,是否可以完全不需要万用表?

3. 操作检测仪和汽车计算机建立通信连接,如果检测仪报告"汽车电脑无响应"时,可能是哪些原因造成的?

4. 当发动机冷却液温度传感器插头被断开时,数据流有什么变化?

学习检测

捷达轿车发动机数据流检测

准备一台捷达轿车，用检测仪完成表 6-9 的检测任务。

表 6-9　捷达发动机电控系统检测

项目	技术要求	配分	评分细则	评分记录
检测前仪器及车辆准备	1）检查实训场地的通风、照明是否良好 2）准备好维修保护四件套和必要的维修工具，在捷达车上使用维修保护四件套 3）启动发动机，确认发动机工作正常 4）关闭发动机	15	错漏一项扣 5 分	
故障码检测	1）点火开关打开，发动机不运转，连接检测仪到诊断插座，操作检测仪进入发动机电控系统 2）拔下冷却液温度传感器的插头，读取发动机电控系统的故障码，应有 00522（冷却液温度传感器故障）存在 3）恢复冷却液温度传感器插头，清除故障码 4）再次读取故障码，确认故障已经排除	10	操作错误一项扣 5 分	
执行元件测试	1）点火开关打开，发动机不运转 2）操作检测仪进行"执行元件诊断"，分别控制燃油泵继电器、喷油器和碳罐电磁阀工作，应能听到各个元件工作的声音	10	操作错误一项扣 5 分	
节气门体基本设定	1）点火开关打开，发动机不运转 2）操作检测仪进行"基本设定"，输入通道号"060"并确定，节气门电机应动作，约 3～4s 后，检测仪"060"组数据的最后一个参数显示为"OK"	15	操作错误一项扣 5 分	
数据流读取	1）分别读取发动机在静态、急速、急加速、急减速各个工况下的数据流，并记录 2）在发动机运转状态下，依次拔下进气压力传感器、冷却液温度传感器的插头，观察数据流的变化	25	操作错误一项扣 5 分	
实验报告	填写实验报告	10	根据实验报告的完成情况酌情给分	
安全文明生产	检测完毕，车辆驶离，打扫卫生，归还工具及设备	10	工具损坏或违反安全操作不得分	
工时	20min	5	实操时间＿＿ min	
备注				

项目 7

汽车检测线检测

教学目标

学习本项目，学生可以掌握汽车综合性能检测的相关知识和检测线的操作使用方法，学会检测汽车综合使用性能，并完成必要的调整、维修工作。

技能要求

1. 全面学习了汽车维修的所有课程，能独立判断、维修汽车机械、电气和电控系统的常见故障。

2. 具备了较高的观察、故障判断和逻辑思维能力。

相关知识与技能点

检测线、检测工位、烟度计、声级计、制动性能实验台、车轮侧滑检验台、底盘测功机。

工作任务

捷达轿车行驶车外噪声检测和富康轿车制动性能检测

任务目标

确保汽车处于最佳运行状态，发挥其动力性、经济性、排气净化性、操纵稳定性、安全性、舒适性和可靠性等使用性能。

安全规范

1. 检测线的微机系统必须配备专供计算机使用的稳压电源，且只能供系统使用，其他用电设备如空调、电风扇等都不能使用。

2. 微机系统必须有专用的接地装置。

3. 凡是接入系统的设备必须统一接地，任何改变供电线路时都不允许违背这一原则。

4. 系统严禁装入其他软件作非检测用，否则将影响系统性能。

5. 在雷电比较频繁的区域，请在供电系统中安装防雷设备。

一、捷达轿车行驶车外噪声检测

实验用品：捷达轿车一台，指针式声级计（图7-1）两台。在实训场完成本项实验，实训场地必须满足噪声测量要求。

实验步骤如下。

1. **检查测量场地是否符合要求**

车外噪声测量场地及测点位置如图7-2所示。

测试声级计位于20m跑道中心点 O 两侧，各距中线7.5m，距地面高度1.2m，用三角架固定，声级计平行于路面，其轴线垂直于车辆行驶方向。

1）测量场地应平坦而空旷，在测试中心以25m为半径的范围内，不应有大的反射物，如建筑物、围墙等。

2）测试场地跑道应有长度大于25m平直、干燥的沥青路面或混凝土路面，路面坡

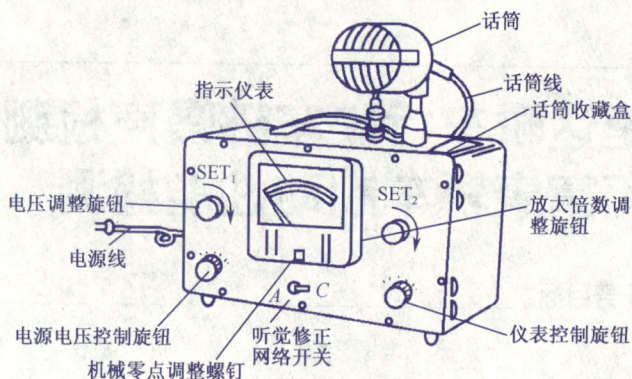

图 7-1　指针式声级计

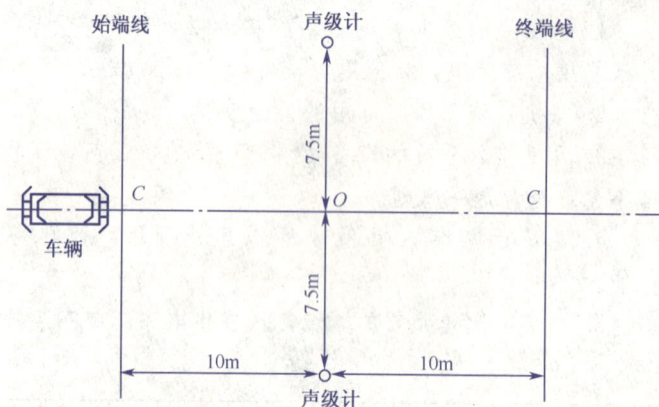

图 7-2　车外噪声测量场地及测点位置

度小于等于 0.5%。

3）本底噪声（测量对象噪声不存在时周围环境的噪声）应比所测车辆噪声至少低 10dB，并保证测量不被偶然的其他声源所干扰。

4）为避免风噪声干扰，可采用防风罩，但应注意防风罩对声级计灵敏度的影响。

5）声级计附近除测量者外，不应有其他人员，如不可缺少时，必须位于测量者背后。

6）被测车辆不载重，测量时发动机应处于正常工作温度。车辆带有的其他辅助设备噪声源，测量时其是否开动应按正常使用情况而定。

2. 声级计的检查与校准

1）在未接通电源时，先检查并调整仪表指针的机械零点。

2）检查电池容量。将声级计功能开关对准"电池"，衰减器任意，此时电表指针应达到额定红线，否则说明读数不准，应更换电池。

3）打开电源开关，预热仪器10min。

4）校准仪器。每次测量前或使用一段时间后，应对仪器的电路和声级计进行校准。根据声级计上配有的电路校准"参考"位置，校验放大器的工作是否正常。如不正常，应用微调电位计进行调节。电路校准后，再用已知灵敏度的标准声级计对声级计进行对比校准。

5）将声级计的功能开关对准"线性"、"快"挡。由于室内的环境噪声一般为40～60dB，声级计上应有相应的示值。当变换衰减器刻度盘的挡位时，表头示值应相应变化10dB左右。

6）检查计权网络。按上述步骤，将"线性"位置依次转换为"C"、"B"、"A"。由于室内环境噪声多为低频成分，故经"C"、"B"、"A"三挡计权网络后的噪声级示值将低于线性值，而且应依次递减。

7）检查"快"、"慢"挡。将衰减器刻度盘调到高分贝值处，通过操作人员发声，来观察"快"挡时的指针能否跟上发音速度，"慢"挡时的指针摆动是否明显迟缓。

8）如不知道被测噪声级有多大，必须将衰减器刻度盘预先放在最大衰减位置（120dB处），在实测中再逐步旋至被测声级所需要的衰减挡。

3. 加速行驶车外噪声测量

1）车辆须按规定条件稳定地到达始端线。装备5前进挡手动变速器的捷达用第三挡，装备4前进挡手动变速器的捷达用第二挡。发动机转速为其标定转速的3/4，如果此时车速超过了50km/h，那么车辆应以50km/h的车速稳定到达始端线。

如果使用的捷达车装备了自动变速器，则将变速杆置于D或3位置。

2）从车辆前端到达始端线开始，立即将加速踏板踏到底或节气门全开，直线加速行驶，当车辆后端到达终端线时，立即停止加速。车辆后端不包括拖车以及与拖车连接的部分。

本测量要求被测车辆在后半区域发动机达到标定转速。如果车速达不到要求，可延长OC距离为15m；如仍达不到要求，车辆使用挡位要降低一挡。如果车辆在后半区域超过标定转速，可适当降低到达始端线的转速。

3）声级计用"A"计权网络、"快"挡进行测量，读取车辆驶过时的声级计表头最大读数。

4）同样的测量往返各进行一次。车辆同侧两次测量结果之差，应不大于2dB，并将测量结果记入规定的表格中。取每侧两次声级的平均值中最大值作为被测车辆的最大噪声级。

4. 匀速行驶车外噪声测量方法

1）车辆使用常用挡位，加速踏板保持稳定，以50km/h的车速匀速通过测量区域。

2）声级计用"A"计权网络、"快"挡进行测量，读取车辆驶过时声级计表头的最大读数。

3）同样的测量往返各进行一次，车辆同侧两次测量结果之差不应大于2dB，并将测量结果记入规定的表格中。

二、富康轿车制动性能检测

实验用品：富康轿车一台，汽车滚筒式制动性能实验台或汽车检测线一台。

实验步骤如下。

1. 常规制动性能检测

（1）检测前的准备工作

1）熟悉试验台或检测线的操作规程；

2）清洁被检车辆轮胎胎面，检查轮胎气压，应为220～230kPa；

3）核实各轴轴荷，防止超载荷检测。

（2）检测操作

1）接通试验台测试系统电源，按说明书要求预热至规定时间；

2）被检车辆沿纵向中心线驶上试验台，使前车轴车轮停在举升机托板上；

3）将变速器置空挡，放松行车制动、驻车制动，将脚踏开关套在制动踏板上。

4）降下举升机，使轮胎与举升机托板完全脱离。

5）启动电动机，使滚筒带动车轮转动，待转速稳定后，读取车轮阻滞力数值。

6）将制动踏板踩到底，待检测数据稳定后，读取最大制动力数值。一般试验台在1.5～3.0s后或第三滚筒发出车轮即将抱死的信号后滚筒自动停转。

7）升起举升机，驶出已测车轴，按同样的方法进行后车轴的检测。

8）所有车轴的制动性能检测结束后，升起举升机托板，汽车驶离试验台。

9）关闭试验仪器。

2. ABS制动性能检测

如果实验车型装备ABS系统，可以通过路试进行ABS制动性能检测。进行ABS测试前应首先确认汽车的常规制动性能良好，如果常规制动性能不良，就不会得到正常的测试结果。

1）选择路面平整宽广、行驶车辆稀少、视野良好的路段进行路试。

2）驾驶车辆达到60km/h的速度，迅速踩下制动踏板，制动踏板应反弹，表明ABS工作。

3）观察仪表中的车速表显示，当车速降到15km/h以下时，ABS应停止工作，车轮抱死。

要求：ABS工作期间，汽车不应跑偏、甩尾，驾驶员应能控制汽车的行驶方向。

巩固训练

桑塔纳 2000 轿车侧滑检测

实验用品：桑塔纳 2000 轿车一台，汽车侧滑性能实验台或汽车检测线一台。
实验步骤如下。

1. 检测前车辆的准备工作

1）被检车辆的轮胎规格、气压应符合规定要求。
2）胎面应干燥、清洁。

2. 检测前仪器的准备工作

1）如果使用的是指示装置为指针式的试验台，在通电前，应检查指针是否指在 0 位。
2）接通仪器电源后，晃动滑动板，待其稳定后，查看指针是否指在 0 位或数字显示数值是否为 0，若失准，须按规定方法进行调整。
3）清洁侧滑台面，检查试验台各种导线连接情况。

3. 实验操作

1）将车辆对正侧滑试验台（对于单板式侧滑试验台，将车辆的一侧车轮对正侧滑板），并使转向盘处于正中位置。
2）使车辆沿台板上的指示线以 3～5km/h 车速平稳前行，在行进过程中不得转动转向盘。
3）车轮通过台板时，测量侧滑量并记录。
4）如果侧滑量不在规定范围内，应进行调整或维修。

知识探究

汽车检测线

随着汽车制造业和交通运输业的迅速发展，汽车已成为现今社会不可缺少的交通运输工具，其保有量越来越大。如何用现代、科学、快速、定量和准确的手段来检测并诊断汽车的技术状况，使汽车更好地发挥其动力性、经济性、排气净化性、操纵稳定性、安全性、舒适性和可靠性等使用性能，是人们一直追求的目标。

一、汽车检测站和检测线

（一）汽车检测站

汽车检测站（图7-3）是在满足时代的要求情况下应运而生的，并逐渐发展、壮大、成熟，已成为汽车制造企业、汽车运输企业、汽车维修企业中不可缺少的组成部分。

图7-3　汽车检测站

汽车检测站是综合运用现代检测技术，对汽车实施不解体检测诊断的机构。其拥有多条现代化的检测线（图7-4），能在室内检测出车辆的各种性能参数，并能诊断出各种故障，为全面、准确评价汽车的使用性能和技术状况提供可靠的依据。

图7-4　汽车检测线

汽车检测站的主要任务有：

1）对在用运输车辆的技术状况进行检测诊断。

2）对汽车维修行业的维修车辆进行质量检测。

3）接受委托，对车辆改装、改造、报废及其有关新工艺、新技术、新产品、科研成果等项目进行检测，提供检测结果。

4）接受公安、环保、商检、计量和保险等部门的委托，为其进行有关项目的检测，提供检测结果。

（二）汽车检测站的分类

按不同的分类方法，汽车检测站可以分为不同的类型。

1. 按服务功能分类

按服务功能检测站可分为维修检测站、安全检测站和综合检测站三种类型。

维修检测站主要是从车辆使用和维修的角度，担负车辆维修前、后的技术状况检测。其能检测出车辆的主要使用性能，并能进行故障分析与诊断，一般由汽车运输企业或汽车维修企业建立。

安全检测站是国家的执法机构，不是盈利性企业，按照国家规定的车检法规，定期检测车辆中与安全和环保有关的项目，以保证汽车安全行驶，并将污染降低到允许的限度。这种检测站对检测结果往往只显示合格、不合格两种，而不做具体数据显示和故障分析，因而检测速度快、检测效率高。如果自动化程度比较高，其年度检车量可达数万辆次。其由检测合格事业单位建立，也可多方联合建立。

综合检测站既能担负交通运输管理部门的综合性能检测和车辆管理部门的安全环保检测，又能担负车辆使用、维修企业的技术状况诊断，还能承接科研或教学方面的性能试验和参数测试。这种检测站检测设备多、自动化程度高、数据处理迅速准确，因而功能齐全、检测项目广且深度大，可为合理制定诊断参数标准、诊断周期以及为科研、教学、设计、制造和维修等部门或单位提供可靠依据，并能担负对检测设备的精度测试等项工作。

2. 按规模大小分类

按规模检测站可分为大、中、小三种类型。其中大型检测站检测线多、自动化程度高、年检能力大，且能检测多种车型。大型综合检测站可成为一定地区范围内的检测中心。

中型检测站至少有两条检测线，目前国内地市级及其以上城市的检测站多为这种类型。

小型检测站主要指那些服务对象单一的检测站，如规模不大的安全检测站和维修检测站就属于这种类型，这种检测站设有一条或两条作用相同的检测线。

有些检测站虽然服务对象单一，但站内设置的检测线较多，因而不应再称为小型检测站。如国外把拥有四条安全环保检测线的检测站视为中型检测站。

3. 按自动化程度分类

按检测线的自动化程度检测站可分为手动式、半自动式和全自动式三种类型。

全自动式检测站利用微机控制系统将检测线上的各检测设备连接起来，如图 7-5 所示。

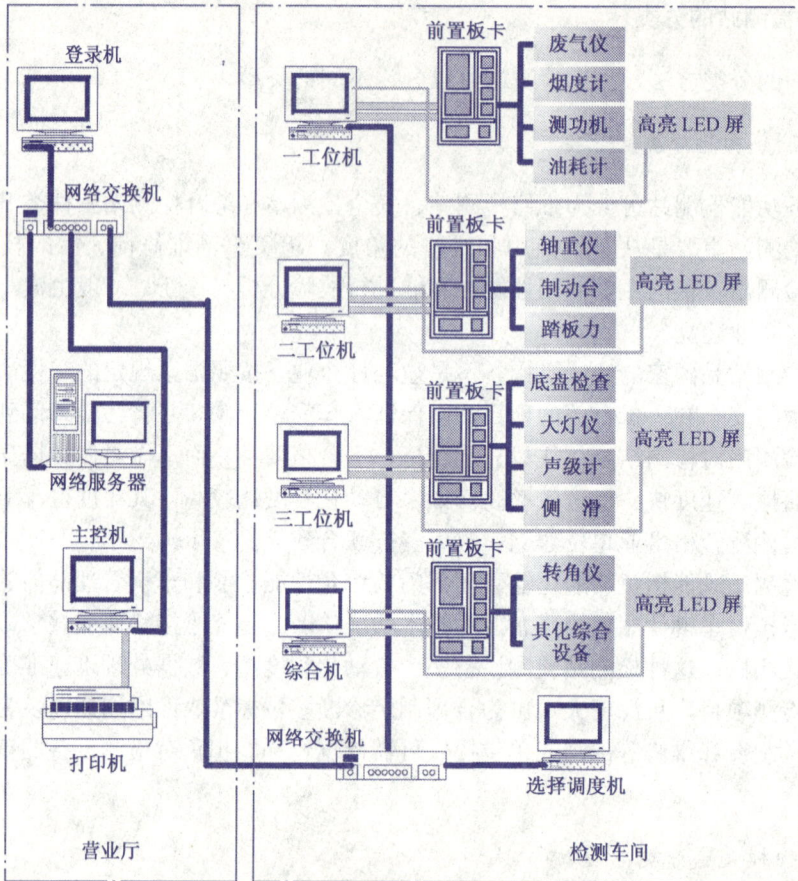

图 7-5　全自动检测站微机系统的组成

全自动检测站除车辆上部和下部的外观检查工位仍需人工检查外，能自动控制其他所有工位上的检测过程，使设备的启动与运转、数据采集、分析判断、存储、显示和集中打印报告等全过程实现自动化。检测长可坐在主控制室内通过闭路电视观察各工位的检测情况，并通过检测程序向各工位受检车辆的驾驶员和检测员发出各种操作指令。每一项检测结果均能在主控制室内的微机显示器和各工位上的检验程序指示器上同时显示，因而检测长、各工位检测员和驾驶员均能随时了解每一项检测结果。

由于全自动式检测站自动化程度高、检测效率高，能避免人为的判断错误，因而获得了广泛应用。目前国内外的安全检测站几乎全部为这种形式。

手动式检测站的各检测设备由人工手动控制检测过程，从各单机配备的指示装置上读数，笔录检测结果或由单机配备的打印机打印检测结果，因而占用人员多、检测效率低、读数误差大。手动式检测站现在已经不多见了。

半自动式检测站的自动化程度或范围介于手动式和全自动式检测站之间，一般是在原手动式检测站的基础上将部分检测设备（如侧滑试验台、制动试验台、车速表试验台等）与微机联网以实现自动控制，而另一部分检测设备（如烟度计、废气分析仪、前照灯检测仪、声级计等）仍然手动操作。

（三）检测站的组成和工位布置

1. 检测站的组成

检测站主要由一条或数条检测线组成。对于独立而完整的检测站，除检测线外，还应包括停车场、清洗站、泵气站、维修车间、办公区和生活区等设施。

（1）安全检测站

一般由一条至数条安全环保检测线组成。例如日本东京的沼律车检场就有四条自动检测线，一条为大、小型汽车通用检测线，其余三条为小型汽车专用检测线。另外，还配备一条新车检测线和一条柴油车排烟检测线。

（2）维修检测站

一般由一条至数条综合检测线组成。

（3）综合检测站

一般由安全环保检测线和综合检测线组成，可以各为一条或数条。国内交通系统建成的检测站大多属于综合检测站，一般由一条安全环保检测线和一条综合检测线组成，如图7-6所示。

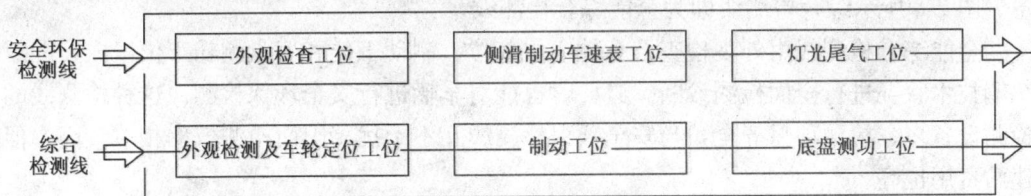

图 7-6　综合检测站平面示意图

2. 检测线组成和工位布置

不管是安全环保检测线还是综合检测线，都由多个检测工位组成，布置形式多为直线通道式，检测工位则是按一定顺序分布在直线通道上。

（1）安全环保检测线

手动式和半自动式的安全环保检测线一般由人工的外观检查工位、侧滑制动车速表工位和灯光尾气工位三个工位组成。其中，外观检查工位带有地沟。全自动式安全环保检测线既可以由上述三工位组成，也可以由四工位或五工位组成。五工位一般是汽车资料输入及安全装置检查工位、侧滑制动车速表工位、灯光尾气工位、汽车底盘检查工位（地沟式）、综合判定及主控制室工位，如图 7-7 所示。

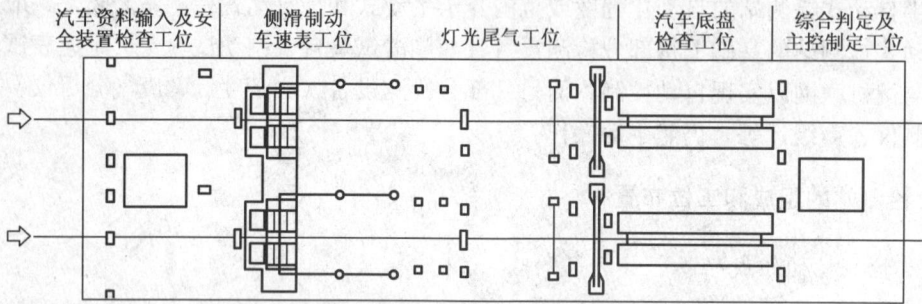

| 汽车资料输入及安全装置检查工位 | 侧滑制动车速表工位 | 灯光尾气工位 | 汽车底盘检查工位 | 综合判定及主控制定工位 |

图 7-7 五工位全自动式安全环保检测线平面示意图

对于安全环保检测线，不管是三工位、四工位还是五工位，也不管工位顺序如何编排，其检测项目是固定的，因而均布置成直线通道式，以利于进行流水作业。

（2）综合检测线

如前所述，综合检测站分为 A、B、C 三种类型，职能各不一样，因而站内综合检测线的职能也不一样。A 级综合检测站（以下简称 A 级站）能全面承担检测站的任务，是职能最全的检测站。A 级站在国内一般设置两条检测线。一条为安全环保检测线，主要承担车管部门对车辆进行年审的任务；另一条为综合检测线，主要承担对车辆技术状况的检测诊断。A 级站的综合检测线一般有两种类型：一种是全能综合检测线，另一种是一般综合检测线。全能综合检测线设有包括安全环保检测线主要检测设备在内的比较齐全的工位，而一般综合检测线设置的工位不包括安全环保检测线的主要检测设备。图 7-6 所示综合检测线即为全能综合检测线。

全能综合检测线由外观检查及车轮定位工位、制动工位和底盘测功工位组成，能对车辆技术状况进行全面检测诊断，必要时也能对车辆进行安全环保检测。这种检测线的检测设备多、检测项目齐全，与安全环保检测线互不干扰，因而检测效率相对较高，但建站费用也高。

综合检测线是一种接近全能的检测线。其由发动机测试及车轮平衡工位、底盘测功工位、车轮定位及汽车底盘检查工位组成，除制动性能不能检测外，安全环保检测线上的其他检测项目均能在该线上检测。

A 级站的一般综合检测线主要由底盘测功工位组成，能承担除安全环保检测项目以外项目的检测诊断，必要时车辆须开到安全环保检测线上才能完成有关项目的检测，国内的综合检测站有相当多是属于这种类型的。与全能综合检测线相比，一般综合检测线设备少，建站费用低，但检测效率也低。

综合检测线上各工位的车辆，由于检测诊断项目不一，检测诊断深度不同，很难在相同的时间内检测诊断完毕。很有可能前边工位的车辆工作量大，而后边工位的车辆工作量小，但后边车辆又无法逾越前边车辆，因而影响了工作效率。当综合检测线采用直线通道式布置，而又允许在线上进行诊断故障和调试作业时，将不可避免地遇到工位之间相互等待的问题。在这种情况下，也可以将综合检测线的各工位横向布置成尽头式、穿过式或其他形式，以适合实际生产的需要，提高检测效率。

B 级综合检测站和 C 级综合检测站的综合检测线不包括底盘测功工位。

（四）各工位设备和检测项目

1. 安全环保检测线

这里以五工位全自动式安全环保检测线为例，来介绍一下各工位设备和检测项目。

（1）汽车资料录入及安全装置检查工位

本工位除将汽车资料输入登录微机并发送给检测线主控制微机外，还进行汽车上部的灯光和安全装置等项目的外观检查（lamp and safety device inspection），可简称为 L 工位。

1）主要设备。

① 进线指示灯。

② 汽车资料登录微机、键盘及显示器。

③ 工位测控微机。

④ 检验程序指示器。

⑤ 轮胎自动充气机。

⑥ 轮胎花纹测量器。

⑦ 检测手锤。

⑧ 不合格项目输入键盘。

⑨ 电视摄像机。

⑩ 光电开关。

2）检查项目。由检查人员人工检查汽车上部的灯光、安全装置、防护装置、操纵装置、工作仪表和车身等是否装备齐全、工作正常、连接可靠。检查的重点是灯光和安全装置，具体检查项目如表 7-1 所示。

（2）侧滑制动车速表工位

本工位由侧滑检测（alignment inspection）、轴重检测（weight inspection）、制动检测（brake test）和车速表检测（speedometer test）组成，简称 ABS 工位。

表 7-1　车上部外观检查项目

序号	检查项目	序号	检查项目
1	远光灯	5	牌照灯
2	近光灯	6	示宽灯、辅助灯、标志灯
3	制动灯	7	室内灯
4	倒车灯	8	车厢、座位

序号	检查项目	序号	检查项目
9	车门、车窗	20	油箱、油箱盖
10	车身、面漆	21	挡泥板
11	后视镜、下视镜、侧视镜	22	防护网及连接装置
12	风窗玻璃	23	电器导线
13	刮水器	24	启动机
14	喇叭	25	发电机、蓄电池
15	轮胎、轮胎螺栓	26	灭火器
16	离合器、变速器	27	仪表、仪表灯
17	制动踏板自由行程	28	机油低压报警器
18	驻车制动操纵杆	29	半轴螺栓
19	转向器自由转动量	30	座椅安全带

1）主要设备。

① 工位测控微机。

② 侧滑试验台。

③ 轴重计或轮重仪（与反力式滚筒制动试验台配套使用，如反力式滚筒制动试验台本身配备轴重测量装置或采用惯性式平板制动试验台，则不必再配备轴重计或轮重仪）。

④ 制动试验台。

⑤ 车速表试验台及车速检测申报开关（或遥控器）。

⑥ 检验程序指示器。

⑦ 光电开关。

⑧ 反光镜。

2）检测项目。

① 检测前轮侧滑量。

② 检测各轴轴重。

③ 检测各轮制动拖滞力和行车制动力。

④ 检测驻车制动力。

⑤ 检测车速表指示误差。

（3）灯光/尾气工位

本工位主要由前照灯检测、排气检测、烟度检测和喇叭声级检测组成，简称 HX 工位。

1）主要设备。

① 工位测控微机。

② 前照灯检测仪。

③ 排气分析仪。

④ 烟度计。

⑤ 声级计。

⑥ 检验程序指示器。

⑦ 停车位置指示器。

⑧ 光电开关。

⑨ 反光镜。

2）检测项目。

① 检测前照灯发光强度和光轴偏斜量。

② 检测汽油车怠速排放污染物或柴油车自由加速烟度。

③ 检测喇叭声级。

（4）汽车底盘检查工位

汽车底盘检查（pit inspection）工位，可简称为 P 工位。

1）主要设备。

① 工位测控微机。

② 检验程序指示器。

③ 地沟内举升平台。

④ 检测手锤。

⑤ 不合格项目输入键盘。

⑥ 对讲话筒及扬声器。

⑦ 光电开关。

⑧ 车辆到位报警灯或报警器。

⑨ 地沟内电视摄像机。

2）检测项目。本工位是对车辆底部进行外观检查，由检测人员在地沟内人工检查底盘各装置及发动机的连接是否牢固可靠，有无弯扭断裂、松旷及漏油、漏水、漏气、漏电等现象，具体检查项目如表 7-2 所示。

表 7-2 汽车底盘检查项目

序号	检查项目	序号	检查项目
1	发动机及其连接	7	转向器
2	车架	8	转向主销及其轴承
3	前梁	9	纵横拉杆
4	转向器的转向轴及其万向节	10	前悬架连接
5	转向器支架	11	前吊耳销子
6	转向垂臂	12	后悬架连接

序号	检查项目	序号	检查项目
13	后吊耳销子	22	主传动器
14	各部杆系	23	避震器
15	各种软管	24	钢板弹簧夹及U形螺栓
16	油、电、气路	25	排气管及消声器
17	储气筒	26	制动器拉杆、驻车制动器
18	传动轴、万向节、伸缩节	27	后桥壳
19	中间支承	28	缓冲器、保险杠、牵引钩
20	离合器及其操纵机构	29	漏油、气、水、电
21	变速器	30	油箱、蓄电池等的紧固

（5）综合判定及主控制室工位

1）主要设备。

① 主控制微机、键盘及显示器。

② 打印机。

③ 监察电视（电视摄像机显示器）。

④ 控制台及主控制键盘。

⑤ 稳压电源。

⑥ 不间断电源。

2）检测项目。汽车到达本工位时检测项目已全部检测完毕，主控制微机对各工位检测结果进行综合判定后，由打印机集中打印检测结果报告单，并由检测长交给被检车汽车驾驶员。

全自动式安全环保检测线的主要设备及其作用如表7-3所示。

表7-3　全自动式安全环保检测线主要设备一览表

序号	设备名称	用途
1	进线指示灯	控制进线车辆，绿灯进，红灯停
2	汽车资料登录微机	登录汽车资料，并发送给主控制微机
3	工位测控微机	担负工位检测过程控制、数据采集与处理等项工作
4	检验程序指示器	指示工位检测程序，下达操作指令，显示检测结果，引导车辆前进
5	轮胎自动充气机	按设定的轮胎气压自动充气
6	轮胎花纹测量器	测量轮胎花纹深度
7	检测手锤	检查各连接件、车架等是否松动或开裂
8	不合格项目输入键盘	将车上、车下外观检查中的不合格项目报告主控制微机

序号	设备名称	用途
9	摄像机及监察电视	供主控制室的检测长监察地沟及整个检测线的工作情况
10	侧滑试验台	检测转向轮侧滑量
11	轴重计或轮重仪	检测各轴轴重
12	制动试验台	检测各轮拖滞力、制动力和驻车制动力
13	车速表试验台	检测车速表指示误差
14	车速表检测申报开关或遥控器	当试验车速达 40km/h 时按下此开关或遥控器，微机采集此时的实际车速数据
15	光电开关	当车轮遮挡光电开关时，光电开关产生的信号输入微机，报告车辆到位，微机安排检测开始
16	反光镜	供驾驶员观察车轮到达试验台或停车线的位置
17	前照灯检测仪	检测前照灯发光强度和光轴偏斜量
18	排气分析仪	检测汽油车排气中的 CO 和 HC 浓度
19	烟度计	检测柴油车排气中的自由加速烟度
20	声级计	检测喇叭声级
21	停车位置指示器	指引汽车在灯光尾气工位停车线上准确停车
22	地沟内举升平台	使地沟内的检测人员在高度上处于最有利的工作位置
23	对讲话筒及扬声器	用于地沟上下的通话联系
24	对讲话筒及扬声器	报告车辆到达车底检查工位
25	主控制微机	安排检测程序，对照检测标准，综合判定并存储、打印检测结果
26	打印机	打印检测结果报告单
27	控制台	主控制微机、键盘、显示器、打印机、监察电视等均安放在控制台上，是全线的控制中心
28	主控制键盘	当微机系统出现故障不能使用时，可通过主控制键盘对各工位实施控制，以不间断检测工作
29	稳压电源和不间断电源	稳定电压，不间断供电

除表中所列主要设备外，还可以选购内部电话或对讲设备、空调机和设备校准装置等。在表列设备中，侧滑试验台、轴重计或轮重仪、制动试验台、车速表试验台、前照灯检测仪、排气分析仪、烟度计、声级计和检测手锤为检测设备。

2. 综合检测线

下面以图 7-6 全能综合检测线为例介绍综合检测线。

(1) 外观检查及车轮定位工位

该工位包括车上、车底外观检查和前轮定位检测。

1) 主要设备。

① 轮胎自动充气机。

② 轮胎花纹测量器。

③ 转向盘转向力检测仪。

④ 地沟内举升平台、地沟上举升机。

⑤ 传动系游动角度检测仪。

⑥ 就车式车轮平衡机。

⑦ 声发射探伤仪。

⑧ 侧滑试验台。

⑨ 四轮定位仪或车轮定位检测仪。

⑩ 转向盘自由转动量检测仪和底盘间隙检测仪（也称悬架和转向系间隙检测仪）。

2）检测项目。

① 车上、车底外观检查项目与全自动式安全环保检测线相同。

② 就车检测车轮不平衡量并予以平衡。

③ 对转向节枢轴等安全机件进行探伤。

④ 前轮侧滑量。

⑤ 前轮最大转向角、主销后倾角、主销内倾角，并视需要检测前轮前束值和前轮外倾值。

⑥ 后轮前束值和后轮外倾角。

⑦ 转向盘自由转动量。

⑧ 转向盘转向力。

⑨ 传动系游动角度。

⑩ 悬架、转向系和轮毂轴承的间隙。

（2）制动工位

1）主要设备。

① 轴重计或轮重仪（与反力式滚筒制动试验台配套使用，如反力式滚筒制动试验台本身配备轴重测量装置或采用惯性式平板制动试验台，则不必再配备轴重计或轮重仪）。

② 制动试验台。

2）检测项目。

① 各轮轮重。

② 各轮制动拖滞力和行车制动力，按制动曲线分析制动过程。

③ 驻车制动力。

（3）底盘测功工位

本工位能模拟汽车道路行驶，因而可组织较多的检测设备同时或交叉地对汽车发动机、底盘、电气设备和车身等进行动态综合检测。配备的检测设备越多，能检测的项目也越多。

1）主要设备。

① 底盘测功试验台。

② 发动机综合性能分析仪（汽、柴油机合一或分开）。

③ 汽车电控系统检测仪。

④ 电器综合测试仪。

⑤ 气缸压力测试仪或气缸压力表。

⑥ 气缸漏气量（率）测试仪。

⑦ 真空表或真空测试仪。

⑧ 油耗计。

⑨ 五气体尾气分析仪。

⑩ 烟度计。

2）检测项目。

① 检测驱动车轮的输出功率或动力，模拟车辆各种行驶速度行驶，进行加速性能、等速性能和滑行性能等性能试验，检测百公里耗油量和经济车速等。

② 对点火系、供油系、冷却系、润滑系、传动系、行驶系、电气设备、车身等的技术状况进行检测、分析和判断。

③ 对装配点燃式发动机的车辆，根据不同类型，进行怠速试验、双怠速试验和加速模拟工况试验。根据怠速或其他工况排放的 CO、HC、NO、CO_2 和 O_2 浓度，分析空燃比、燃烧、气缸密封性和污染等状况。

④ 对装配压燃式发动机的车辆，根据不同类型，进行自由加速排气可见污染物试验、自由加速烟度试验，分析空燃比、燃烧状况、气缸密封性状况和污染等状况。

⑤ 检测、分析并判断发动机和传动系异响。

⑥ 检测各总成温度和发动机排气温度。

当该工位上的有些项目检测时间过长时，也可在前面的工位上提前进行。例如，机油清净性分析完全可以在第一工位上对机油取样，接着到机油清净性分析仪上进行分析，以平衡与其他项目的检测进度。

在综合检测线上允许对车辆进行必要的调试。如调试时间太长，应出线在维修（或调试）车间内修理。

当在综合检测线上进行安全环保检测时，应按安全环保检测线规定的项目进行。

全能综合检测线的主要设备及其作用如表 7-4 所示。

表 7-4　全自动式安全环保检测线主要设备一览表

序号	设备名称	用途
1	地沟上举升机	举起车辆，使车轮离地
2	就车式车轮平衡机	就车检测车轮不平衡量，并通过配重使车轮平衡
3	声发射探伤仪	在不解体情况下探测零件的裂纹和损伤
4	四轮定位仪或车轮定位检测仪	检测车轮前束值、车轮外倾、主销后倾值、主销内倾值等参数
5	转向盘自由转动量检测仪	检测转向盘自由转动量
6	转向盘转向力检测仪	检测转向盘转向力
7	传动系游动角度检测仪	检测传动系自由转动量

续表

序号	设备名称	用途
8	底盘间隙检测仪	检测轮毂轴承、转向主销、纵横拉杆和钢板弹簧销等处的间隙
9	发动机综合性能分析仪	对汽、柴油发动机的功率、气缸压力、点火正时、供油正时、点火系技术状况、电控系统和异响等进行检测、分析和判断
10	电控系统专用检测仪	包括检测仪、扫描器、专用诊断仪、示波器、分析仪、信号模拟器等，用于对汽车电控系统的检测诊断
11	电器综合测试仪	检测电器的技术状况
12	气缸压力测试仪或气缸压力表	检测气缸的压缩压力
13	气缸漏气量（率）测试仪	检测气缸的漏气量或漏气率
14	真空表或真空测试仪	检测进气管真空度，用于评价气缸密封性
15	油耗计	检测燃油消耗量
16	五气体分析仪	检测尾气中的 CO、HC、NO、CO_2 和 O_2
17	机油清净性分析仪	分析机油的清净性程度
18	发动机无负荷测功仪	对发动机进行无负荷加速测功
19	发动机异响分析仪	诊断发动机异响
20	传动系异响分析仪	诊断传动系异响
21	温度计或温度仪	检测各总成温度和发动机排气温度

（五）汽车检测站检测工艺

汽车进入检测站后，在站内、线内只有按照规定的检测工艺路线和检测工艺程序移动，才能完成整个检测过程。对于一个独立而完整的检测站，汽车进站后的工艺路线流程如图 7-8 所示。

检测线的工位布置是固定的，进线检测的汽车按工位顺序流水作业。以图 7-7 所示的安全环保检测线为例，其工艺路线流程如图 7-9 所示。

安全环保检测线与全能综合检测线的工艺路线均为全工位检测工艺路线。经维修、调试后复检的车辆只需检测不合格项目，因而只在有关的工位上就有关项目再检测一次，其他工位仅仅驶过而已，无需再全面检测一遍。在综合检测线上，并不一定所有的车辆都执行全工位检测工艺路线。若根据车辆状况或应车主要求只进行单工位或双工位检测时，仅制定单工位或双工位检测工艺路线即可，不必制定全工位检测工艺路线。

下面介绍检测工艺程序，以图 7-7 五工位全自动式安全环保检测线的全工位检测为例，并参见图 7-9 的安全环保检测线的工艺流程。

1. 汽车资料输入及 L 检查工位

（1）汽车资料输入

汽车资料登录微机一般放置在进线控制室或检测线入口处的左侧，由登录员操作，经过清洗并已吹干的汽车在检测线入口处等候进线。此时的汽车驾驶员在国外多为原车

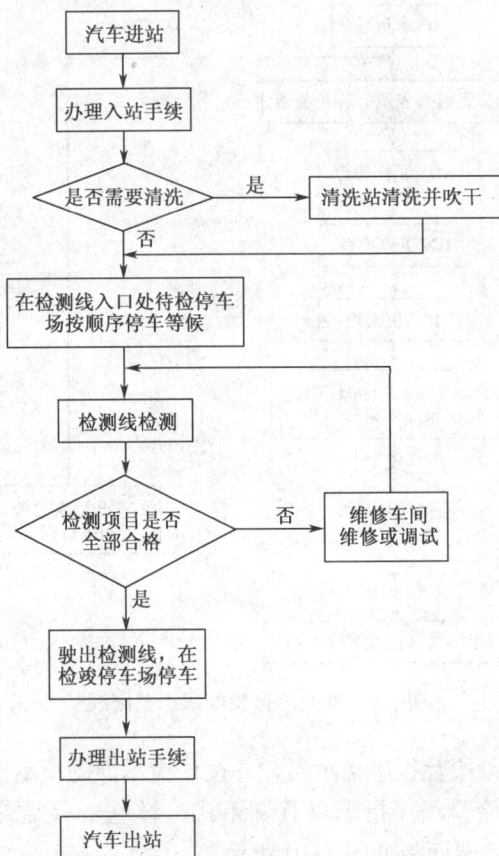

图 7-8　检测站工艺路线流程

驾驶员，在国内多为站内的引车员。如是原车驾驶员，在等候期间要读懂挂于门前的入站规则。进线指示灯红色为等待，绿色（或蓝色）为开进。当绿色指示灯亮时，汽车进入检测线停在第一工位上，由登录员根据行车执照和报检单，向登录微机输入牌照号码、厂牌车型、车主单位或车主姓名、发动机号码、底盘号码、灯制、驱动形式、车辆状况（新车、在用车）、检验类型（初检、复检）、燃料种类（汽油、柴油）和检测项目（全部检测、某项检测）等资料，并发往主控制微机，由主控制微机安排检测程序。此时，进线指示灯由绿色转为红色。当汽车在本工位检查完毕驶往下一工位并遮挡下一工位光电开关时，进线指示灯又由红色转为绿色。

　　国内的检测线很多是在汽车进线前就已经将有关资料输入登录微机的。此后，当第一工位空位时，登录员及时将输入的资料发往主控制微机，由主控制微机安排检测程序。此时，绿色指示灯亮，允许被登录的汽车进入检测线。当进线汽车遮挡第一工位光电开关时，通知主控制微机车辆到达第一工位，进线指示灯转为红色。

　　（2）L 工位检查

　　汽车在本工位停稳后，由检查人员按规定项目进行车上部外观检查。此时，驾驶员

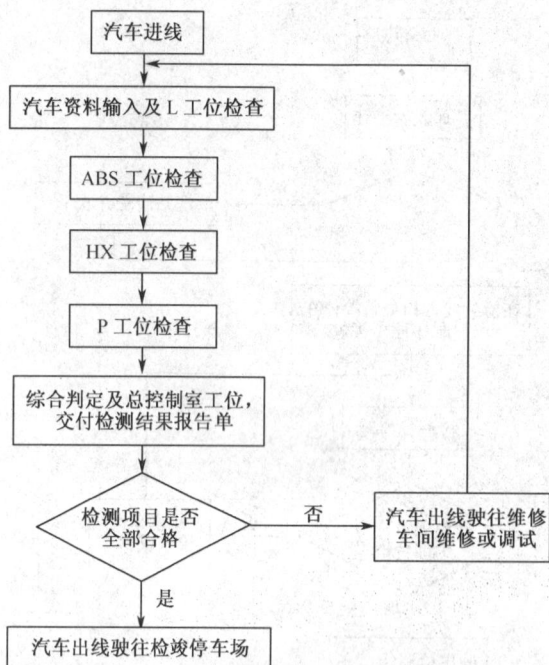

图 7-9　安全环保检测线工艺路线

要始终注视前上方的工位检验程序指示器，并按该指示器的指示操作有关机件，以配合检查人员的检查。工位检验程序指示器有灯箱式、彩色显示器式和电子灯阵式三种形式。L 工位检验程序指示器面板如图 7-10 所示。

前照灯	变光灯	前副灯
车宽标志灯	制动灯	倒车灯
转向灯	停车灯	报警灯
刮水器	喇叭	非常信号装置
安全装置	○	×
前进		

图 7-10　L 工位检验程序指示器面板

在本工位检查中，若有不合格项目，可通过不合格项目输入键盘报告主控制微机，并在检查完毕后及时按下该键盘上的"检查结束"键，否则主控制微机将一直等待。主控制微机判定检查结果时，只要有一项不合格，即判定安全装置检查不合格，并将检查结果分别在主控制室的主控制微机显示器上和本工位检验程序指示器上同时显示。当显示"○"时为合格，显示"×"时为不合格。

如果下一工位空闲，则本工位检验程序指示器显示"前进"二字，驾驶员将汽车开入下一工位。于是本工位又空位，等待下一辆汽车进入。

2. ABS工位

(1) 侧滑量检测

汽车沿地面标线，以 3~5km/h 的车速匀速通过侧滑试验台。通过时汽车应垂直于侧滑板，不可转动转向盘。当汽车前轮切断侧滑试验台入口光电开关时，光电开关输出的电信号通知微机，微机开始采集车轮侧滑量数据。当汽车前轮切断侧滑试验台出口的光电开关时，数据采集结束，并以此期间侧滑板的最大位移量作为侧滑数据，经主控制微机判断是否合格，然后将检测结果在主控制微机显示器和本工位检验程序指示器上同时显示。本工位检验程序指示器面板图如图 7-11 所示，当"侧滑试验台"栏内显示"○"时为合格，显示"×"时为不合格。

侧滑试验台			○	×
前制动	放开	踏下	○	×
中间制动			○	×
后制动			○	×
驻车制动	拉紧	松开	○	×
车速表试验台	40km/h 按下申报开关			
	踩制动踏板		○	×
前进	再检一次			

图 7-11　ABS工位检验程序指示器面板

(2) 制动力检测

这里以反力式滚筒制动试验台（以下简称为制动试验台）为例。当制动试验台前设有轴重计或轮重仪时，汽车被检车轴应先称重，然后再驶上制动试验台测制动力。称重时，被检车轴驶上轴重计或轮重仪并遮挡光电开关，报告微机车辆到位，车轴重力通过压力传感器变成电信号供微机采集。然后该车轴驶上制动试验台测制动力。

若制动试验台本身带有轴重测量装置，则在其前面不再设有轴重计或轮重仪。汽车检测前轮侧滑量后，其前轴直接开到制动试验台上，先称重后测制动力。

汽车左右车轮驶入制动试验台两滚筒之间并遮挡光电开关，微机确认车辆到位，安排称重和制动检测，步骤如下：

1) 降下制动试验台举升机。

2) 测量轴重。

3) 启动制动试验台电动机。

4) 在制动踏板放松的情况下，采集左、右车轮的制动拖滞力。

5) 用力踩下制动踏板，采集左、右车轮的最大制动力，至滚筒停转时采集结束。

6) 拉紧驻车制动器，采集左、右车轮最大制动力（只有与驻车制动器相连的车轴才进行此项检测）。

7）主控制微机判定检测结果，并分别在主控制微机显示器和工位检验程序指示器（图7-11）有关栏目内同时显示。同样，显示"○"为合格，显示"×"为不合格。

8）检测结果不合格时，微机安排再检一次。

9）升起制动试验台举升机，该轴驶出，另一轴驶入，按同样程序检测。

主控制微机将采集到的数据进行计算，然后与国家标准对照，判定制动是否合格。

检测进行中，汽车驾驶员要始终注视前上方的检验程序指示器，并按其上的指令操作。

检测多轴汽车并装轴（如三轴汽车的中轴和后轴）的制动力，而其中任一轴的传动关系又不能单独脱开时，可采用使制动试验台左右两组滚筒旋转方向不同的方法进行，并且只采集车轮正转时的制动数据。即制动试验台带动右轮正转左轮反转时，只采集右轮制动时的数据；带动右轮反转左轮正转时，只采集左轮制动时的数据。可以看出，两次测试中左、右车轮旋转方向不同，由于驱动桥差速器行星齿轮的自转作用，另一在制动试验台之外的驱动桥并不驱动，无须在制动试验台前后设置自由滚筒。因此，用该法检测多轴汽车并装轴的制动力时，可免去制动试验台前后两组共计八个自由滚筒。这样不仅节省了设备购置费，而且减少了设备占地面积，使检测线造价大大降低。

（3）车速表指示误差检测

把与车速表传感器相连的车轴开上车速表试验台，车轮遮挡光电开关，微机确认车辆到位，落下举升机。驾驶员把垂吊在汽车左侧的车速检测申报开关或遥控器持于手中，变速杆置于最高挡位，按照检验程序指示器的指令，均匀地将汽车加速至40km/h（驾驶室内车速表指示值），待指针稳定后按下车速检测申报开关或遥控器。微机采集此时的实际车速数据（车速表试验台测量值），并传输给主控制微机判定检测结果。如不合格，则安排再检一次。

检测结果在主控制微机显示器和工位检验程序指示器有关栏目内同时显示。同样，显示"○"为合格，显示"×"为不合格。

按下车速检测申报开关后，即可踩下汽车制动踏板使车轮与滚筒迅速减速。当工位检验程序指示器显示"前进"指令时，汽车开往下一工位。

（4）本工位检测程序说明

在本工位检测的汽车，由于其轴制、驱动形式和驻车制动器安装位置的不同，因而其检测程序也不一样。

1）四轮汽车（后驱动、后驻车）侧滑→前制动→后制动→驻车制动→车速表。

2）四轮汽车（前驱动、前驻车）侧滑→前制动→驻车制动→车速表→后制动。

3）四轮汽车（前驱动、后驻车）侧滑→前制动→车速表→后制动→驻车制动。

4）六轮汽车（前双轴、后单轴、后驱动、后驻车）侧滑→前制动→中间制动→后制动→驻车制动→车速表。

5）六轮汽车（前单轴、中单轴、后单轴、中驱动、中驻车）侧滑→前制动→中间制动→驻车制动→车速表→后制动。

6）六轮汽车（前单轴、中后并装双轴、中后驱动、中后驻车）侧滑→前制动→中间制动→驻车制动→后制动→车速表。

最后一种汽车的车速表检测，必须在制动试验台与车速表试验台之间装备一组自由滚筒，否则该项不能检测。

上述常见类型的汽车与对应程序非常重要，如果进线时汽车资料输入错误，则会导致检测程序混乱。

当本工位检验程序指示器显示"前进"二字时，汽车开入下一工位。

3. HX 工位

(1) 前照灯检测

汽车沿地面标线缓慢驶入本工位。注意汽车应与前照灯检测仪的导轨保持垂直，并按引导指示器的指令在停车线上停车。这种引导指示器与两组光电开关（入口光电开关和出口光电开关）相互配合，引导汽车前进、停车和后退。当汽车还未到达停车线时，引导指示器亮出"前进"二字，指引汽车前进；当汽车前照灯遮挡入口光电开关时，引导指示器立即亮出"停车"二字，指令汽车停车。此时，汽车停在停车线上，前照灯与前照灯检测仪受光器的距离符合检测要求。如果汽车未及时停住，越过了停车线并遮挡了出口光电开关，则引导指示器亮出"后退"二字，指引汽车后退，直至出口光电开关又导通，引导指示器又显示"停车"二字，汽车立即停车即会符合检测要求。

汽车停在停车线上，微机确认车辆到位，安排检测程序。本工位检验程序指示器指令驾驶员打开远光灯（电源系统应处于充电状态），前照灯检测仪从护栏内自动驶出，分别对前右灯和前左灯进行发光强度和光轴照射方向的检测。当前照灯发光强度不够或无明显光轴时，前照灯检测仪无法自动跟踪光轴，此时需要主控制室人工操作主控制键盘上的辅助控制键，辅助前照灯检测仪的受光器进入光轴投射区，以便实施跟踪。HX工位检验程序指示器的面板如图 7-12 所示。

前照灯检测仪跟踪到前照灯光轴后，进行数据采集，并传输给主控制微机分析判断，检测结果在主控制微机显示器和工位检验程序指示器上，发光强度以"○"（合格）或"×"（不合格）的方式同时显示，光轴照射方向以上、下、左、右光的方式显示。

前右灯的检测结果一经显示，前照灯检测仪便自动移至前左灯，以同样的方法检测发光强度和光轴照射方向，显示检测结果后自动驶回护栏内。

左、右前照灯中有一项不合格，前照灯的综合判定即为不合格。

(2) 排气或烟度检测

汽车在前照灯检测停车线上停车后，微机确认车辆到位，安排尾气检测程序。

如果是汽油车，由本工位检验程序指示器指令检测员或汽车驾驶员（须下车）将排气分析仪探头插入怠速运转的汽车排气管中，抽取气样。分析出的 CO 和 HC 浓度转变成电信号供微机采集，主控制微机判定后分别在主控制微机显示器和工位检验程序指示器上同时显示检测结果。未采集到数据时，检测结果不显示。因此，车辆到位后根据指令应及时将排气分析仪探头插入排气管规定深度，以免错过采集时机。

			插入探头		
上	开远光灯	上	检查中		
左 光 右	检查中	左 光 右	取出探头		
			CO	○	×
			HC	○	×
○ 下 ×	前进	○ 下 ×	按喇叭	○	×

图 7-12　HX 工位检验程序指示器面板图

插入探头		
第一次自由加速	踏加速踏板	抬加速踏板
第二次自由加速		
第三次自由加速		
第四次自由加速		
取出探头拆下踏板开关		
烟度检测	○	×

图 7-13　烟度检验程序指示器面板图

如果是柴油车,根据图 7-13 所示的检验程序指示器指令,检测员或汽车驾驶员将烟度计探头插入怠速运转的柴油车排气管规定深度,先做三次自由加速的预动作,以熟悉加速方法并把排气管内的炭渣等积淀物吹掉,然后在加速踏板上安置踏板开关,再按指令和操作规程进行第四次自由加速。烟度计自动完成抽气取样、烟度检测和清洗等动作,并将烟度转变成电信号供微机采集。微机以后三次采集的数据的平均值作为自由加速烟度检测值,判定后分别在主控制微机显示器上和烟度检验程序指示器上同时显示检测结果。同样,以"○"(合格)或"×"(不合格)的方式显示。在烟度检测操作过程中,加速运转和怠速运转的时间由微机通过烟度检验程序指示器上指令显示的时间间隔进行控制。只要严格、及时地按指令操作,即可保证操作规程顺利执行。

(3) 喇叭声级检测

汽车在前照灯检测停车线上停车后,微机确认车辆到位,安排喇叭声级检测程序。将声级计连同其支架移至汽车正前方并对正汽车,且声级计应平行于地面,其传声器距汽车 2m,距地面 1.2m。驾驶员按工位检验程序指示器的指令按下喇叭 3～5s,声级计测量此时的声级并将其电信号输入微机供采集数据。微机判定后在主控制微机显示器和工位检验程序指示器上同时显示检测结果。同样,显示"○"为合格,显示"×"为不合格。

本工位的前照灯检测、排气或烟度检测和喇叭声级检测既可安排同步进行,也可安排按一定顺序进行。一般情况下,前照灯检测与尾气检测可同步进行,喇叭检测则安排在这之前或之后进行。

当本工位检验程序指示器显示"前进"二字时,汽车开入下一工位。

4. P 工位

汽车沿地面标线驶入本工位。当汽车遮挡本工位入口光电开关时,通知微机车辆到位,同时地沟内报警灯闪烁或报警器响,通知地沟内检查人员车辆到达本工位。汽车停在地沟上,由检查人员按规定项目进行车辆底部人工检查。此时,驾驶员要始终注视前上方的工位检验程序指示器,并按其上的指令操纵有关机件,以配合检查员的检查。

P 工位检验程序指示器的面板如图 7-14 所示,其上指令由检查人员手持有线按钮盒或红外遥控器控制。除此之外,检查人员还可通过地沟内的话筒和地沟上的扬声器通知驾驶员与其配合，以完成检验程序指示器指令之外的检查项目。检查中，若有不合格项目，可通过不合格项目输入键盘报告主控制微机，并在检测完毕后及时按下该键盘上的"检查结束"键，通知微机车底检查结束，否则主控制微机将一直处于等待状态。

检查中	
发动机熄火	
转动转向盘	
踩制动踏板	
拉驻车制动器	
踩离合器踏板	
车底检查	○　　×

图7-14　P工位检验程序
指示器的面板

主控制微机判定检查结果时，只要有一项不合格，即判定车底检查不合格。同样，检查结果在主控制室微机显示器和工位检验程序指示器上同时显示。显示"○"为合格，显示"×"为不合格。

地沟内的检查人员可随时通过脚踏开关调节地沟内举升平台的高度，使两手处于最有利的操作位置。

当本工位检验程序指示器显示"前进"二字时，将车开入下一工位。

5. 综合判定及主控制室工位

汽车进入本工位，主控制微机根据该车在前四个工位的检查结果进行综合判定。在L检查、ABS检测、HX检测和P检查各检测项目中，只有各项均合格，整车检测的总评价才判为合格，只要有一项不合格，则总评价判为不合格。

主控制微机将汽车资料、检测项目、检测结果及整车检测总评价等进行存储并发往打印机，由打印机在先期印刷成一定格式的打印纸上自动打印出检测结果报告单。在检测结果报告单上，各检测项目的检测结果和整车总评价，在对应的栏目内，合格以"○"打印，不合格以"×"打印。驾驶员拿到检测结果报告单后，立即将汽车驶出检测线，全线检测结束。

上述全自动式五工位安全环保检测线可同时检测五辆汽车，检测节奏为4min/辆左右。

如果采用同样功能的双线系统配备五名检测员，每日实际工作7h，可日检测200余辆次汽车，全年可检测五万余辆次汽车，工作效率极高。由于自动化程度高，各工位检验程序指示器又十分醒目，因而原车驾驶员在读懂入站规则后，可驾车进入检测线，不一定非要配备专职引车员。

对于手动式控制的安全环保检测线，由检测人员手动操作，目视读数，大脑判定和笔录检测结果，工作效率远不如全自动检测线，且检测结果有可能出现人为因素等差错。

对于综合检测线，由于汽车技术状况不同，检测目的不同，因而检测、诊断、调试的项目和深度也就不同。检测项目有的少至几项，有的多达几十项，不像安全环保检测线那样服务对象单纯，检测项目统一，所以综合检测线很难实现微机自动控制，多为手动操作各检测设备，检测程序也要视具体情况而定。

二、汽车检测线常用设备

本书前面介绍的四轮定位仪、动平衡机、前照灯检测仪、尾气分析仪、发动机综合性能检测仪和汽车电控系统检测仪都是汽车检测线常用的设备，下面再简单介绍一下检测线上常用的另外几种设备。

（一）制动性能实验台

制动性能实验台如图 7-15 所示，用来检测汽车的制动性能。

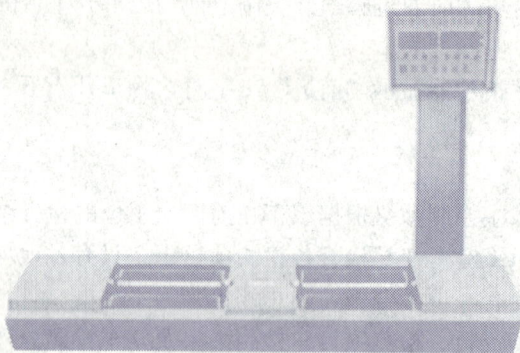

图 7-15　制动性能实验台

汽车制动性能好坏是安全行车最重要的因素之一，因此也是汽车检测诊断的重点。若汽车具有良好的制动性能，遇到紧急情况可以化险为夷；在正常行驶时可以提高平均行驶速度，从而提高运输生产效率。

1. 汽车制动性能

汽车制动性能主要由制动效能、制动抗热衰退性和制动时汽车的方向稳定性三个方面来评价。

（1）制动效能

制动效能是指汽车迅速降低行驶速度直至停车的能力，是制动性能最基本的评价指标。其由制动力、制动减速度、制动距离和制动时间来评定。

1）制动距离。制动距离是指车辆在规定的初速度下急踩制动时，从脚接触制动踏板（或手触动制动手柄）时起至车辆停住时止，车辆驶过的距离。它包括了制动协调时间和以最大减速度持续制动时间内汽车驶过的距离。它是评价汽车制动性能最直观的一个参数，与汽车实际运行的制动情况最接近。驾驶员最熟悉汽车的制动距离，因为其与安全行车有直接关系。制动距离不等于车轮在路面上拖压印的长度，因为制动距离中包含有制动协调时间内汽车驶过的距离，在这一段时间内车轮尚未拖压印。制动距离与制动踏板力即制动系中的液压或气压有关，故给出制动距离时应指明相应的踏板力或制动系中的压力。

2）制动力。为了使行驶中的汽车能够减速或停车，必须由路面对汽车作用一个与其行驶方向相反的外力来消耗汽车的动能，使汽车产生减速度，达到降低其行驶速度以至停车的目的，这个外力称做制动力。对于一定质量的汽车来说，制动力越大制动减速度越大，制动距离越短。所以制动力是从本质上评价汽车制动性能的参数。制动力对汽车的制动性能具有决定性的影响。

3）制动减速度。制动减速度反映了制动时汽车速度降低的速率。对于一个确定的汽车来说，其质量是一定的，能产生的制动力也是一定的。因此制动减速度也是一个确定值，制动初速度对减速度的影响不很大。可采用速度分析仪、制动减速度仪测出制动时的平均减速度。

4）制动时间。制动过程所经历的时间即制动时间，它很少作为单纯的评价指标，但是在分析制动过程和评价制动效能时又是不可缺少的参数。

（2）制动抗热衰退性

汽车制动抗热衰退性能是指汽车高速制动、短时间重复制动或下长坡连续制动时制动效能的热稳定性。因为制动过程实质是把汽车的动能通过制动器吸收转化为热能，制动过程中制动器温度不断升高，制动器摩擦系数下降，制动器摩擦力矩减小，从而使制动能力降低，这种现象称热衰退现象。因此可以用制动器处于热状态时能否保持有冷状态时的制动效能来评价汽车制动抗热衰退性能。

制动抗热衰退性是衡量制动性能恒定性的一个指标。随着高速公路的发展和车速的提高，汽车制动性能的恒定性要求也愈来愈高。但由于测试方法较复杂，在一般汽车综合检测站较难实施，因此，对于在用汽车也无须检测制动抗热衰退性。

（3）制动稳定性

制动稳定性是指制动时汽车的方向稳定性。通常用制动时汽车按给定轨迹行驶的能力来评价，即汽车制动时维持直线行驶或预定弯道行驶的能力。

2. 检验汽车制动性能的国家标准

GB7258—2004/XG3—2008《机动车运行安全技术条件（国家标准第3号改单）》规定，检验汽车的制动性能可以用路试和台试两种方法。路试可以检测制动距离和跑偏量，也可以检测制动减速度、制动协调时间和跑偏量。台试主要检测制动力与制动协调时间。目前主要采用台试的方法，制动性能台试检测项目包括：制动力、制动力平衡要求、车轮阻滞力和制动协调时间。

用制动力检验汽车的制动性能时应符合下面的要求，GB7258—2004/XG3—2008规定：制动力总和占整车重力的百分比，空载大于等于60%或满载大于等于50%；主要承载轴的制动力占该轴轴荷的百分比，前轴制动力不得小于前轴轴荷的60%；对制动力平衡的要求，在制动力增长的全过程中，左右轮制动力差与该轴左右轮中制动力大者之比，前轴不得大于20%，后轴不得大于24%；对制动协调时间统一要求为，单车不大于0.6s，汽车列车不大于0.8s；对驻车制动性能检验规定，车辆空载，乘坐一名驾驶员，驻车制动力总和应不小于该车在测试状态下整车重力的20%，对总质量为整备质量 1.2 倍以下的车辆，此值为 15%。

3. 单轴反力式滚筒制动试验台

（1）基本结构

单轴反力式滚筒制动试验台的结构简图如图 7-16 所示。它由结构完全相同的左右两套车轮制动力测试单元和一套指示、控制装置组成。每一套车轮制动力测试单元由框架（有的试验台将左、右测试单元的框架制成一体）、驱动装置、滚筒组、举升装置、测量装置等构成。

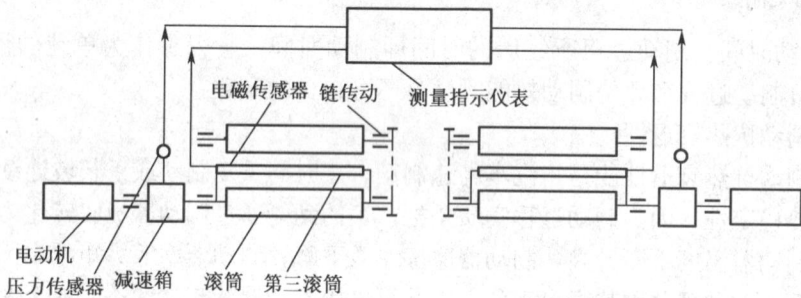

图 7-16　单轴反力式滚筒制动试验台原理

1）驱动装置。驱动装置由电动机、减速器和链传动组成。电动机经过减速器两级减速后驱动（或再通过链传动，如图 7-17 所示）主动滚筒，主动滚筒通过链传动带动从动滚筒旋转。减速器输出轴与主动滚筒共用一轴，减速器壳体为浮动连接（即可绕主动滚筒轴自由摆动或如图 7-17 所示，电动机枢轴与减速器输出轴同心，减速器壳与电动机壳连成一体，电动机枢轴与减速器输出轴分别通过滚动轴承及轴承座支承在框架上，减速器壳与电动壳可绕支承轴线自由摆动）。

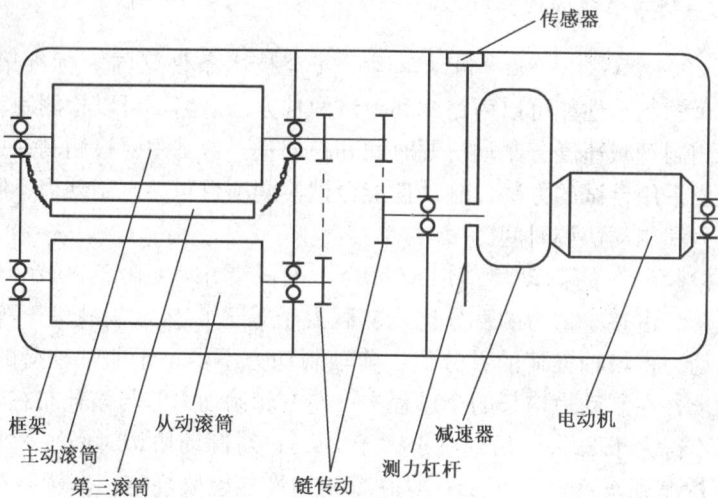

图 7-17　车轮制动力测试单元

由于制动试验台测试车速很低，日本式齿槽一般为 0.1～0.18km/h，而欧洲式为 2.0～5km/h，滚筒的直径较小，因此驱动电动机的功率较小，如日本式试验台电动机功率为 $2×0.7～2×2.2kW$，而欧洲式试验台电动机功率为 $2×3～2×11kW$。减速器的作用是减速增矩，其减速比根据电动机的转速和滚筒测试转速确定。由于测试车速低，滚筒转速也较低，一般在 40～100r/min 范围（日本式试验台转速则更低，甚至低于 10r/min），因此要求减速器减速比较大，一般采用两级齿轮减速或一级蜗轮蜗杆减速与一级齿轮减速。

2）滚筒组。每一车轮制动力测试单元设置一对主、从动滚筒。每个滚筒的两端分别用滚动轴承与轴承座支承在框架上，且保持两滚筒轴线平行。滚筒相当于一个活动的路面，用来支承被检车辆的车轮，并承受和传递制动力。汽车轮胎与滚筒间的附着系数将直接影响制动试验台所能测得的制动力大小。为了增大滚筒与轮胎间的附着系数，滚筒表面都进行了相应加工与处理，目前采用较多的有下列五种。

① 开有纵向浅槽的金属滚筒。在滚筒外圆表面沿轴向开有若干间隔均匀、有一定深度的沟槽。这种滚筒表面附着系数最高可达 0.65；在制动试验车轮抱死时容易剥伤轮胎；当表面磨损且沾有油、水时，附着系数将急剧下降。

② 表面粘有熔烧铝矾土砂粒的金属滚筒。这种滚筒表面无论干或湿时其附着系数均可达 0.8。

③ 表面具有嵌砂喷焊层的金属滚筒。喷焊层材料选用 NiCrBSi 自熔性合金粉末及钢砂。这种滚筒表面新的时候其附着系数可达 0.9 以上，耐磨性也较好。

④ 高硅合金铸铁滚筒。这种滚筒表面带槽、耐磨，附着系数可达 0.7～0.8，价格便宜。

⑤ 表面带有特殊水泥覆盖层的滚筒。这种滚筒比金属滚筒表面耐磨，表面附着系数可达 0.7～0.8。但表面易被油污与橡胶粉粒附着，使附着系数降低。

滚筒直径与两滚筒间中心距的大小对试验台的性能有较大影响。滚筒直径增大有利于改善与车轮之间的附着情况，增加测试车速使检测过程更接近实际制动状况，但必须相应增加驱动电动机的功率。而且随着滚筒直径增大，两滚筒间中心距也需相应增大，才能保证合适的安置角。这样使试验台结构尺寸相应增大，制造要求提高。

有的滚筒制动试验台在主、从动滚筒之间设置一直径较小、既可自转又可上下摆动的第一滚筒，平时由弹簧使其保持在最高位置。在设置有第三滚筒的制动试验台上大都取消了举升装置，在第二滚筒上装有转速传感器。检验时，被检车辆的车轮置于主、从动滚筒上的同时压下第三滚筒，并与其保持可靠接触。控制装置通过转速传感器即可获知被测车轮的转动情况。当被检车轮制动、转速下降至接近抱死时，控制装置根据转速传感器送出的相应电信号使驱动电动机停止转动，以防止滚筒剥伤轮胎和保护驱动电机。第三滚筒除了上述作用外，有的试验台上还作为安全保护装置用。只有当两个车轮制动测试单元的第三滚筒同时被压下时，试验台驱动电机电路才能接通。

（2）制动力测量装置

制动力测量装置主要由测力杠杆和传感器组成。测力杠杆一端与传感器连接，另一端与减速器壳体连接，被测车轮制动时，测力杠杆与减速器壳体将一起绕主动滚筒（或绕减速器输出轴、电动机枢轴）轴线摆动。传感器将测力杠杆传来的、与制动力成比例的力（或位移）转变成电信号输送到指示、控制装置。传感器有应变测力式、自整角电机式、电位计式、差动变压器式等多种类型。日本式制动试验台多采用自整角电机式测量装置，而欧洲式以及近期国产制动试验台多用应变测力式传感器。

（3）举升装置

为了便于汽车出入制动试验台，在主、从动两滚筒之间设置有举升装置。该装置通常由举升机、举升平板和控制开关等组成。举升机常用的有气压式、电动螺旋式、液压式3种形式，其中液压式最为常见。

（4）指示与控制装置

目前制动试验台控制装置都采用电子式。为提高自动化与智能化程度，有的控制装置中配置计算机。指示装置有指针式和数字显示式两种。带计算机的控制装置多配置数字显示器，但也有配置指针式指示仪表的。

带计算机的指示与控制装置主要由计算机、放大器、A/D转换器、数字显示器和打印机等组成。指针式指示仪表有两种形式，一种是一轴单针式，如图 7-18 所示；另一种是一轴双针式，如图 7-19 所示。

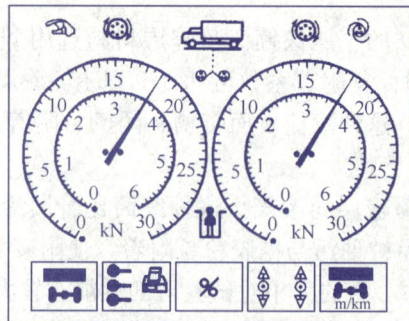

图 7-18　一轴单针式

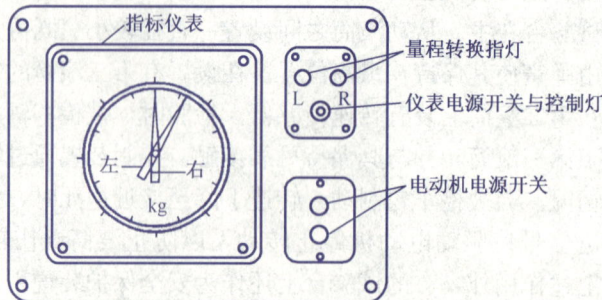

图 7-19　一轴双针式

采用一轴单针式指示仪表时，每一车轮测试单元需配置一个指示仪表，分别指示左右轮的制动力；采用一轴双针式指示仪表时，左、右车轮测试单元指示装置共用一刻度盘，两根表针分别指示左、右轮的制动力。所谓一轴双针，实际上是由一根实心轴与一根空心轴套装在一起，两根表针套在各自的转轴上，如手表的秒针、分针一样，它的优点是容易读出制动过程差（剪力差）。

目前指示装置向大型点阵显示屏或大表盘、大刻度方向发展，以使检测人员在较远距离处也清晰易读。

（5）工作原理

进行车轮制动力检测时，被检汽车驶上制动试验台，车轮置于主、从动滚筒之间，放下举升机（或压下第三滚筒，装在第三滚筒支架下的行程开关被接通）。通过延时电路启动电动机，经减速器、链传动和主、从动滚筒带动车轮低速旋转，待车轮转速稳定后驾驶员踩下制动踏板。车轮在车轮制动器的摩擦力矩 T_u 作用下开始减速旋转。此时电动机驱动的滚筒对车轮轮胎周缘的切线方向作用制动力 F_{x1}、F_{x2} 以克服制动器摩擦力矩，维持车轮继续旋转。与此同时，车轮轮胎对滚筒表面切线方向附加一个与制动力方向反向等值的反作用力 F'_{x1}、F'_{x2}，在 F'_{x1}、F'_{x2} 形成的反作用力矩作用下，减速器壳体与测力杠杆一起朝滚筒转动相反方向摆动，测力杠杆一端的力或位移经传感器转换成与制动力大小成比例的电信号。从测力传感器送来的电信号经放大滤波后，送往 A/D 转换器转换成相应数字量，经计算机采集、存储和处理后，检测结果由数码管显示或由打印机打印出来。打印格式与内容由软件设计而定。一般可以把左、右轮最大制动力、制动力和、制动力差、阻滞力和制动力—时间曲线等一并打印出来。在制动过程中，当左、右车轮制动力和的值大于某一值时，计算机即开始采集数据，采集过程所经历时间是一定的（如 3s）。经历了规定的采集时间后，计算机发出指令使电动机停转，以防止轮胎剥伤。

在有第三滚筒的制动试验台上，在制动过程中第三滚筒的转速信号由传感器转变成电信号后输入计算机，计算车轮与滚筒之间的滑差率。当滑差率达到一定值（如 25%）时，计算机发出指令使电动机停转。若车轮不驶离制动台，延时电路将电动机关闭 3～10s 后又自动启动。

检测过程结束，车辆即可驶出制动试验台。由于制动力检测技术条件要求是以轴制动力占轴荷的百分比来评判的，所以对总质量不同的汽车来说是比较客观的标准。为此除了设置制动试验台外，还必须配备轴重计或轮重仪，有些复合式滚筒制动试验台装有轴重测量装置，其称重传感器（应变片式）通常安装在每一车轮测试单元框架的四个支承脚处。

目前，采用的反力式滚筒制动试验台对具有防抱死（ABS）系统的汽车制动系的制动性能还无法进行测试。原因是试验台的测试车速较低，一般不超过 5km/h，而现代防抱死系统均在车速 10～20km/h 以上起作用。所以在上述试验台上检测车轮制动力时，车辆的防抱死系统不起作用，只能相当于对普通的液压制动系统的检测过程。

有的反力式滚筒制动试验台可以选择每一车轮制动力测试单元的滚筒旋转方向。两个测试单元的滚筒既可同向正转、同向反转，又可以一正一反。具有这种功能的试验台可以检测多轴汽车（如三轴汽车的中轴和后轴，其间没有轴间差速器）的制动力。测试时使左、右车轮制动测试单元的滚筒转动方向一正一反，只采集正转时的制动力数据，这样可以省去试验台前、后设置自由滚筒装置。这是因为驱动轴内有轮间差速器的作用，当左、右车轮反向等速旋转时差速器壳与主减速器将不会转动。所以当被检测轴车轮被滚筒带动时，另一在试验台外的驱动轴将不会被驱动。而对于装有轴间差速器的双后轴汽车可在一般的反力式滚筒制动试验台上逐轴测试每车轴的车轮制动力。

（6）使用方法

首先，要做好测试前试验台的准备工作。

1）检查试验台滚筒上有无泥、水、油等杂物，如有则应清除干净。

2）使滚筒在无负荷状态下运转，检查并调整仪表指针零位。

3）检查举升机动作是否灵活，若动作阻滞或有漏气部位应进行检修。举升机是否在升起位置，否则应使举升机升起到位。

4）检查各指示灯工作是否正常。

5）检查各种导线有无因损伤造成接触不良现象。

其次，要做好被测车辆的准备工作。

1）核实汽车各轴轴荷，确保被测汽车车轴轴荷在试验台允许载荷范围内。

2）检查轮胎是否粘有泥、水、油污等杂物。要特别注意检查轮胎花纹内或后轴双轮胎间嵌入的小石子与石块，应清除干净。

3）检查轮胎气压，使其符合出厂规定值。

测试步骤如下：

1）接通试验台总电源，按说明书要求预热至规定时间。

2）汽车从其纵向中心线与滚筒轴线垂直的方向驶入试验台。先前轴，再后轴，使车轮处于两滚筒之间的举升平板上。

3）汽车停稳后，变速器置于空挡位置，脚、手制动处于放松状态，能测制动协调时间的试验台还应将脚踏开关套装在制动踏板上。

4）降下举升平板，至轮胎与举升平板完全脱离为止。

5）启动电动机，使滚筒带动车轮旋转，待转速稳定后，从仪表上读取车轮阻滞力数值。

6）踩下制动踏板，从指示仪表上读取最大制动力值，并打印检测结果，一般试验台在 1.5～3.0s 后或第三滚筒发出车轮即将抱死的信号后滚筒自动停转。

7）升起举升平板，驶出已测车轴，按上述相同方法继续进行检测。

8）所有车轴的脚制动及驻车制动性能检测完毕后，升起举升平板，汽车驶出试验台。

9）切断试验台总电源。

（7）制动试验台的维护

1）每周维护。除了进行使用前的维护项目外，还应检查滚筒轴承座和减速器、电动机等支承轴承座处的螺栓是否松动，否则应予以紧固。

2）每季维护。除进行每周维护项目外，还应检查滚筒轴承处的润滑情况。如有脏污或干涸时，应按厂家规定的油品加注润滑脂。

3）每半年维护。除进行每季维护项目外，还应进行如下项目的维护：检查滚筒有无运转杂音或损伤，否则应予以修理；检查减速器内润滑油的储油量及脏污程度，否则应按厂家规定的油品进行补充或更换；拆下链条罩，检查链条脏污和张紧情况，链条脏污时要彻底清洗、润滑；若松紧度不合适应重新调整张紧，若链条磨损严重时应予以更换。

4）每年维护。除进行每半年维护项目外，还须接受计量部门对试验台的检定或自检，以便保证试验台的测试精度。

（二）车轮侧滑检验台

车轮的侧滑主要是靠汽车车轮侧滑检验台来检测的。首先来看看汽车车轮侧滑检验台的结构，侧滑检验台是汽车在滑动板上驶过时，用测量滑动板左右移动量的方法来测量车轮滑移量的大小和方向，并判断是否合格的一种检测设备。侧滑台分单板式侧滑台和双板式侧滑台。

1. 双板式侧滑台的结构

双板式侧滑检验台的结构如图 7-20 所示，由机械部分、测量装置、指示装置等几部分组成。机械部分包括左右滑动板、双摇臂杠杆机构、回位装置、导向和限位装置等。滑动板长度有 500mm、800mm 和 1000mm 三种，滑动板越长精度越高。滑动板通过滚轮、轨道和两板间的杠杆机构进行左右等量的相对运动。现在大多数侧滑台的测量装置有两种：一种是电位计式；另一种是差动变压器式。

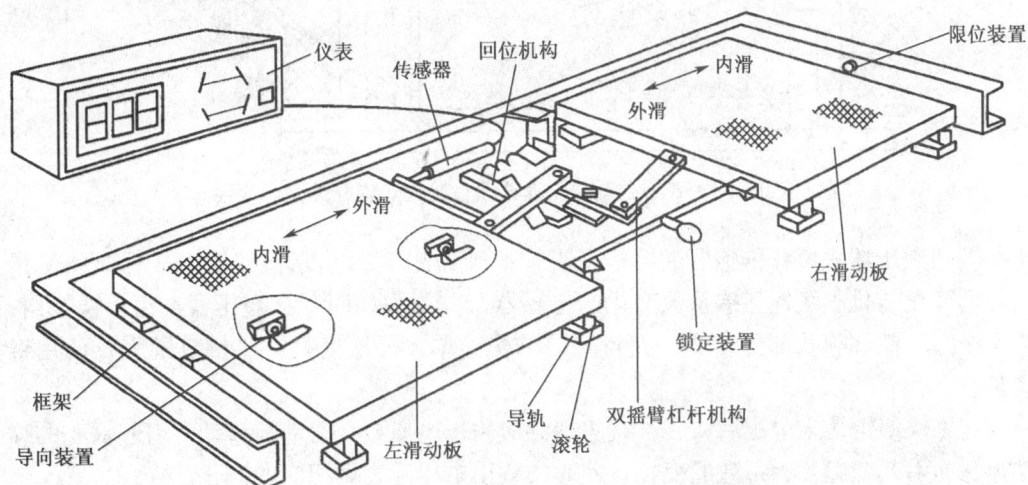

图 7-20　双板式侧滑检验台结构

电位计式的测量装置安装在图 7-21 所示的位置。将滑动板的移动量变为电位计触点的位移，从而引起电压量的变化，并传给指示装置。

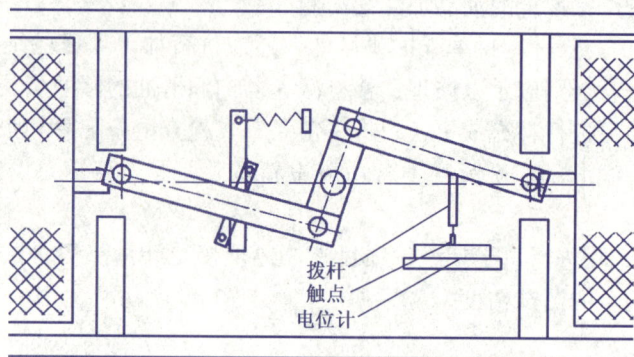

图 7-21　电位计式测量装置安装位置

电位计式测量装置的电路原理：电位计两端加上一定的电压，当电位计的滑动触点随滑动板移动时，触点的输出电压与位移量成正比，通过指示计可指示出对应于滑动板的位移量。差动变压器式测量装置的位移传感器安装在如图 7-22 所示的位置上，由滑动板带动位移传感器的拨杆产生位移，传感器输出与位移量成正比的电压量，并传递给指示装置。

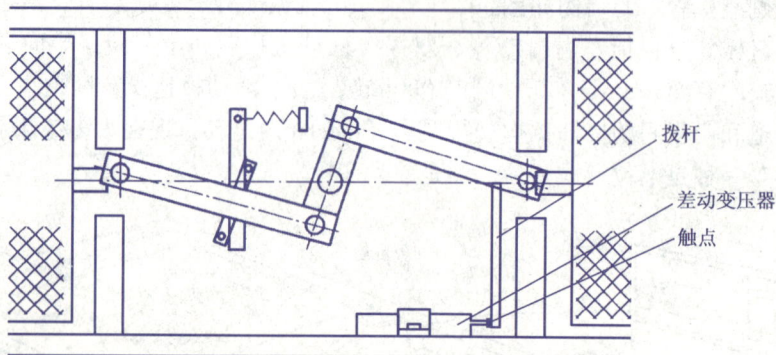

图 7-22　差动变压器式测量装置安装位置

差动变压器式位移传感器的结构及工作原理如图 7-23 所示。差动变压器是将测量信号的变化转化成线性互感系数变化的传感器，其结构如同一个变压器，由一次绕组、二次绕组、铁心等几部分组成。其特点是结构简单、灵敏度高、测量范围大及使用寿命长。

在一次绕组接入电源后，二次绕组即感应输出电压 U，滑动板移动时引起铁心的移动，从而引起绕组互感系数的变化，此时的输出电压随之做相应的变化。

常用的指示装置有指针和数字显示两种。指针式指示仪表如图 7-24 所示。该仪表把从测量装置传递的滑动板位移量，按汽车每行驶 1km 侧滑 1m 定为一格刻度指示。因此，滑动板长度为 1m 时，单边滑动 1mm 时指示一格刻度（侧滑量单位为 m/km）；

滑动板长度为 0.5m 时，0.5mm 指示一格刻度。

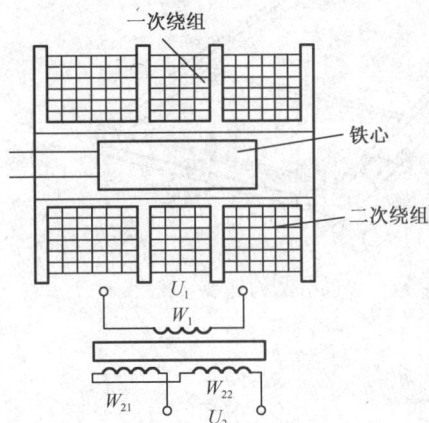

图 7-23　差动变压器式位移传感器

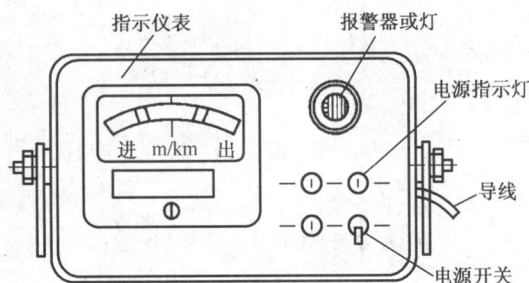

图 7-24　指针式指示装置

遵照汽车侧滑台的检测标准，常常在指针指示装置的仪表盘上将侧滑量示值分为三个区域：侧滑量在 0～3m/km 之间（IN 或 OUT）为合格区域或 GOOD 区域，标记为绿色；3m/km＜侧滑量≤5m/km（IN 或 OUT）为警示区域或 FIRE 区域，标记为黄色；侧滑量在 5～10m/km 之间（IN 或 OUT）为不合格区域或 BAD 区域，标记为红色，当指针到达这一区域时伴有蜂鸣声报警。

智能型侧滑仪的数字图形显示方式的指示装置能够及时记录侧滑量数值的大小，并能够将数据进行锁存，以保证车轮驶离侧滑台后操作人员能读取侧滑量的显示值。当后轮通过或前轮后退通过滑板时，自动清零复位，准备下次测量。从这一点来看，智能型侧滑仪要优于指针式和常用数字式侧滑仪。

2. 单板式侧滑台的结构

便携式单板侧滑试验台在上下滑动板之间装有棍棒，从而可以使得滑动板沿横向（左右方向）自由滑动，但纵向不能移动。当被测车轮从上滑动板上通过时，车轮的侧滑通过轮胎与上滑动板间的附着作用传递给上滑动板，使上滑动板左右横向滑动（关于上滑动板滑动的原因同双板式侧滑试验台的侧滑板滑动原因相同），通过杠杆机构带动指示偏转，从而在刻度尺上显出侧滑量的大小和方向。为了防止滚动棒滑出上下板之外，在两板间设有滚棒和导轨。当车轮通过上滑板后，在回位弹簧的作用下，上滑板重新回位。

另外一种单板式侧滑试验台是固定在面上使用，其主要特点是在上下滑板之间装有位移传感器，其工作原理同双板式侧滑台的一致。这种试验台结构简单、磨损件少、工作可靠。

单板式侧滑试验台及其显示仪表部分结构外观如图 7-25 所示。

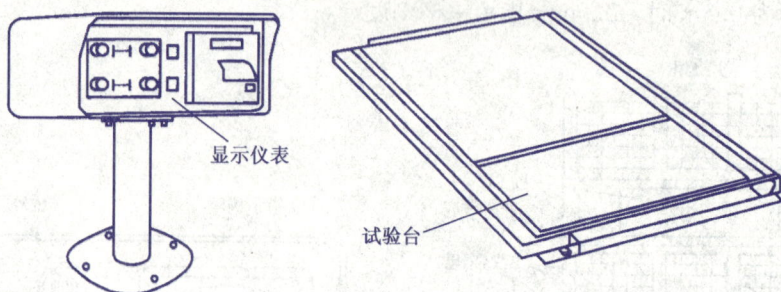

图 7-25 单板式侧滑试验台及其显示仪表部分结构外观

3. 侧向力与侧滑量双功能检验台结构

侧滑台是用来检验车轮外倾角和车轮前束匹配状况是否良好的一种检测设备。但由于侧向力与侧滑量双功能检验台结构滑动板的横向移动会释放积蓄在左右轮胎与地面间的横向作用力和能量，与实际行车状况不符。为更准确地测出轮胎与地面间的侧向力的大小和方向，可在原有侧滑台的基础上，加装上两个测力传感器（图 7-26），测量车轮与地面间的侧向力。

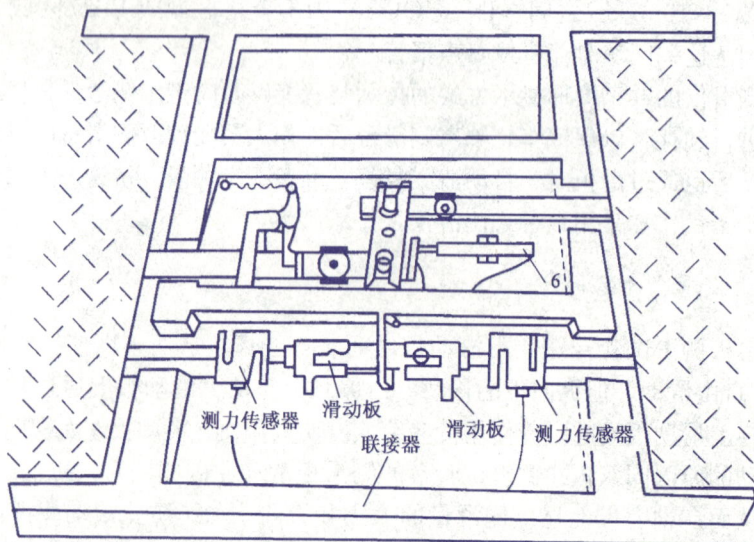

图 7-26 加装上两个测力传感器的侧滑检测台

如图 7-26 所示，在左右滑动板旁边安装了两个传感器，两个传感器通过联接器与两滑动板相连，它们之间的连接与松开只要轻扳手柄就可以完成。联接器松开时，滑动板可以移动，恢复其原有侧滑台的功能，此时的侧滑量由位移传感器测出。联接器连接时，两侧滑板被测力传感器连接在一起，如同地面一样稳定不动，此时所测得的力就是行驶时受到的车轮侧向力。因而采用两个力传感器可以同时测出左右车轮所受到的侧向力的大小。为了便于分析，规定侧滑板受到向外的作用力记为负的侧向力；侧滑板受到向内的作用力记为正的侧向力。

侧向力更能准确反映车轮与地面之间的作用力，诊断车轮定位故障。根据实测，侧滑量超过 8m/km 以上的普通轿车车轮间的侧向力高达 1000N 以上。如此大的侧向力很容易破坏车轮的附着条件使汽车失控，从而证明检测侧滑量的重要性。

4. 侧滑台的工作原理

(1) 双板式侧滑台的工作原理

1) 滑动板仅受到车轮外倾角的作用。以右前轮为例，先讨论只存在车轮外倾角（前束为零）的情况。具有外倾角的车轮其中心线的延长线必定与地面在一定距离处有一个交点 O，此时的车轮相当于圆锥体的一部分，如图 7-27 所示。在车轮向前或向后运动时，其运动形式均类似于滚锥。从图 7-27 可以看出，具有外倾角的车轮在滑动滚动时，车轮有向外滚动的趋势。由于受到车桥的约束，车轮不能向外移动，从而通过车轮与滑动板间的附着作用带动滑动板向内运动，运动方向如图 7-27 所示。此时滑动板向内移动的位移量记为 S_a（由外倾角所引起的侧滑分量）。按照约定，具有外倾角的车轮，由于类似于滚锥的运动情况，因而无论其前进还是后退时所引起的侧滑量均为正。反之，内倾角车轮引起的侧滑分量为负。

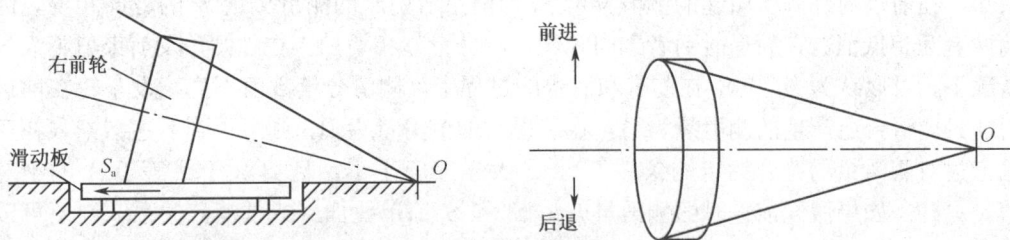

图 7-27　具有外倾角的车轮在滑动板上的滚动情况

2) 滑动板仅受到车轮前束角的作用。仅讨论车轮只存在前束角，而外倾角为零时的情况。前束是为了消除具有外倾角的车轮类似于滚锥运动所带来的不良后果而设计的。滑动板仅受到车轮前束的作用，具有前束的车轮在前进时，由于车轮有向内运动的趋势，但因受到车桥的约束作用，在实际前进驶过侧滑台时，车轮不可能向内滚动，从而会通过车轮与滑动板间的附着作用带动滑动板向外侧运动。此时，车轮在滑动板上做纯滚动，滑动板相对于地面有侧向移动，其运动方向如图 7-28 左图所示，此时测得的滑动板的横向位移量记为 S_i（即由前束引起的侧滑分量）。遵照约定，前进时由车轮前束引起的侧滑分量 S_i 小于或等于零。反之，汽车前进时由车轮前张（负前束）引起的侧滑分量 S_i 大于或等于零。

当具有前束角的车轮后退时，若在无任何约束情况下，车轮必定向外侧滚动，但因受到车桥的约束作用，虽然其存在着向外滚动的趋势，但不可能向外滚动，从而会通过其与滑动板间的附着作用带动滑动板向内侧移动，其运动方向如图 7-28 右图所示。此时测得的滑动板向内的位移量记为 S_i，因其受到车桥的约束作用，侧滑分量 S_i 大于或等于零。反之，仅具有前张角的车轮在后退时，通过侧滑台所引起的侧滑分量 S_i 小于或等于零。

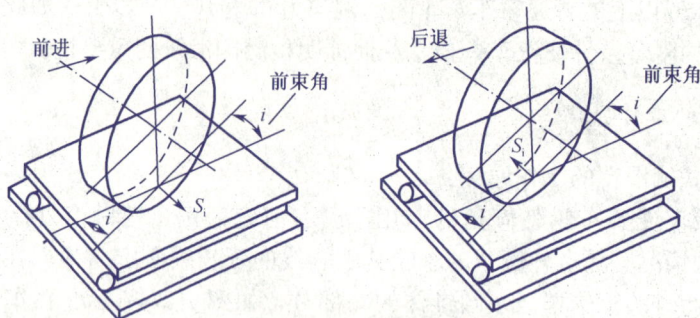

图 7-28　具有前束角的车轮在滑动板上的滚动情况

综上可知，仅具有前束角的车轮在前进时驶过侧滑台所引起的侧滑分量为负值，在后退时驶过侧滑台所引起的侧滑分量为正值。反之，仅具有前张角的车轮在前进时驶过侧滑台所引起的侧滑分量为正值，在后退时驶过侧滑台所引起的侧滑分量为负值。

3) 滑动板受到车轮外倾角和前束角的同时作用。汽车转向轮同时具有外倾角和前束角，在前进时外倾所引起的侧滑分量 S_a 与前束所引起的侧滑分量 S_i 的方向相反，因而两者互相抵消。在后退时两者方向相同，两分量互相叠加。在外倾角及前束值不大的情况下，可以认为 S_a 和 S_i 在前进和后退的过程中，侧滑分量数值不变。设车轮在前进时通过侧滑台所产生的侧滑量为 A，在后退时的侧滑量为 B，则可得到下述结论（在遵循上述对侧滑量的符合约定的条件下）：B 大于或等于零，且 B 大于或等于 A 的绝对值。另外，如果假设前进时的侧滑量就是 S_a 和 S_i 简单叠加（或抵消）关系，则还可以得出下列结论。

① 若前进时的侧滑量 A 大于一定的正数，后退时的侧滑量 B 大于另一正数，则侧滑量主要是由外倾角所引起的。

② 前进时的侧滑量 A 小于一定的负数，后退时的侧滑量 B 大于某一正数，则侧滑量主要是由前束角所引起的。

③ 外倾角引起的侧滑量 $S_a = (A+B)/2$；前束角所引起的侧滑量 $S_i = (B-A)/2$。

遵循上述分析和讨论，可以得到其余三种组合情况下侧滑台板的运动规律，从车轮外倾、车轮内倾、车轮前束和前张四个因素中判断出是哪个因素是主要引起车轮侧滑的故障。因此可有效地指导维修人员调整车轮前束角及车轮外倾角。

（2）单板式侧滑台的工作原理

如图 7-29 所示，汽车左前轮从单滑动板上行驶，右前轮从地面上行驶。若右前轮正直行驶无侧滑，即侧滑角 β 为零，而左前轮具有侧滑角。向内侧滑时 [图 7-29 (a)]，通过车轮与滑动板间的附着作用带动滑动板向左移动距离 b。若右前轮也具有侧滑角 β，同样右前轮相对左前轮也会向内侧滑，此时滑动板向左移动距离 c，并由于左前轮同时

向内侧滑 b，则滑动板的移动距离为两前轮向内侧滑量之和，即 $b+c$，如图 7-29（b）所示。

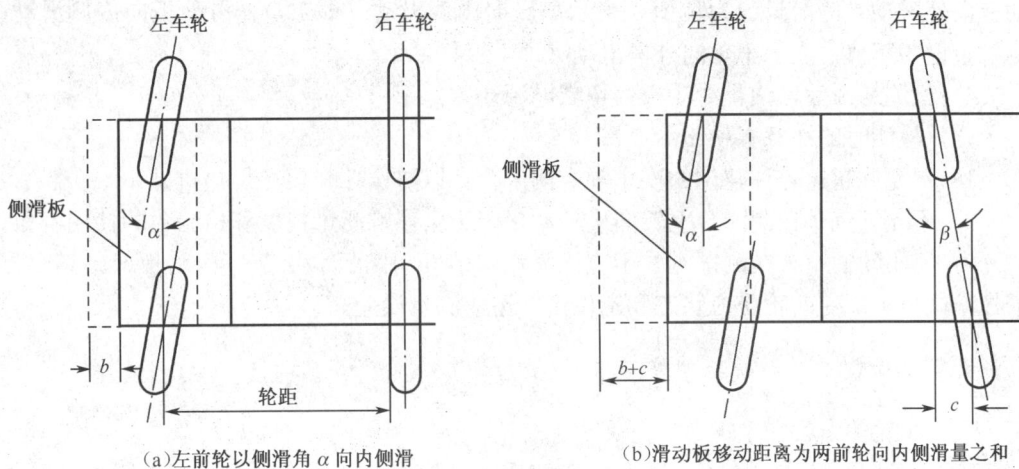

（a）左前轮以侧滑角 α 向内侧滑　　　　　（b）滑动板移动距离为两前轮向内侧滑量之和

图 7-29　单板式侧滑检测台的测试分析

上述（$b+c$）距离可反映出汽车左右车轮总的侧滑量及侧滑方向。也就是说，采用单板式侧滑台测量汽车的侧滑量时，虽然是一侧车轮从滑动板通过，但测量的结果并非是单轮的侧滑量，而是左右轮侧滑量的综合反映。此侧滑量与汽车驶过台板时的偏斜度无关。根据这一侧滑量可以计算出每一边车轮的侧滑量，即单轮的侧滑量为 $(b+c)/2$。

5. 侧滑台的使用

不同型号的侧滑台，其使用方法稍有区别，应根据使用说明书制定操作规程，但一般都应进行如下工作。

（1）检测前的准备工作

1）在不通电的情况下，检查仪表指针是否在零位上；接通电源，晃动滑动板，待滑动板停止后，查看指针是否仍在零位或数据显示仪表上的侧滑量数值是否为零。如发现不准，对于指针式仪表，可以用零点调整电位计或游丝零点调整钮将仪表调零；对于数字式仪表，可按下校准键，调节调零电阻，使侧滑量显示值为零，或按复位键清零。

2）检查侧滑台及周围场地有无机油、石子、泥污等杂物，并清除干净。

3）检查各种导线有无损伤而造成接触不良的部位，必要时应进行修理或更换。

4）待检测车辆轮胎气压应符合各自的规定值（出厂标准）。

5）检查并清除轮胎上的油污、水渍和嵌入的石子、杂物等。

（2）检测步骤

1）打开滑动板的锁止手柄，接通电源。

2）以 3～5km/h 的低速垂直地使被测车辆通过滑动板。速度过高会因台板的惯性力和仪表的动态响应迟滞而影响测量精度。速度过低会引起失真误差。

3）被测车轮从滑动板上完全通过时，察看指示仪表，读出最大值，注意记下滑动板的运动方向，即区别滑动板是向外还是向内滑动。进行记录时，应遵循如下约定：滑动板向外滑动，侧滑量记为负值，表示车轮向内侧滑动（即 IN）；滑动板向内侧滑动，侧滑量记为正值，表示车轮向外侧滑动（即 OUT）。

4）检测结束后，锁止滑动板，切断电源。

（3）检测时的注意事项

1）不允许超过容许吨位的汽车驶入侧滑台，以防压坏和损坏易损机件。

2）不允许汽车在侧滑台上转向或转动，因为会影响测量精度和检验台的使用寿命。

3）前驱动的汽车在测试时，不应该突然踩节气门踏板、松节气门踏板或踏离合器踏板，这样会改变前轮受力状态和定位角，造成测量误差。

6. 车轮侧滑台的维护与调整

（1）车轮侧滑台的维护

1）检验台不使用时，一定要锁止滑动板，以防止受到外界因素引起的频繁晃动而损坏测量机件。

2）保持检验台表面及周围环境清洁，及时清除泥、水和垃圾，以防止浸入侧滑台。

3）在侧滑台上不要停放车辆和堆放杂物，防止滑动板及测量机件变形或损坏。

4）每使用一个月后，应重点检查蜂鸣器或信号灯在侧滑量超过规定值时能否及时报警或给出侧滑量不合格的信息。若蜂鸣器、信号灯或限位开关工作状况不良，应给予及时调整或更换。

5）使用三个月后，除做上述保养作业外，还需检查测量装置的杠杆机构指针和回位装置等动作是否灵便。如动作不灵活或有迟滞，应及时进行清洁和润滑工作，必要时需进行修理或更换有关零件。

6）使用六个月后，除进行第五项保养工作外，还需要拆下滑动板，检查滑动板下的滚轮及导轨，检查各部位有无脏污、变形、锈蚀、磨损等情况，并进行清洁、紧固和润滑工作。对磨损严重的零部件应酌情更换。

7）使用一年后，除进行第六项保养作业外，还需接受有关部门的鉴定以确保测试精度。

（2）侧滑台的调整

通过对侧滑台的鉴定，往往会发现示值超差，造成超差的原因基本有两个方面：一是机械方面的原因，主要是滑动板及联动机构等机械构件在制造过程中存在隐蔽缺陷，以及长期使用后机件磨损、间隙增大所致；二是电气方面的原因，测试仪表内电子器件日久老化，或使用过程中的操作不慎而造成零点漂移或阻止变化，或部分元件损坏所致。

出现超差后的调整方法如下：

1）调整仪表零点。侧滑台显示仪表按仪表类型可分为两种调整零点形式：一是电零位调整，利用仪表上的零点调整电位，改变电阻值的大小进行调整；二是机械零位调整，当电零位调整仍无法将仪表指针调零时，改变传感器的安装位置，改变滑臂转动角度（对于旋转电位器）或调整回位弹簧预紧力（对机械指针式显示仪表）等。

2）调整示值超差。当侧滑台左右滑动板的示值偏大或偏小时，可通过仪表板上增益电位器进行调整。有些侧滑台的仪表板上设有两只调整增益用的电位器，对滑动板的外向（IN）和向内（OUT）可分别进行调整。由于联动机构间隙过大或轴承松旷造成仪表示值误差，可适当增加调整垫片或对轴承座圈进行镀铬修复，或改变调整螺母的松紧度以消除间隙，必要时可更换磨损严重的轴承等易损件。

3）调整报警判定点超差。由于报警点规定为 5m/km 点，因此报警判定点超差必然是 5m/km 点示值误差超差所致。有些仪表板上有电位器调整点，通过它可以方便地进行调整。当无此电位器调整点时，可单用机械调整方法解决。

4）调整动作力超差。滑动板动作力超差时，可以通过回位弹簧预紧力解决，必要时甚至可更换回位弹簧。

（三）汽车底盘测功机

底盘测功机（图 7-30）是一种不解体检验汽车性能的检测设备，它是通过在室内台架上汽车模拟道路行驶工况的方法来检测汽车的动力性的，而且还可以测量多工况排放指标及油耗，同时能方便地进行汽车的加载调试和诊断汽车在负载条件下出现的故障等。

由于汽车底盘测功机在试验时能通过控制试验条件使周围环境影响减至最小，同时通过功率吸收加载装置来模拟道路行驶阻力、控制行驶状况，故能进行符合实际的复杂循环试验，因而得到广泛应用。

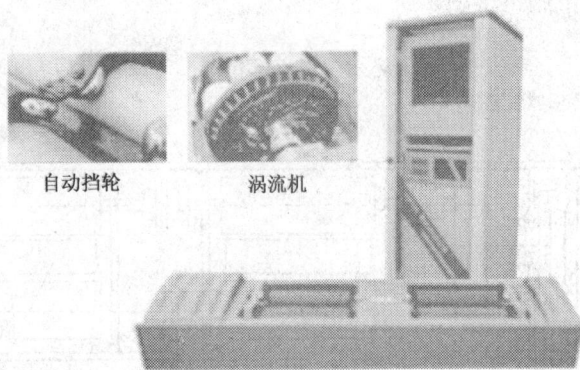

自动挡轮　　　涡流机

图 7-30　底盘测功机

汽车底盘测功机的功能包括：
1）测量汽车驱动轮输出功率。
2）检验汽车滑行性能。
3）检验汽车加速性能。
4）校验车速表。

5）校验里程表。

配备油耗仪的底盘测功机还可以在室内模拟道路行驶，测量等速油耗。

底盘测功机分单滚筒式和双滚筒式两类。单滚筒式底盘测功机的滚筒直径大（1500～2500mm），制造和安装费用大，但其测试精度高，一般用于制造厂和科研单位；双滚筒式底盘测功机的滚筒直径小（180～500mm），设备成本低，使用方便，但测试精度较差，一般用于汽车使用、维修行业及汽车检测线。

1. 底盘测功机的工作原理

底盘测功机利用惯性飞轮的转动惯量来模拟汽车旋转体的转动惯量及汽车直线运动质量的惯量，采用电磁离合器自动或手动切换飞轮的组合，在允许的误差范围内满足汽车的惯量模拟，采用功率吸收加载装置来模拟汽车在运行过程中所受的空气阻力、非驱动轮的滚动阻力及爬坡阻力等。路面模拟是通过滚筒来实现的，即以滚筒的表面取代路面，滚筒的表面相对于汽车做旋转运动。在系留装置及车偃等安全措施保障下，通过控制系统可对加载装置及惯性模拟系统进行自动或手动控制，以实现对车辆的动力性如加速性能、汽车底盘输出功率、底盘输出最大驱动力、滑行性能、车速表校验、里程表校验等项目的检测。

2. 底盘测功机的基本结构

汽车底盘测功机主要由道路模拟系统、数据采集与控制系统、安全保障系统及引导系统等构成。

（1）道路模拟系统

普通道路模拟系统如图7-31所示。

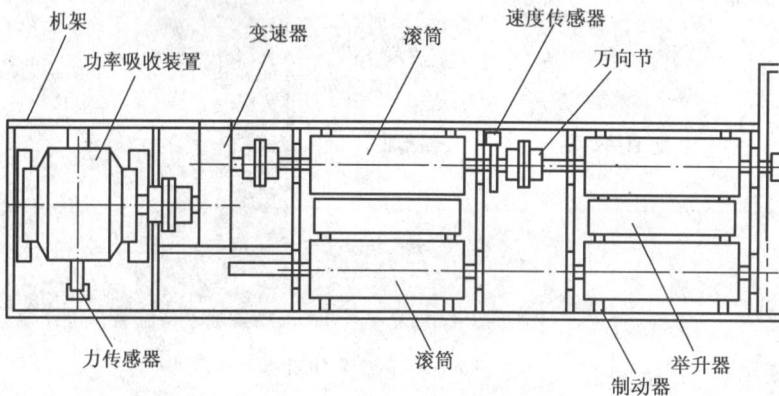

图7-31　普通汽车底盘测功机道路模拟系统结构示意图

1）滚筒装置。衡量滚筒装置的参数有三个：滚筒直径、滚筒表面状况和车轮安置角。

滚筒一般直径为180～400mm的钢滚筒，按其结构形式可分为两滚筒和四滚筒两种。

两滚筒道路模拟系统由两根短滚筒组成，其特点是支承轴承少，台架的机械损失小；四滚筒道路模拟系统由四根短滚筒组成，较两滚筒多了四个支承轴承和一个万向节，在检测过程中，其机械损失较大。

滚筒的表面状况是指滚筒表面的加工方法和清洁程度（水、油和橡胶粉末的污染等）。汽车在干燥滚筒上的驱动过程是一个摩擦过程，摩擦力与轮胎材料、结构和温度有关。附着系数随速度增加而下降的原因较为复杂，一方面是由于滚筒圆周速度提高，橡胶块与滚筒之间的嵌合程度越来越差，在未达到平衡状态之前便产生了滑动和振动；另一方面随着速度的提高，接触面的温升加快，很快在滚筒表面形成一层橡胶膜，降低了附着系数。

汽车车轮在滚筒上的安置角是指车轮与滚筒接触点的切线方向与水平方向的夹角，台架的阻力系数随着安置角的增大而增大。底盘测功机的试验过程中对安置角的要求：首先，车轮带动装有惯性飞轮的滚筒以最大加速度加速时，不得驶出滚筒，以确定最小安置角；其次，当台架滚筒制动后，保证车辆仍可驶出滚筒，以确定最大安置角。

道路模拟系统常见的故障之一是滚筒轴承座温度过高，其可能原因有两个：

第一，滚筒两端轴承同心度失准，前、后滚筒平行度没达到原设计要求，可以通过精心调整轴承座排除故障；

第二，滚筒轴承润滑不良，需检查轴承工作状况。按照使用说明书的要求，定期对滚筒轴承进行润滑。

2）功率吸收装置（加载装置）。底盘测功机功率吸收装置的类型有电涡流式、水力式和电力式三种。

水力式功率吸收装置的可控性比电涡流式差，电力式测功机的成本较高，因而，汽车底盘测功机大多数采用电涡流式测功器。

电涡流式测功器工作时，产生制动力矩的大小可以通过控制励磁电流来调节，所以，电涡流式测功器很容易实现自动控制。电涡流式测功器实际上是一个功率吸收装置，它将吸收的汽车驱动轮输出功率转变成热能，经空气或冷却水散发出去。由于冷却方式不同，电涡流式测功器又可以分为风冷和水冷两种类型。

3）惯性模拟装置。为了检测汽车的滑行性能，国内目前有部分非电力式底盘测功机配备有惯性模拟系统，如图 7-32 所示。

汽车在道路上行驶时本身具有一定的惯性能，即汽车的动能。而汽车在底盘测功机上运行时车身静止不动，是车轮带动滚筒旋转；在汽车减速工况时，由于系统的惯量比较小，汽车很快停止运行。所以检测汽车的减速工况和加速工况时，汽车底盘测功机必须配备惯性模拟系统。

汽车底盘测功机台架转动惯量是通过飞轮来实现的，目前由于我国对汽车台架的惯量没有制定相应的标准，因而国产底盘测功机所装配的惯性飞轮的个数不同，且飞轮惯量的大小也不同。飞轮的个数愈多，则检测的精度愈高。

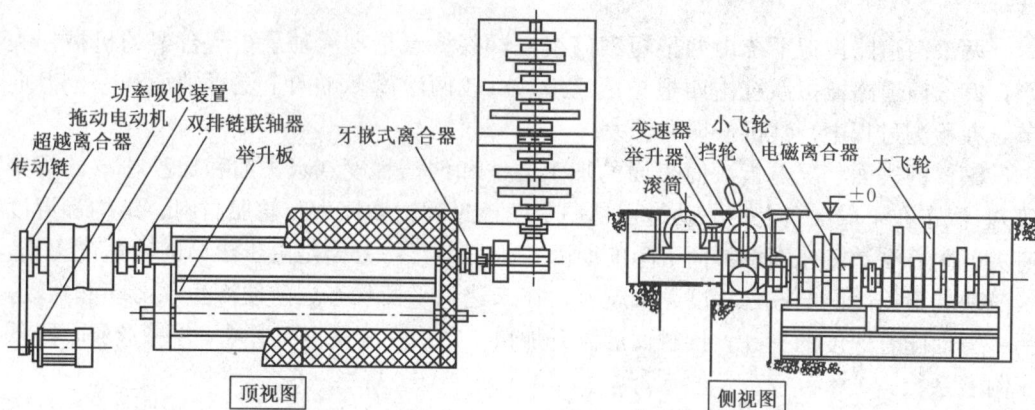

图 7-32　汽车底盘测功机的台架基本结构示意图

（2）数据采集与控制系统

1）车速信号采集。目前国内检测线用的汽车底盘测功机所采用的车速信号传感器可分为光电式、磁电式、霍尔式三种。

① 光电式传感器。图 7-33 所示为光电车速传感器的工作示意图。

光电式车速传感器由光源、带孔圆盘（光栅）和光敏管组成。汽车车轮在光滚筒上滚动时，带动光栅以一定的转速旋转，光源连续发光。当光束通过光栅上的小孔时，光束照到光敏管上，使其产生相应的电脉冲信号。此信号送入计数器即可得到被测轴的转速。车速信号有两种：一是单位时间计数（频率），二是测脉宽（周期）。两者均可得到滚筒的转速信号，根据滚筒的半径及光栅盘上小孔的个数可得到车速信号。

② 磁电式传感器。图 7-34 所示为磁电式车速传感器工作示意图。

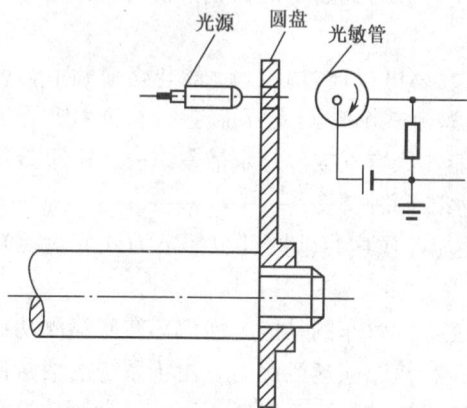

图 7-33　光电式车速传感器工作示意图

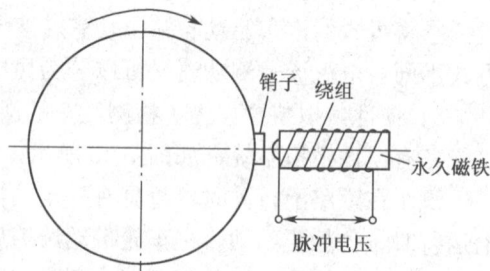

图 7-34　磁电式车速传感器工作示意图

磁电式传感器由旋转齿轮和永久磁铁及感应线圈等组成。汽车车轮在光滚筒上滚动时，带动齿轮以一定的转速旋转。当磁电传感器对准齿顶时，磁电传感器感生电动势增强。同理，当磁电传感器对准齿槽时，磁电传感器感生电动势减弱，由于磁阻的变化，磁电传感器输出的电压信号为交变信号。因信号较弱（一般在 3mV 左右），所以必须经过信号放大及整形电路，将交变信号变为脉冲信号，送入 CPU 高速输入口（HSI），以获取车速信号。

③ 霍尔式传感器。图 7-35 所示为霍尔车速传感器工作示意图。

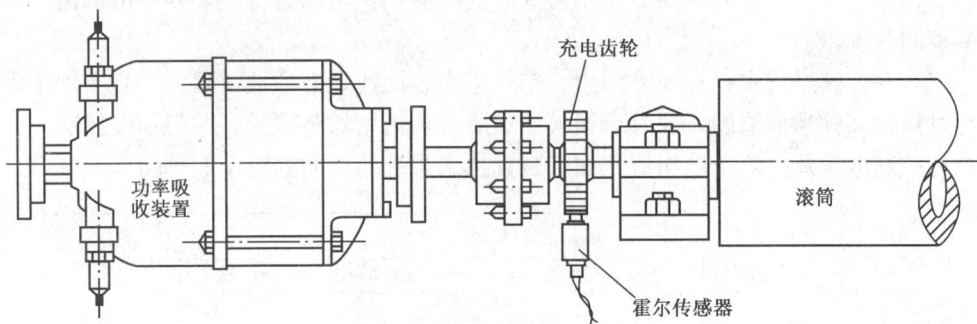

图 7-35　霍尔式车速传感器

汽车车轮在滚筒上滚动时，带动转盘旋转。当霍尔传感器（霍尔元件）对准永久磁铁时，磁场强度增强，产生霍尔效应，输出电压可达 10mV。当霍尔传感器远离磁场时，输出电压降至 0V。这样便可得到脉冲信号，送入 CPU 高速输入口（HSD），通过检测脉冲频率或周期便可得到车速信号。

2）驱动力信号采集。汽车底盘测功机驱动力传感器可分为两种：一是拉压传感器，安装图如图 7-36（a）所示；二是位移传感器，其安装图如图 7-36（b）所示。

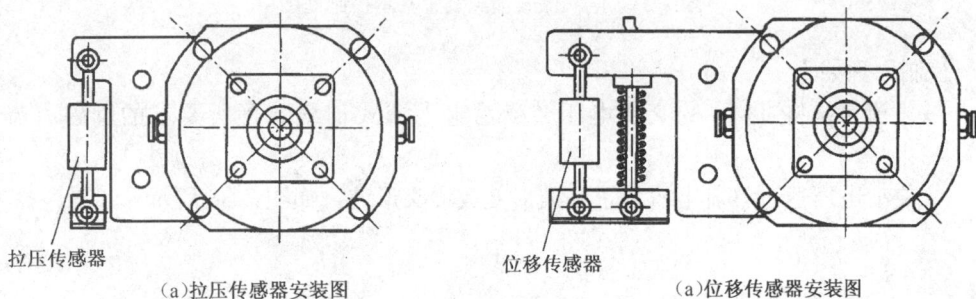

（a)拉压传感器安装图　　　　　　　　（a)位移传感器安装图

图 7-36　驱动力传感器安装图

这两个传感器一边连接功率吸收装置的外壳，另一边连接机体。

功率吸收装置在工作过程中，其外壳都是浮动的。以电涡流式为例，当线圈通过一定的电流时，就产生一定的涡流强度。对转子来说，电磁感应产生的力偶的作用方向与其转动的方向相反；对外壳来说，力偶作用的方向与转子转动的方向相同。当传感器固定后，外壳上的力臂对传感器就有一定的拉力或压力（与安装的位置有关），拉压传感器在工作时，传感器受力产生应变。通过应变放大器可得到一定的输出电压，这样将力信号转变成电信号来处理。通过标定可以得到传感器的受力数值。位移传感器是利用功率吸收装置外壳的作用力作用在弹簧上，根据胡克定理，在弹性范围内作用力与位移成正比的关系，所以通过位移计可得到对传感器作用力的大小。

3）汽车底盘测功机控制系统。电涡流式加载装置可控性好、结构简单、体积小、质量轻、便于安装，在底盘测功机中得到广泛的应用，所以这里主要介绍电涡流式测功机的控制系统。

汽车在行驶过程中存在滚动阻力、空气阻力、加速阻力和坡道阻力，其中加速阻力是通过惯性飞轮来模拟的。通过台架模拟道路必须选用加载装置，要想加以控制，就必须知道控制电压及电流。电涡流式加载装置控制系统的框图如图 7-37 所示。

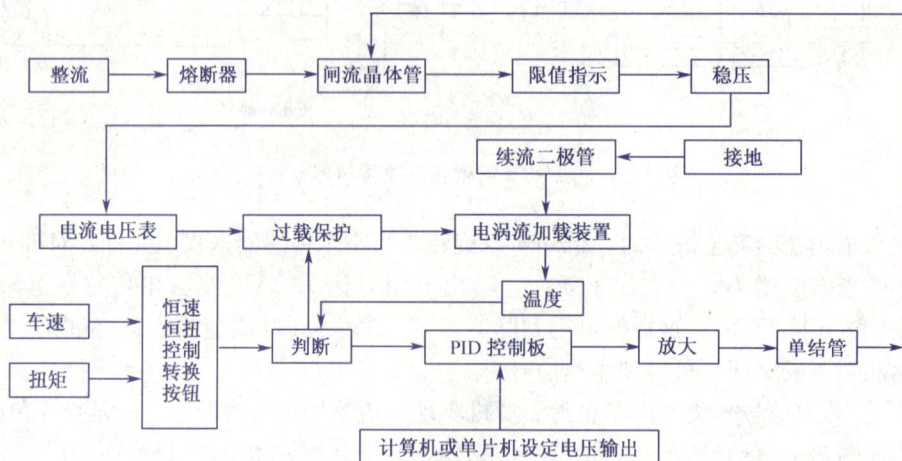

图 7-37　电涡流式加载装置基本控制框图

控制原理如下：

① 整流系统将 220V 的交变电压转变为电涡流式加载装置所要求的励磁直流电压 U。

② 交变电压通过整流电桥将正弦波形变成馒头形波，如图 7-38 所示。

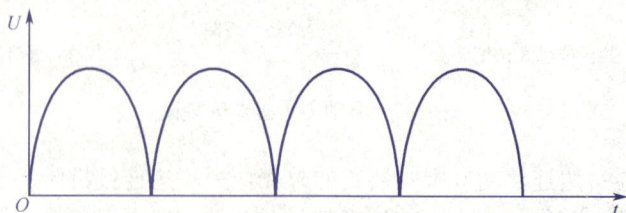

图 7-38　整流后波形

③ 通过整流和稳压，将 ±5V、±12V 电压作为控制电路用。

④ 给定控制方式（恒速控制、恒扭控制）。

⑤ 将所选定的速度或扭矩信号与计算机（或单片机）输出的设定信号同时输给PID板的电压比较器，由PID板输出加载控制信号（加载或减载电压）。

⑥ 加载电压加在三极管放大电路的前端。

⑦ 通过电容的充、放电使单结管输出尖脉冲以触发闸流晶体管。

⑧ 将闸流晶体管的输出波形加在电涡流加载装置的两端，使其控制系统成为七个控制电压大小的仪器，同时也控制电涡流测功机的电流大小。

⑨ 续流二极管的作用是消除电涡流加载装置的自感电流。

⑩ 过载保护装置是防止加载电流过大，当电流达到设定值时，继电器断开，停止工作。

汽车底盘测功机常见的位控信号有举升器升降控制或滚筒锁定控制、电磁阀控制、飞轮控制、车辆检测灯控制、手动或自动控制等信号，它们常常通过计算机或单片机I/O输出板，再经过信号放大、驱动来实现。

4）测油耗装置。底盘测功机上配置的油耗测量装置有定容积式和电子秤两种。定容积式是在给驱动轮加载的情况下，测定汽车燃烧50mL或100mL燃油所行驶的距离，油耗的单位为L/100km。

某些底盘测功机上显示的油耗单位是km/L，求倒数再乘100即可换算成L/100km。也有使用电子秤的，其优点是计量准确，能够计量的燃油量较大，可以进行多工况油耗试验。

计量燃油的容器是两个相连的玻璃球，每个玻璃球的容积为50mL，在瓶颈处的两侧分别安装发光管和光电接收管。利用光在液体中产生折射的原理控制接收管的电信号。当油面通过第一个瓶颈处开始计量，到第二个瓶颈处停止计量即为50mL，第三个瓶颈处停止计量即为100mL。

（3）安全保障系统

安全保障系统包括左右挡轮、系留装置、车偎、发动机与车轮冷却风机，其作用如下：

1）左右挡轮的目的是防止汽车车轮在旋转过程中，在侧向力的作用下驶出滚筒，对前轮驱动车辆更应注意。

2）系留装置是指地面上的固定盘与车辆相连，以防车辆高速行驶时，由于滚筒的卡死飞出滚筒。

3）车偎的作用之一是防止车辆在运行过程中车体前后移动，同时也达到与系留作用相同的功能。

4）发动机与车轮冷却风机是防止车辆在运行过程中发动机和车轮过热。

（4）引导与举升及滚筒锁止系统

1）引导系统。引导系统的作用是引导驾驶员按照提示进行操作。提示的方法有两种：一种是显示牌，另一种是大屏幕显示装置。

① 显示牌一般与计算机的串行通信口相连。当计算机对显示牌初始化后，便可对显示牌发送ASCⅡ码与汉字，以提示驾驶员如何操作车辆及显示检测结果。

② 大屏幕显示器是通过 AV 转换盒与计算机相连。AV 转换盒的目的是将计算机的数字信号转换成视频信号供电视机用。大屏幕电视机通过吊架安装在车间，如图 7-39 所示。

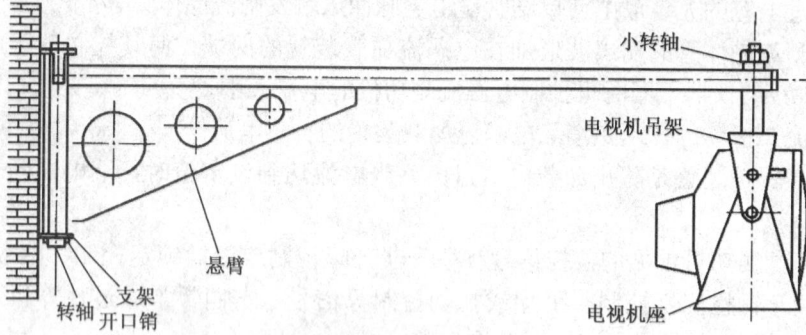

图 7-39　大屏幕电视机的安装

2) 举升系统。举升系统的升降机有气压式、螺旋式和液压式三种，以液压式的使用较为普遍。

3) 滚筒锁止系统。棘轮棘爪式锁止装置如图 7-40 所示，其由双向气缸、棘轮、棘爪、回位弹簧、杠杆及控制器组成。通过控制器控制压缩空气的通断，当某一方向通气后，空气推动气缸活塞运动，控制棘爪与棘轮离合，以达到锁止或放松滚筒的目的。

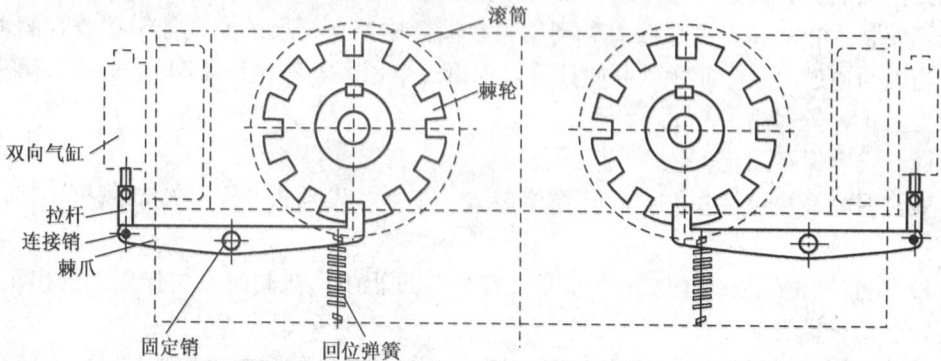

图 7-40　滚筒锁止系统

3. 底盘测功机的使用与维护

(1) 使用

1) 使用前的准备工作。被测试车辆驶上汽车底盘测功机滚筒前必须进行以下准备工作：

① 车辆外部清洗干净。

② 不容许轮胎花纹中夹有石粒。

③ 轮胎气压符合标准。

④ 发动机机油油面应在允许范围内。

⑤ 发动机机油压力应在允许范围内。

⑥ 发动机冷却系统的工作应正常。

⑦ 自动变速器（液力变矩器）的液面应在规定的范围内。

⑧ 汽车发动机和底盘经过维护，供油系和点火系处于最佳工作状态。

⑨ 行驶预热全车。

2）测功机的准备。

① 对于水冷测功机，应将冷却水阀打开。

② 接通电源，升起举升器托板，根据被检车的功率，选择测试功率的挡位。

③ 用两个三角铁抵住停在地面上的车轮的前方，防止汽车在检测中由于误操作而冲出去。

④ 为防止发动机过热，将一台冷却风扇置于被检汽车前方约 0.5m 处，对发动机吹风。

⑤ 使汽车以 5km/h 的速度运行，观察有无异常，看水表示灯是否点亮。

3）汽车底盘测功机的使用。

① 开机前必须按使用说明书的要求，对底盘测功机做好准备工作。

② 按规定程序进行操作。

③ 惯性模拟系统除进行多工况油耗试验、加速、滑行试验外，不允许任意使用。

④ 突然停电时，引车驾驶员应立刻松开节气门踏板并挂空挡。

⑤ 引车驾驶员必须严格按引导系统提示操作。

4）检测方法。

① 设定试验车速或转矩。

② 启动发动机，由低速挡逐级换入直接挡，同时逐渐踩下加速踏板，使节气门全开。

③ 待发动机稳定后，读取和记录功率值。

④ 重复检测三次，取平均值。

5）注意事项。

① 走合期的新车或大修车不宜进行底盘测功试验。

② 测功时应密切注意各种异响和发动机水温。

③ 被检车前严禁站人，以确保安全。

（2）维护

1）日常检查。

① 对于采用水冷电涡流式及水涡流功率吸收装置，检查冷却水管路是否有漏水现象。

② 润滑系统是否有漏油现象。

③ 带有扭力箱、升速器的装置检查滚筒轴承、飞轮轴承是否有发热现象。

④ 检查地沟是否有漏油、漏水及杂物。

每六个月检查项目为：

① 各部螺栓紧固情况（紧固）。

② 水冷式功率吸收装置的循环水池积垢情况（清除）。

③ 水冷式功率吸收装置的冷却水滤清器堵塞情况（清洗）。

2）定期润滑。系统各润滑点按使用说明书的要求进行润滑。

3）定期标定。

① 车速传感器一次/年。

② 牵引力传感器一次/年。

对于经常使用的汽车底盘测功机，严格按其说明书进行定期标定。

三、典型全自动检测线的操作

全自动检测线的微机管理系统通常采用 Windows 操作平台，用 SQL-Server 数据库，具有网络功能。若用户配上服务器可以和服务器实现联网，可以将数据放到服务器中实现共享，具有很强的可扩充性。系统在业务方面具有统计管理功能，同时为检测站之间及检测站与上级部门之间的联网创造了有利条件。

全自动检测线实现了智能化自动检测，除外检、废气工位需人工辅助外，其他检测均由系统自动完成，无须人工干预。系统能自动搜索历史数据，对不合格项目自动检索进行检测，为下一年度提供检测资料。

微机管理系统的主要技术特点有：

1）主控计算机采用高档工业控制微机。

2）多进程并发实时控制，系统检测后台运行对用户透明。

3）控制状态与管理状态融为一体的动态显示画面，可对全线的检测过程进行直观的监视和控制。

4）菜单驱动方式进行操作，人机界面友好。联机热键控制系统求助信息，使操作人员不需专门培训即可使用操作系统。

5）采用与通用数据库完全兼容的关系数据库系统（SQL-Server 等），方便用户在本系统上作二次开发，如特定用途的各种统计表、打印表等。

（一）设备的管理与维护

1. 设备开关机

设备的开机顺序是：

1）首先开稳压电源。

2）开尾气分析仪、烟度计、灯光检测仪、开工位机。

3）开设备动力电源。

4）开空气压缩机。

5）开计算机不间断电源。

6）开计算机。

7）开打印机。

设备的关机顺序与关机顺序相反。

开机注意事项：

1）尾气分析仪开机后需预热 30min 信号输出才稳定，若是数字口的则只有 30min 后通讯才可联通。

2）烟度计开机预热后需调整零位（模拟接口的）。

3）车速工位机开机后若举升平台不在上面，需操作工位机按键将举升平台升起来。

4）灯光检测仪开机后需检查其起始位置是在左下或右下，若无可用手动将其归位。

5）侧滑开机后需检查滑板的滑动性是否正常，锁销是否拔出。

6）制动轴重工位机开机时一定要保证 380V 动力电处于关闭状态，否则可能造成电动机误动作或损坏。

7）不间断电源不用时一定要关掉，否则长期处于放电状态易损坏。

2. 设备的维护

1）尾气分析仪，除严格按说明书指定的规程外，平常要检查取样管的连通性和废气"发送"按键的可按性（可以用计算机监控观察）。

2）烟度计，除严格按说明书指定的规程外，平常要检查取样管的连通性，试纸够不够用，走纸情况是否正常。

3）车速实验台，平常要检查其举升是否正常，不正常要检查其气路，同时还要检查它的红外线开关是否正常（可以用计算机监控观察）。

4）灯光检测仪，除严格按说明书指定的规程外，还要定期用标准光源标定一次。定期检查它的轨道并加油。大灯的红外光电开关是否正常（可以用计算机监控观察）。

5）侧滑台，需检查滑板的滑动性是否正常，并定期加油，侧滑红外光电开关是否正常（可以用计算机监控观察）。

6）制动轴重，定期检查传感器是否松动，电动机传动部件加油，红外开关是否正常（可以用计算机观察）。

7）计算机系统不许安装与本系统无关的软件，并定期对数据进行备份。

8）打印机在色带打印不清晰时要及时更换，否则易断针。

3. 设备参数设置注意事项

1）工位类型：是本工位平时所显示的界面。

2）对于设备厂家的设置，只能用选项内部固有的，不能随意输入，若要连入新的设备，必须与制造厂家联系将新设备的通讯协议设置到系统才能连通。

3）AD通道中不用的信号，要设置为0，否则将影响其他通道的稳定性。

4）密码：default；用户名：administrator。

（二）登录检测线工位

检测线登录程序界面如图7-41所示，输入待检车辆检测所需的有关必要信息（必须正确输入）。登陆时可手动填写，其中部分内容可单击下三角按钮选择（也可利用键盘上的方向键上下选择）。

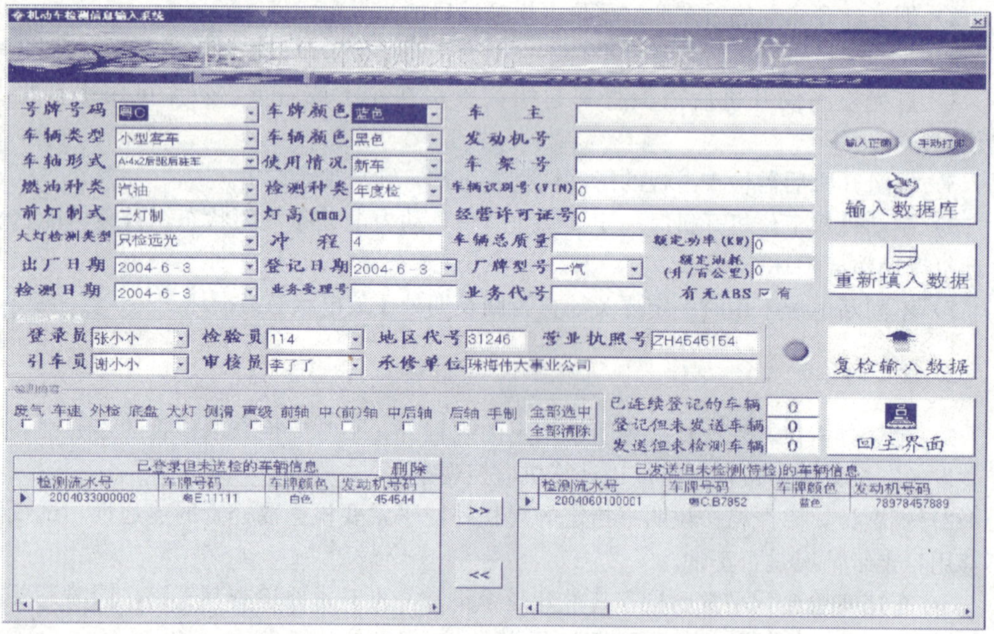

图 7-41 检测线登录程序界面

如是数据库中已有车辆的数据信息，输入车号回车即可调出此车的其他相关信息，简化了操作过程。（在输入车辆信息时须注意：车号、车轴形式和车辆类型等项输入信息必须与被检车辆相符，不能出错。）

若车辆是复检，单击"复检输入数据"按钮，输入此车初检号即能调出其他的相关信息。填写"检测站表信息"，在"检测内容"中选择此车的检测项目，单击"输入数据库"就完成了车辆信息的登录。

登陆信息显示在"已登陆但未送检的车辆信息"表中，这时还可以删除登陆的车辆。单击箭头按钮把登录的车辆发送到"已发送但未检测的车辆信息"表中，对车辆进行排队送检。还可以把车辆退回到"已登陆但未送检的车辆信息"表中，重新进行排队。

（三）检测线主控工位操作

主控工位是在主控工控机里面运行的程序，所以从这里能查看到其他工位的检测情况，包括：综合信息、登陆工位、速度工位、制动工位和大灯工位。

1. 综合信息显示

在主控工位看到的综合信息显示如图 7-42 所示。

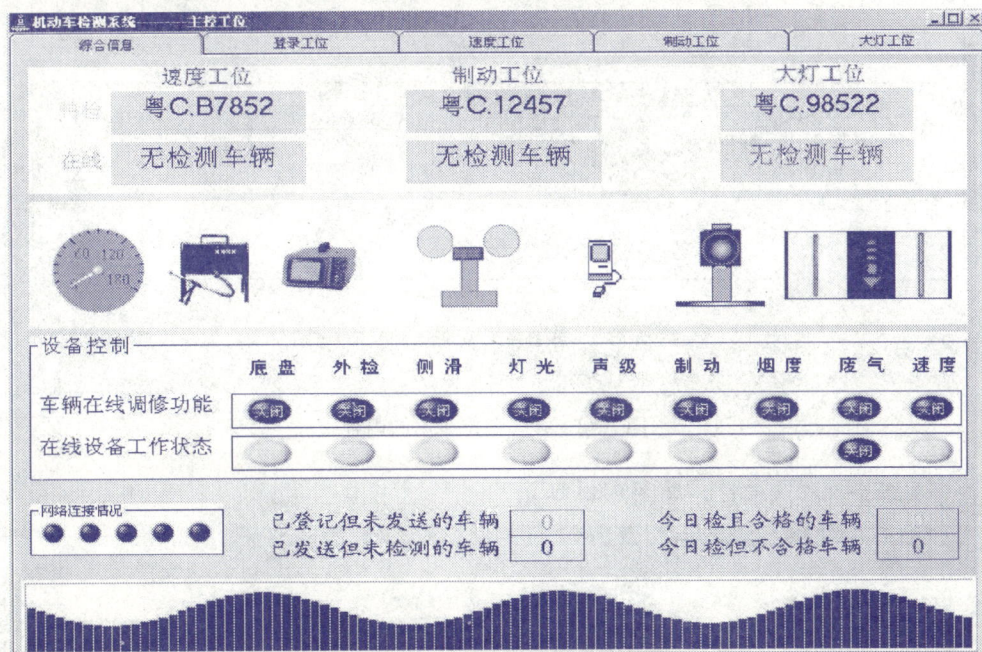

图 7-42 在主控工位看到的综合信息显示

综合信息体现了整条线的检测运作情况。包括各个工位待检以及在线检测的车辆、车辆在线调修功能以及在线设备工作状态的开启和关闭、网络的连接状态、各个状态的车辆数量等。

2. 登陆工位

登陆工位显示的内容如图 7-43 所示。

登陆工位主要是对待检车辆进行登录、排队送检以及查看检测内容。对"已登陆但未送检的车辆信息"可以进行删除，无误可以"发送"到"已发送但未检测的车辆信息"以便排队待检。在"检测内容"中可以查看到车辆的检测项目。

3. 速度工位

速度工位包括对车速以及车辆尾气的检测信息，单击"查看在检车辆数据"按钮可

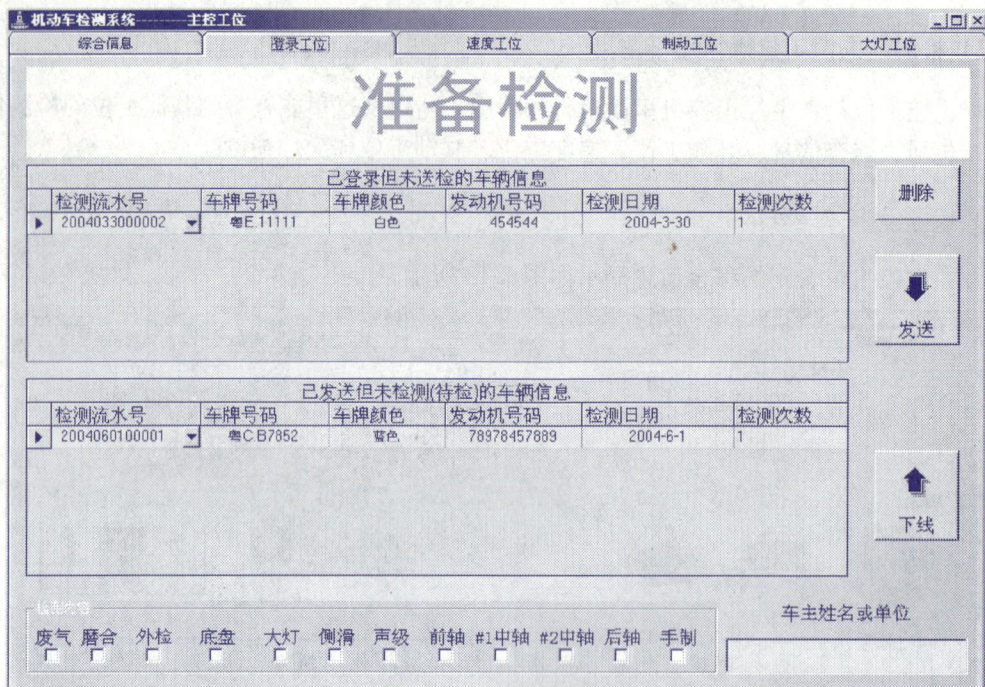

图 7-43　登陆工位显示的内容

以查看车辆全部检测信息，如图 7-44 所示。

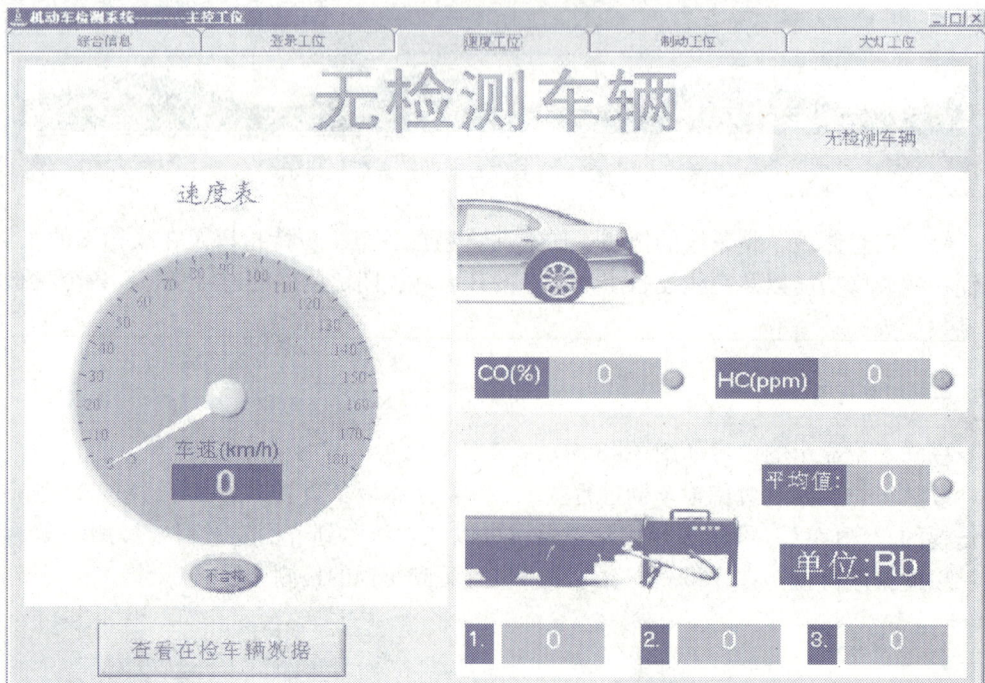

图 7-44　速度工位显示的内容

4. 制动工位

制动工位显示车辆制动力检测信息。分别可以显示前轴、中（前轴）、中后轴和后轴的检测信息，单击"查看在检车辆数据"按钮可以查看车辆全部检测信息，打印制动力曲线。内容如图 7-45 所示。

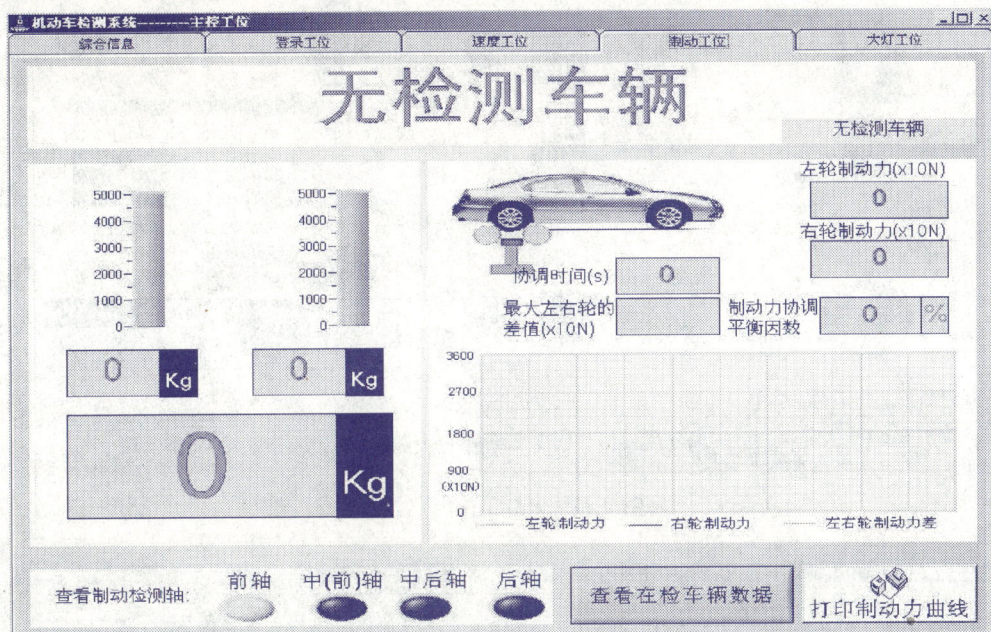

图 7-45 制动工位显示的信息

5. 大灯工位

大灯工位包括大灯和声级的检测信息。可以分别显示左远光、左近光、右远光以及右近光的大灯检测信息。单击"查看在检车辆数据"按钮可以查看车辆全部检测信息。大灯工位显示的内容如图 7-46 所示。

（四）数据查询或查看

1. 察看数据或曲线波形的界面

查询已检车辆的数据或曲线时，先设置查询条件，按检测流水号查看或按车牌号码查看，并输入要查询车辆的检测流水号或者车牌号码，单击"检索数据"按钮（回车也可），在"检索数据的结果表"中即显示出查询到的车辆检测信息，单击"查看曲线"或"查看数据"按钮即可查看曲线或数据。查看数据时，系统弹出数据信息表单，可直接打印，如图 7-47 所示。

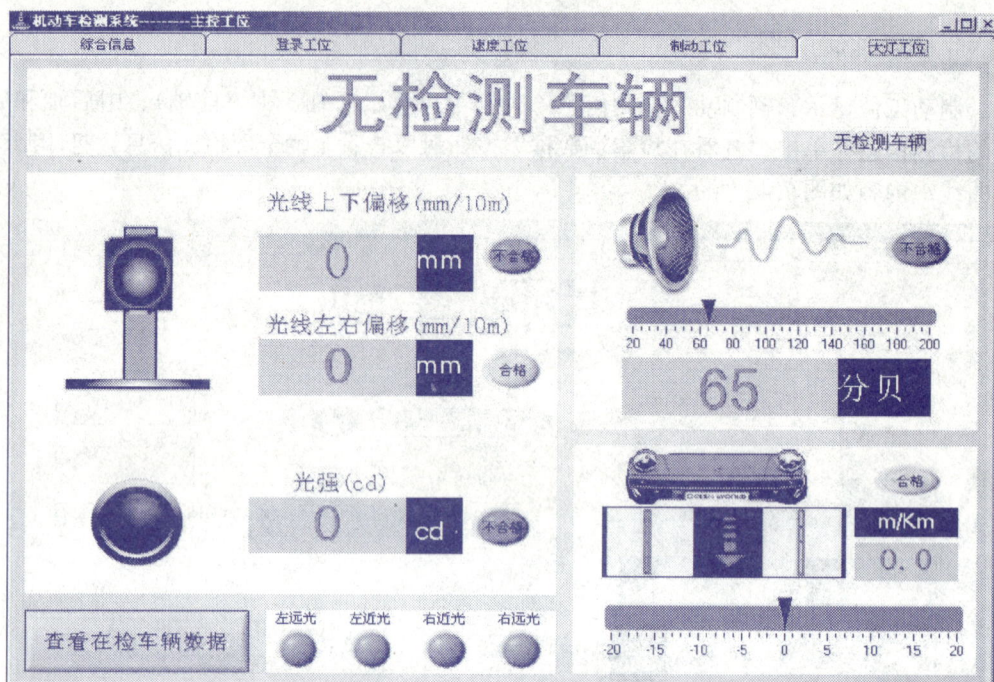

图 7-46　大灯工位内容显示

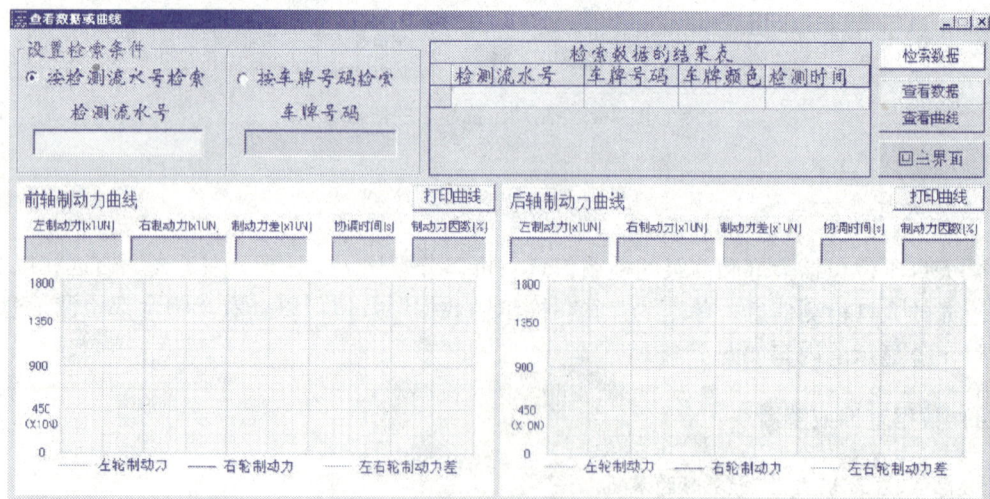

图 7-47　察看数据或曲线波形的界面

2. 数据统计界面

数据统计界面如图 7-48 所示，选择统计起始时间后，单击"刷新数据"按钮即可显示在选择时间段内的车辆检测统计信息，并可打印此数据统计报表。

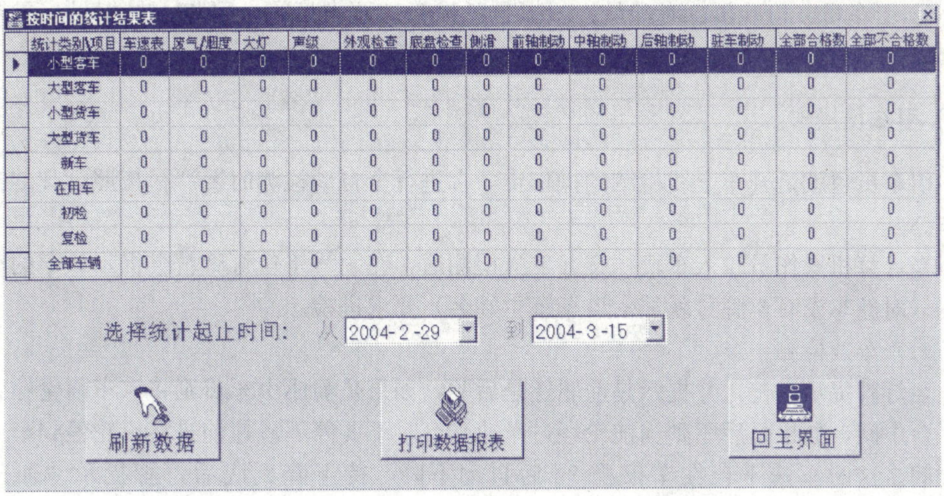

统计类别\项目	车速表	废气/烟度	大灯	声级	外观检查	底盘检查	侧滑	前轴制动	中轴制动	后轴制动	驻车制动	全部合格数	全部不合格数
小型客车	0	0	0	0	0	0	0	0	0	0	0	0	0
大型客车	0	0	0	0	0	0	0	0	0	0	0	0	0
小型货车	0	0	0	0	0	0	0	0	0	0	0	0	0
大型货车	0	0	0	0	0	0	0	0	0	0	0	0	0
新车	0	0	0	0	0	0	0	0	0	0	0	0	0
在用车	0	0	0	0	0	0	0	0	0	0	0	0	0
初检	0	0	0	0	0	0	0	0	0	0	0	0	0
复检	0	0	0	0	0	0	0	0	0	0	0	0	0
全部车辆	0	0	0	0	0	0	0	0	0	0	0	0	0

选择统计起止时间：从 2004-2-29　到 2004-3-15

刷新数据　　打印数据报表　　回主界面

图 7-48　数据统计界面

(五) 登录员操作

1）如果此车是以前检过的车辆，此车的登录资料在计算机里已经存在，可有两种方法快速登录：

① 对于新车没有车牌号码按"发动机号"查或 F5 热键，只需输入此车的发动机号码，然后按"发动机号"查或 F5 热键方可查到。

② 对于有车牌号码的车按"车牌号"或 F4 热键，只需输入此车的车牌号码，然后按"车牌机号"查或 F4 热键方可查到。

2）放弃登录是取消当前操作。

3）登录时下列几项一定要输入正确。

① 车牌号码、车辆类型、号牌种类等一定要规范，严格按照行驶证一字不漏地输入，以便于日后的管理。

② 驱动方式：必须选择列表框内的数据。

③ 车主：对于没有车牌的新车，这一项特别重要。

④ 燃油：对于柴油车或汽油车，这一项对外面灯牌提示上线非常重要，因为由其决定是测废气还是测烟度。

⑤ 检测类别：一般为年检、新车入户检、事故检。

⑥ 车辆载重：输入载重量（单位 kg），它是标准判断的依据。

⑦ 灯制：分二灯制或四灯制，是标准判断的依据，不能出错。

⑧ 灯高：它是汽车前照灯中心到地面的高度，其正确性非常重要，其不单是上线检测时灯光检测仪行走高度的依据，更是大灯上下偏标准判断的依据。

⑨ 发动机号、车架号、厂牌型号、车辆型号：正确的发动机号为日后的管理提供基础。

⑩ 业务代码、和业务受理号：根据当地车辆管理部门填写。

⑪ 承修单位和区镇可根据自己的管理要求填写。

⑫ 引车员、检验员、考验员：根据自己的管理要求填写，可将人员编号，只要输入相应的编号数字，可以省去输入人名汉字的麻烦。

（六）引车员操作

引车员也就是开车上线检测的操作员，在进行全自动检测时要严格按照灯牌的提示操作。

当计算机操作员输入车辆档案并发送检测后，在一号工位灯牌就会提示该车的车牌号码（对新车没有车牌号就显示该车车主姓名）要求进检。

（1）车速检测

当灯牌提示进检，并提示是前驱还是后驱，如果是前驱引车员则将汽车前轮停到车速平台中间，如果是后驱则当前轮经过车速平台时不要停下慢速前进将后轮停到车速平台中间。这时车速平台在车停稳 3s 后自动下降，待下降到底后灯牌提示"加速到40km/h 稳速按键"，这时引车员可以将车发动并加速到 40km/h，待车速稳定 40km/h后按一下遥控。这时灯牌将显示车辆在 40km/h 时的实测车速。

注意：这时请松节气门减速直至 0km/h，车速降到 0km/h 后平台上升。

（2）尾气检测

根据该车为汽油还是柴油车（计算机登录员输入）检测项目不同。

（3）汽油车检废气

灯牌上会提示废气检测，让汽车处于怠速状态下将废气取样管插入汽车排气管中，废气仪处于测量状态，等废气仪数据显示稳定后按一下尾气分析仪旁边的"发送"开关或按一下遥控器，这时灯牌上显示废气结果，废气检完。

（4）柴油车测烟度

灯牌上会提示"烟度检测请踩油门"，这时应将烟度计的采样管固定到柴油车的排气管内，然后踩节气门并按遥控器或按"发送"开关，这时烟度计自动抽气完成一次烟度检测，灯牌上显示本次烟度值，同时还要进行下一次检测。同样方法完成第二次，待结果显示出来后，再用同样方法完成第三次。烟度检测完毕。

（5）前照灯检测

汽车进入第二工位，二号工位灯牌会提示要求进检，引车员将汽车缓慢开到离前照灯检测仪 3m 的位置，这里有两对红外开关对车辆定位，当车辆还没到时会提示"前进"，当车辆开过头，挡住了两对红外开关时灯牌会提示"请就位"，只有停对了位置，灯牌才会提示"停车"，3s 后灯光检测仪会根据登录员所输入的灯高自动上升到灯高位置，然后右移自动扫描光源对左灯进行检测，这时引车员应开远光光源。当灯光检测仪搜索到光源后会自动转入"测定"状态，约 10s 左右，灯光检测仪自动找到光源焦点，计算机采数，灯牌显示结果，然后前照灯再右移，检测右灯，同样找到右灯光源后仪器自动进入测定状态，约 10s 后此灯检测完毕，前照灯左移同时下移归位。

注意：对于有些车，灯光偏转较大或灯距较小的车在测完第一个灯后应马上关上前照灯，待灯光检测仪走到第二个灯的位置后再开前照灯，这样确保检测准确。

（6）声级检测

当汽车测完前照灯后，灯光检测仪归位，在归位中灯牌会提示：声级检测请按喇叭，这时引车员只要按下喇叭 2s 不放，然后灯牌提示喇叭声级检测结果。声级检测完毕。

（7）侧滑检测

当声级检测完后且灯光检测仪已归位，灯牌提示侧滑检测，引车员请以 5km/h 的速度（车对正后手离开方向盘）开过侧滑台，灯牌马上会显示侧滑结果。侧滑检测完毕。

（8）轴重检测

汽车进入第三工位，开始进行轴重检测，轴重检测有动态检测和静态检测两种方式。

1）动态检测。这种方式较快，但测量误差稍大。汽车提示前轮慢速开过，引车员应以 3km/h 的速度慢速开过，然后提示后轮慢速开过，引车员以同样速度慢速开过。轴重检测完毕。

注意： 当前轮开过后，后轮还没提示请不要将后轮快速开过，否则将检测不到后轮的轴重。

2）静态检测。这种方式就是要将车停在轴重平台上 2s，但测量精度高。灯牌提示前轮称重，引车员应缓慢将车的前轮开到称重平台上，然后待结果显示出来，并提示后轮称重时，才将车后轴慢速开到称重平台上完成轴重的检测。

（9）制动检测

当轴重检测完毕后系统会提示进入前轮制动的检测，这时引车员将汽车前轴停到制动台上，如果未停正确灯牌会提示"请就位"，当停稳 3s 后（有平台的会下降）电机转动，灯牌会提示"松刹"，这时引车员应将制动踏板放松，然后灯牌提示"阻滞力检测"。

1）引车员不要踩制动踏板，待阻滞力检测完毕后灯牌会出现倒计时符号，待"—"号消失后踩制动踏板约 1s 到 2s 后松制动踏板，这时灯牌会出现检测结果，同时计算机上还会显示此轴的制动力曲线。前轴检测完毕。灯牌会提示前轮完毕，然后进入后轴的检测。

2）同样方法将车的后轮停在制动台上，当后轮检测完后再进行驻车制动的检测。

至此该车已全部检测完毕，计算机会自动将该车的检测结果打印出来。

以上是一辆车从头到尾的全部检测，如果进行单项复检，引车员只要看灯牌提示所检车牌直接将车开到要检的工位。

系统采用流水作业，可以允许三辆车在线同检。

（七）设备数据的标定

由于微机系统采用的是串行数据通讯，在进行设备标定时只需对工位机进行标定。在标定中的允许误差须参考国家相应的检测规程。

1. 车速标定

由于车速采用的是光电传感器或霍尔传感器，输出信号是电脉冲。标定时有两种标定方法：一是仪表直接标定，二是计算机直接标定。将计算机进入"电脑数据标定"界面，然后单击即可完成车速的标定，由于车速工位机与计算机是用数据口联接，标定好工位机，计算机部分不需标定。

2. 废气标定

废气标定有两种：一种是带数字口的，一种是不带数字口只带模拟口。

对于带数字口的尾气分析仪，其标定方法很简单，只要将仪器本身标定好就可（标定方法参考尾气分析仪说明书），计算机系统不用标定，会自动根据仪器检测结果以数据包传送至计算机。

对于模拟口的尾气分析仪其标定方法是首先将尾气分析仪标定完毕（标定方法参考尾气分析仪说明书），然后对计算机进行标定。在对计算机进行标定时，首先让计算机进入"电脑数据标定"界面，然后看是否是"电压值"，如果不是"电压值"，单击此按钮进行切换，在这时观察灯牌的 CO、HC 的值进行制表，在制表前要对一号工位机（车速工位）的 CO、HC 放大板进行调节（保证放大倍数足够大，最大为 8V），零点应为 +0.3V 左右，当信号调好后进行制表，读取 CO 为 0、1.5、3.0、4.5、6.0 或任意点的电压值，在计算机中单击"CO"就可输入计算机完成一氧化碳标定，用同样方法对 HC 的 0、2000、4000、6000、8000 或任意点的电压值，在计算机中点击"HC"输入计算机，废气标定完毕。

将计算机数据标定中的"电压值"切换至"实际值"就可在尾气分析仪中加入不同的标准气检验计算机和仪表的对应值。（对于指针式有挡位的应将挡位设置为最大挡位）

3. 烟度标定

烟度标定有两种：一种是带数字口的，一种是不带数字口只带模拟口。

对于带数字口的烟度计，其标定方法很简单，只要将仪器本身标定就可（标定方法参考烟度机说明书），计算机系统不用标定，会自动根据仪器检测结果以数据包传送至计算机。

对于模拟口的烟度机其标定方法是：首先将烟度计标定完毕（标定方法参考烟度计说明书），然后对计算机进行标定。在对计算机进行标定时，首先让计算机进入"电脑数据标定"界面，然后看是否是"电压值"，如果不是"电压值"，单击此按钮进行切换，在这时观察灯牌的烟度的值进行制表，在制表前要对一号工位机（车速工位）的烟度放大板进行调节（保证放大倍数足够大，最大为 8V），零点应为 +0.3V 左右，当信号调好后进行制表，读取烟度两点的电压值，如果烟度计输出无线性，可以用鼠标在计算机中单击"烟度"输入计算机，烟度标定完毕。将计算机数据标定中的"电压值"切换至"实际值"就可在烟度机中插入不同的烟度卡检验计算机和仪表的对应值。

4. 前照灯标定

前照灯标定有两种：一种是带数字口的，一种是不带数字口只带模拟口。

对于带数字口的灯光检测仪，其标定方法很简单，只要将仪器本身标定就可（标定方法参考灯光检测仪说明书），计算机系统不用标定，会自动根据仪器检测结果以数据包传送至计算机。

对于模拟口的灯光检测仪其标定方法是，首先将灯光检测仪标定完毕（标定方法参考灯光检测仪说明书），然后对计算机进行标定。在对计算机进行标定时，首先让计算机进入"电脑数据标定"界面。

光强度标定：可以在标定界面单击"光强"直接输入电压值与实际值的对应表完成标定。

前照灯上下偏的标定：同光强一样用制表的方法来完成标定。

前照灯左右偏的标定：同上下偏标定方法。

5. 声级标定

对于声级的标定方法是首先将声级计标定完毕（标定方法参考声级计说明书），然后对计算机进行标定。在对计算机进行标定时，首先让计算机进入"电脑数据标定"界面，然后打开标准声源 94dB 挡，调节信号板零点使灯牌显示 94，再将标准声源开到 104dB 挡，调节信号板上的放大旋扭使灯牌显示 104，然后又打开标准声源 94dB 挡检查灯牌是否为 94，重复多次直到这两点都正确，声级标定完毕。注意：在标定的全过程中要用万用表监视放大器输出不要为负电压，若为负电压则调整零点电位器使之为正电压。若要快速完成标定也可以用制表的方法来标定。

6. 侧滑标定

由于前照灯工位机与计算机是用数据口连接，标定好工位机计算机部分不用标定。

固定好百分表后，让侧滑板自由回位，然后按一下工位"清零"，这时推动滑板到 10mm 仪表应显示"1.0"，若不对请调整，使仪表应显示"1.0"，然后滑板回位。再推动滑板到 10mm、30mm、50mm，分别检查仪器，直到相对应，侧滑标定完毕。

7. 轴重标定

首先让工位机预热 10min，待数据稳定后按一下"清零"，开始加载到 500kg，看工位显示值是否 500kg，若不是则调整信号放大板上的放大电位器，使之达到 500kg。然后卸载，再清零再加载到 500kg，看工位显示值是否 500kg，若不是则调整信号放大板上的放大电位器，如此反复多次直到相等，再加载 1000、2000、…，10 000 kg，这时若有误差只要微调一下放大器即可，轴重标定完毕。

8. 制动标定

制动工位机可用调节放大倍数的方法或制表法都可以。

首先让工位机预热 10min，待数据稳定后按一下"清零"，开始加载到 $200 \times 10N$ 看工位显示值是否 200。若不是则调整信号放大板上的放大电位器，使之达到 200，然后卸载，再清零，再加载到 $200 \times 10N$，看工位显示值是否 200，若不是则调整信号放大板上的放大电位器，如此反复多次直到相等，再加载 600，1000，2000，3000 等，这时若有误差只需微调下放大器即可。制动标定完毕。

思考与练习

1. 汽车底盘测功机的功能是什么？
2. 汽车底盘测功机使用前应做好哪些准备工作？
3. 简述汽车制动试验台的使用方法。
4. 汽车检测站有哪些功能？
5. 按自动化程度，汽车检测站是如何分类的？
6. 简述汽车检测站微机控制系统的组成。
7. 简述汽车检测线工艺。
8. 简述汽车匀速行驶噪声检测方法。
9. 检测线的声级计是如何标定的？

学习检测

捷达轿车整车输出功率的检测

准备一台捷达轿车，用底盘测功机完成表 7-5 的检测任务。

表 7-5　捷达轿车整车输出功率的检测

项目	技术要求	配分	评分细则	评分记录
准备工作	1）检查实训场地的通风、照明是否良好 2）准备好维修保护四件套和必要的维修工具	10	错漏一项扣 5 分	
被检测车辆的检查	1）被检车辆测试前应处于正常的热车状态 2）检查空气滤清器，需按时更换空气滤清器滤芯 3）检查轮胎胎压应为 220kPa，轮胎花纹深度不得小于1.6mm，胎面、胎壁不得有暴露出轮胎帘布层的破裂和割伤 4）检查动力传动路线无连接松脱 5）车辆为空载 6）燃料和润滑油必须符合车辆生产厂的规定	15	操作遗漏或错误一项扣 5 分	

项目	技术要求	配分	评分细则	评分记录
底盘测功机检查	1) 检查调整底盘测功试验台各部件，补充润滑油 2) 检查举升器有无漏气（油）现象，工作是否正常 3) 检查指示仪表指针是否归零，回位是否灵敏 4) 检查各连接导线是否连接可靠	10	操作遗漏或错误一项扣5分	
输出功率检测步骤	1) 打开底盘测功试验台电源开关，调整功率表换挡开关置于相应挡位 2) 升起举升器托板，使被测车辆的驱动轮与滚筒垂直停放在托板上 3) 降下举升器托板，用挡块抵住试验台的一对车轮，接通移动式风冷装置电源 4) 启动发动机，逐步加速并换至3挡，使汽车以3挡的最低稳定车速运转，将加速踏板踩到底，测定额定转矩或额定功率工况的驱动轮输出功率 5) 以每10km/h检测车速，设置一测试点，测取汽车驱动轮输出功率。为使测取的驱动轮输出功率是发动机稳定工况下输出功率，必须待检测车速至少稳定15s后再取值 6) 捷达的设定车速在3挡时应为65km/h，实测车速与设定车速误差不应大于±0.5km/h，以确保检测数据的准确、可靠 7) 全部测试完毕，待驱动轮停转，切断移动式风冷装置电源，移去挡块，升起举升器托板，将被测车辆驶出试验台 8) 切断底盘测功试验台电源，合上罩盖板	45	操作错误一项扣5分	
实验报告	填写实验报告	10	根据实验报告的完成情况酌情给分	
安全文明生产	打扫卫生，归还工具及设备	5	工具损坏或违反安全操作不得分	
工时	40min	5	实操时间____ min	
备注				

参 考 文 献

别克君威轿车维修手册. 2002. 上海：上海通用汽车有限公司.

富康轿车维修手册. 2003. 武汉：神龙汽车有限公司.

捷达轿车维修手册. 2003. 长春：第一汽车·大众汽车有限公司.

李军. 汽车使用性能与检测技术. 2002. 北京：人民交通出版社.

桑塔纳轿车维修手册. 2005. 上海：上海大众汽车有限公司.

赵英勋. 汽车检测与诊断技术. 2003. 北京：机械工业出版社.

2003 本田雅阁维修手册. 2003. 广州：广州本田汽车有限公司.

3J-A 型全自动汽车检测控制系统使用说明书. 2007. 深圳：深圳思瑞嘉自动化科技有限公司.

KT600s 使用说明书. 2003. 深圳：深圳市威宁达实业有限公司.

X231 四轮定位仪用户手册. 2003. 深圳：深圳市元征公司.